# 젠더와 불평등

부산외국어대학교 중남미지역원 HK⁺ 연구총서

# 젠더와 불평등

## 라틴아메리카 성차별에 대한 정치사회적 고찰

김영철, 차경미, 강경희, 김유경, 양은미, 이순주 지음

# 책을 펴내며

본 총서는 부산외국어대학교 중남미지역원의 인문한국플러스사업의 일환으로 기획되었다. 중남미지역원은 2008년 인문한국 사업에 이어 2018년 9월부터 '신전환(New Transition)의 라틴아메리카 L.A.T.I.N+를 통한 통합적 접근과 이해'라는 어젠다를 수행하고 있으며, '라틴아메리카 평등과 불평등의 변증법'이라는 연구 어젠다를 진행하고 있다. 중남미지역원은 평등과 불평등이라는 화두를 바탕으로 라틴아메리카의 인종과 이주, 종교, 젠더, 개발과 환경 등 다양한 주제 영역을 총서로 엮는 작업을 하고 있다. 그 시작으로 『인종과 불평등: 라틴아메리카 인종차별에 대한 역사구조적 고찰』, 『이주와 불평등: 라틴아메리카 이주 현상에 대한 사회문화적 고찰』, 『종교와 불평등: 라틴아메리카 종교 차별에 대한 사회문화적 고찰』을 출간한 바 있다.

이번『젠더와 불평등: 라틴아메리카 성차별에 대한 정치사회적 고찰』은 라틴아메리카의 다양한 성소수자, 젠더와 관련한 정치사회적인 현상들을 풀어낸 것이다. 본 총서는 전문가들이 분석한 총 6편의 글로 구성되어 있다. 라틴아메리카에서 성소수자와 젠더 문제는 오랜 역사적 배경을 지니고 있다. 또한 서구 중심적, 가부장적, 남성 중심적, 권력 지향적, 이성애 규범적인 특성 때문에 평등과 불평등의 문제보다는 권력의 문제에 집중하거나 의학적인 접근으로 이해하는 한계를 지니고 있었다. 이런 환경으로 인해서 국내에서는 라틴아메리카의 성과 젠더를 다룬 서적들을 찾아보기 어려운데, 학문적 영역에도 국내의 사회적 인식이 깊이 영향을 미쳤기 때문이다. 라틴아메리카 지역뿐만 아니라 대부분의 국가들이 남성 중심적, 이성애 규범적 특성이 지배적인 이데올로기로 자리잡고 있어 비슷한 양상들을 보였다. 본 총서는 성적 규범성과 젠더의 역할들이 라틴아메리카에서 어떻게 규정되고 있으며 어떤 과정들을 통해 형성되어 왔는가를 다룬다. 각 글들의 내용을 간략하게 소개하면 다음과 같다.

「라틴아메리카 페미니즘의 발전」은 라틴아메리카의 페미니즘과 페미니즘 운동이 어떤 역사적 배경에서 발전해 왔는가를 밝히는 동시에 서구의 페미니즘과 어떤 차이점을 지니는지를 설명한다. 라틴아메리카 페미니즘은 식민주의, 아프리카 민족의 노예화, 원주민의 주변화 등으로 말할 수 있는 정치, 사회적 맥락에 뿌리를 두고 있다. 즉, 이러한 정치, 사회적 맥락을 만들어 낸 세력에 대한 대응으로서의 성격이 강하다. 지난 반세기 넘게 라틴아메리카의 정치, 경제, 사회적인 변화는 대단히 역동적이었고, 이 지역 페미니즘의 이슈와 전략에 중요한 영향을 미쳤다. 20세기에 들어 1960년대에서 1980년대까지는 과두제, 군사 정부, 독재 체제가 당시의 정치를 대표했고, 1930년대 이후 지속됐던 국가 주도의 산업화 기조는 반세기에 달하도록 유지되다가 한계를 노출했다. 그리고 1990년대부터는 민주주의가 공고화되고 시장 중심의 신자유주의 체제가 확산됐다. 1990년대 이후 신자유주의가 심화하면서 기존의 사회적 불평등은 더욱 심화됐다. 이에 맞서 사회 운동은 자원의 재분배가 사회 전반에서 이루어져야 한다고 강력하게 주장했다. 또한 다양한 집단의 정체성과 권리를 인정하라고 요구했다. 소외되어 왔던 아프리카계 라틴아메리카 여성, 원주민 여성, 레즈비언, 노동자 여성, 빈민 여성, 그리고 노조 여성이 각 집단의 특성을 반영하여 정체성과 권리 인정을 요구했다. 이와 같은 정치적 맥락들은 여성 개인이나 집단의 관심과 행동 전략들을 변화시키면서 젠더, 시민권, 인종과 민족, 섹슈얼리티, 계급, 공동체, 종교, 환경 등 다양한 페미니즘의 관점과 이슈, 행동 영역을 만들어 냈다. 자유주의 페미니즘, 급진적 페미니즘, 사회주의 페미니즘, 에코페미니즘, 문화적 페미니즘, 차이 페미니즘, 평등 페미니즘, 공동체 페미니즘, 아프리카 후손 페미니즘 등이 이에 해당한다. 이렇게 라틴아메리카 지역의 페미니즘은 여러 입장을 광범위하게 포괄하고 있으며, 그중 다수는 서로 긴장 관계에 있기도 하다. 그 결과 라틴아메리카 페미니즘을 가리킬 때는 복수형인 'feminismos'를 사용한다. 멕시코 국립여성연구소에 따르면 "시간이 지나면서 페미니즘에 관한 관점이 복합적이고 다양해짐에 따라 페미니즘의 존재를 (단수로 사용함으로써) 단일 영역에서 다양한 초점을 가진 것으로 제한하는 것이 아니라 복수(plural)로 말해야 한다." 2000년대 이후에는 신자유주의의 실패가 다시 페미니즘을 '재정치화'했다. 라틴아메리카 페미니즘은 민주화 이후 제도화되고 탈정치화됐다는 평가를 받아 왔다. 하지만 2015년부터 아르헨티나에서 시작되어 라틴아메리카 전역으로 급속도로 확산하면서 지속되어 온 여성 살해(Feminicidio)와 여성에 대한 폭력 반대 운동인 #NiUnaMenos 운동을 계기로 라틴아메리카 지역의 페미니즘이 재활성화하는 전환점을 맞이했다.

「라틴아메리카의 성소수자와 권리」는 라틴아메리카 국가들의 성소수자들의 권리가 개별 국가들에서 어떤 수준에 있는가를 일별하고 있다. 성소수자와 관련하여 가장 큰 장벽은 사회가 규정하고 있는 이성애 규범성(heteronormativity)이다. 이성애 규범성은 세 가지로 구성되는데, 첫째, 오직 남녀 두 가지의 성별만 존재한다는 것, 둘째, 사회적 성별은 생물학적 성별을 반영한다는 것, 셋째는 반대 성별 사이의 성적 끌림은 자연스러운 것이라는 규범이다. 트랜스젠더들은 기본적으로 이러한 규범성에서 벗어나 있는 사람들이라 할 수 있다. 이 때문에 비정상인, 정신 질환자, 혹은 성도착자 등으로 고정관념화되어 사회경제적인 자원에 대한 접근이 불가능하거나 매우 제한적인 수준에서만 이루어진다. 따라서 성소수자들이 동등한 권리를 누리기 위해서는 이와 같은 고정된 사회적 규범성을 변화시키는 것이 필수적이지만, 이 과정은 사회적 논란을 동반한다.

초기 성소수자 운동은 레즈비언과 게이만이 대상이었으나 1990년대 들어서면서 트랜스젠더가 포함되고, 21세기 들어서는 성 정체성을 고민하거나 의문을 가진 모든 사람을 포함한다. 현재 성소수자들은 LGBTQ(엘지비티큐)로 불리운다. 여기에는 여성 동성애자를 뜻하는 레즈비언(Lesbian), 남성 동성애자를 뜻하는 게이(Gay), 양성애자를 뜻하는 바이섹슈얼(Bisexual), 성전환자를 뜻하는 트랜스젠더(Transgender)와 성소수자 전반을 뜻하는 퀴어(Queer) 혹은 성 정체성을 고민하는 사람(Questioning)들을 포괄한다. 라틴아메리카에서는 LGBTTI 혹은 LGBTI를 사용하기도 하는데, T가 2개인 것은 트랜스젠더(Transgender)와 트랜스섹슈얼(Transsexual)을 구분하기 때문이고, I는 간성(Intersex)을 나타낸다. 우루과이에서는 이 모두를 포함한다는 뜻에서 LGBTQI로 표기한다. 이를 통해 우루과이가 성소수자들에 대한 이해와 포용하는 정도가 매우 크다는 것을 알 수 있다. 이와 같이 성소수자들의 권리 문제도 민주화의 한 단면이라고 할 수 있다.

라틴아메리카에서 성소수자 문제가 사회적 이슈로 등장한 것은 세계적인 경향과 크게 다르지 않다. 특히, 인권이 당연히 누려야 할 권리로서 인간의 기본권에 해당한다는 논의가 확대되는 과정들은 전 세계 다른 지역보다 오히려 빠르게 확산되었다고 할 수 있다. 토니 레스터(Toni Lester)는 라틴아메리카 게이들의 권리 확보를 위한 인권적 접근이 몇 가지 중요한 성과를 이루었다고 주장한다. 아울러 인권적 접근은 특정한 소수 집단이 아닌 모든 사람에게 보장되어야 하는 일반적인 권리임을 강조하는 것이라고 정의한다. 반면, 『공허한 희망(Hollow Hope)』에서 제럴드 로젠버그(Gerald N. Rosenberg)는 법률 제도가 사회 개혁을 이끄는 데 비효율적이라고 주장한다. 로젠버그는 "제한된 법률적 조건들이 전체적으로 법원을 제한하고 있지만, 정치적, 사회적, 경제적 조건이 변화를 지지하게 된다면 법원이 중요한 사회 개혁을 효과적으로 추진할 수 있다"고 주장한다. 이런 관점에서 법적인 문제보다는 사회 개혁을 추진할 사회문화적인 변화가 필요하다는 것이다. 법과 제도가 먼저인지, 사회문화적 변화가 먼저인지에 대한 논의가 시간에 따라 진행되었으나 기본적으로 법과 제도의 변화와 함께 사회문화적인 변화가 함께 진행되어야 성소수자들의 권리가 충분히 보장될 수 있을 것이다.

「콜롬비아의 무력분쟁과 젠더박해」는 라틴아메리카 지역의 강제 실향민이 원주민과 아프리카계 후손이 주류를 형성하고 있다고 분석하면서, 이들이 무력분쟁의 최대 희생자라고 주장한다. 특히, 콜롬비아, 멕시코, 온두라스, 과테말라, 엘살바도르, 그리고 베네수엘라에서 강제실향은 여전히 진행 중이며, 콜롬비아는 난민 1위국인 시리아보다 200만 명이 더 많은 830만 명의 국내 실향민을 유지하고 있다. 라틴아메리카 지역 강제 실향민 문제는 국내 실향민이 중심을 형성한다. 멕시코와 중앙아메리카 지역 역시 마약 범죄 조직에 의한 무력분쟁으로 단기간 국내 실향민이 급증했다. 국내 실향민은 난민보다 규모가 훨씬 크며 인권 침해에 가장 취약한 상태에 놓여 있다는 점에서 관심이 더욱 요구되는 대상이다. 라틴아메리카 지역 국내 실향민의 68퍼센트는 15-39세 여성과 청소년이며 이들은 대부분 젠더박해의 피해자이다. 따라서 이 글은 세계 최대 국내 실향민을 유지하고 있는 콜롬비아의 사례를 중심으로 여성 강제 이주 원인으로서 무력분쟁 확산과 젠더박해에 대해 살펴보고, 강제 실향민 규모에서 가장 많은 비중을 차지하는 국내 실향민에 주목하여 무력분쟁 전개 과정에서 발생한 젠더박해의 주요 특징을 고찰하고 있다. 또한 평화협정 체결 이후 다시 국내 실향민이 증가하는 원인을 분석했다.

콜롬비아의 불법 무장 조직과 마약 조직은 납치와 인신매매로 경제적 이윤을 창출하고, 인신매매를 통해 여성을 성노동과 가사노동에 동원했다. 성폭력은 카리브해 연안 지역 초코, 메타 그리고 푸투마요 등 주요 분쟁 지역에서 승리를 과시하는 상징적 행위로도 활용되었다. 또한 성폭력은 지역 통제 및 강제 이주 조장용으로 이용되기도 했다. 이와 같이 무력분쟁은 여성이 다양한 젠더박해 상황으로 내몰리는 조건을 형성하고 있으며 분쟁 격화 지역일수록 극단적 형태의 젠더박해가 발생했다. 따라서 젠더박해는 단지 분쟁 상황에서만 발생하는 것이 아니라 일상의 폭력과 연속선상에서 발생하고 있다.

콜롬비아의 여성 실향민은 주로 남성 중심의 가부장적 문화로 인한 폭력, 박해 그리고 불평등 등 주로 남성과의 관계에서 파생되고 있다. 지난 무력분쟁 전개 과정에서 콜롬비아의 젠더박해는 극단적인 형태로 나타났다. 여성의 몸은 지배와 통제의 상징적 도구로 활용되었으며, 토지 강탈을 위한 강제 이주 조장 도구로 이용되었다. 가정폭력, 학대, 성폭력 및 강제 임신은 여성의 강제 이주를 유발하는 주요 원인으로 작용했다. 이동 과정에서 경험하는 인신매매, 납치 및 강제 매춘은 여성 실향민의 이동과 정착이 되풀이되는 불안정한 삶으로 몰아넣었다. 콜롬비아 정부는 여성차별 폐지를 위한 다양한 노력을 기울여 왔다. 그럼에도 불구하고 여성 실향민에 대한 정책 추진 성과는 미진한 상태로 남아 있는 것이 사실이다.

「브라질 흑인 여성 쓰레기 수집노동자와 새로운 시민성 논의의 가능성」은 현대 브라질 흑인 여성이 처한 소외와 폭력의 현실을 쓰레기와 브라질의 여성 쓰레기 수거노동자 '까따도라(catadora)'를 매개로 이해하고자 한다. 즉 여기서 연결을 시도하는 요소는 쓰레기와 쓰레기 수거자, 흑인 여성, 소외와 폭력이다. 프린스턴환경연구소 교수 롭 닉슨은 "인식할 수 없는 위협을 '이해'하려면 과학자나 창작자의 증언 작업을 통해 그 위협을 감각적으로 '이해할 수 있는(apprehensible)' 것으로 만들 필요가 있다"고 말했다. 여러 형태의 위협에 적용될 수 있겠지만 닉슨은 특히 환경 오염과 파괴를 '느린 폭력'의 한 형태로 정의하며 그 심각성을 이야기한다. 쓰레기는 가장 가시적인 형태의 오염원이기는 하나 우리가 이를 폭력, 나아가 심각한 위협으로 느끼고 있다고 하기에는 지나치게 많은 쓰레기를 일상적으로 생산해 내고 있다. 그나마 얼마 전부터 비교적 자주 눈에 띄는 반향을 일으키는 다큐멘터리가 우리의 무분별한 소비로 인한 온갖 쓰레기가 어디로 향하는지를 보여 주고 있다. 덕분에 전보다는 많은 이가 소위 '미니멀라이프'를 추구하며 소비 습관을 점검하고 비워 내기를 시작했지만, 장기적이고 거시적인 계획을 바탕으로 이루어지지 않은 탓에 단기적으로는 오히려 쓰레기가 늘어나고 또 다른 소비를 불러오기도 한다. 2021년 방영된 국내 방송사의 환경 특집 다큐멘터리 「옷을 위한 지구는 없다」는 쓰레기의 위협을 이해하고 느낄 수 있는 형태로 보여 주었다. 지구에서 한 해 만들어지는 1,000억 벌의 옷 중 30%인 330억 벌이 버려진다는 통계로 시작되는 이 영상물은 우리 손을 떠난 후 끝이라고 생각했던 쓰레기가 사실은 지구 어딘가에서 다른 생명을 심각하게 위협하는 현실을 감각적으로 보여 준다.

이 쓰레기의 종착지는 대개 가난한 국가, 가난한 동네, 가난한 자들의 생활 터전이다. 어떤 위기가 있을 때 가장 피해를 보는 것도 이들이다. 이번 코로나19 바이러스가 가져온 위기도 그랬다. "코로나19 바이러스는 사회의 모순을 따라 확산된다." 이 표현은 지금까지 발생했던 모든 위기의 가장 심각한 피해자는 사회의 온갖 모순의 폐해를 떠안고 사는 소외 계층임을 잘 말해 준다. 소외 계층 혹은 가난한 이들은 산업화와 세계화의 혜택에서 고스란히 제외되고 그것이 양산한 양극화 체계에서 점점 더 가난해졌으며 점점 더 구조적으로 소외됐다. 중심에서 소비하고 남은, 가진 자에게는 쓸모를 잃은 잉여물은 변두리에 있는 그들에게 떠안겨졌다. 이 글에서 말하고자 하는 쓰레기는 다양한 형태의 잉여물 중 일부일 것이다. 이 쓰레기라는 위기 역시 가난한 자에게 가장 먼저, 가장 직접적인 형태로 몰아쳤다.

그런 이유로 그간 환경 문제의 호소는 대부분 빈자에게서 출발해 왔고, 그 결과 환경 문제라는 테두리에서 빈자에 대한 접근은 그들을 피해자로 바라보는 시선에 국한돼 있었다. 그러나 지배 계층이 주도한 신자유주의와 자본주의의 발전으로 인한 환경 오염의 피해를 빈자가 떠안았다는 것은 물론 필요한 인식이지만 이에 관한 논의는 이미 비교적 자주 이루어졌다. 현재 시점에서 쓰레기라는 화두와 소외 계층이라는 문제의 대상이자 주체의 연결은 그와는 다른 발상으로 이루어질 필요가 있다.

「라틴아메리카의 페미니스트 외교: 멕시코」는 상황적 요인보다 '내재적 요인'에 집중해 멕시코가 페미니스트 외교를 채택한 요인을 살펴보고, 서구권 국가들과의 비교를 통해 멕시코 사례의 특징을 이해하고자 한다. 다시 말하면, 외교 분야에서 멕시코 여성의 대표성 확대, 멕시코 페미니스트 운동의 제도화 등 내재적 요인이 멕시코 정부가 페미니스트 외교를 채택하는 데 중요한 영향을 미쳤다는 점을 설명하고자 한다.

멕시코는 세계에서 다섯 번째로, 그리고 라틴아메리카·카리브 지역에서는 최초로 페미니스트 외교를 채택한 국가이다. 젠더 인권에 있어 선진국으로 고려되는 스웨덴, 프랑스, 캐나다 등과 달리 멕시코는 여성 살해 사건이나 여아 실종 사건이 빈번히 발생하는 젠더 인권 취약국으로 분류된다. 올라멘디는 젠더 인권 취약국인 멕시코가 페미니스트 외교를 표방하는 것은 국내의 열악한 인권 현실을 오히려 왜곡할 수 있다고 우려한다. 라구네스도 멕시코의 젠더 인권 침해 상황과 페미니스트 외교 방침 간 불일치를 강조하며, 멕시코의 페미니스트 외교가 선언에 그칠 뿐 명확한 정의조차 내리지 못한다고 지적한다.

젠더 인권이 취약한 현실에도 멕시코 정부가 페미니스트 외교를 채택한 요인은 무엇일까? 멕시코의 페미니스트 외교는 서구와 비교해 어떠한 특징이 있을까? 바르세나의 바람대로 멕시코의 페미니스트 외교가 라틴아메리카·카리브 지역 및 비서구권을 선도하는 대표 모델이 될 수 있을까? 멕시코의 페미니스트 외교 채택에는 '상황적 요인'이 결정적이었다는 설명이 많다. 멕시코 정부는 2021년 베이징세계여성대회+25 세대평등포럼(Beijing+25 Generation Equality Forum) 주최국으로 선정되기 위한 수단으로, 혹은 2021-2022년 유엔안전보장이사회 비상임이사국 진출을 위한 수단으로, 아니면 2024년 대선 승리를 위한 조기 캠페인의 일환으로 페미니스트 외교를 선포했다는 것이다. 멕시코가 페미니스트 외교를 채택하게 된 요인을 요약해 보면 다음과 같다. 첫째, 멕시코 여성의 외교 분야 진출이 세계적 차원에서 보았을 때 비교적 일찍 시작되었다는 것이다. 둘째, 멕시코 여성들은 제2차 세계대전 직후부터 유엔 등 국제 기구와 지역 기구에서 인권 보호를 비롯해 다양한 역할을 수행해 왔다는 것이다. 셋째, 멕시코는 1934년 이후 지속적인 외교법 개정 작업을 진행하여 1967년에는 여성들의 외교 분야 진출을 가로막는 제도적 장벽을 제거했고, 1982년에는 외교 분야에서 여성과 남성의 법적 평등을 명시했다. 넷째, 멕시코 정부가 적극적으로 젠더 동수제 등 페미니스트 정치와 페미니스트 외교를 주도하는 데에는 멕시코 페미니스트 운동의 기여가 컸다고 본다. 페미니스트 외교가 멕시코에서 빈번히 발생하는 여성 살해나 여아 실종 등 심각한 인권 침해 상황을 가리는 정치적 수단이 되어서는 안 된다.

「과테말라 원주민 여성운동의 젠더화: 세푸르 자르코 사례를 통해 본 내전 시 성폭력에 대한 투쟁과 성과」는 많은 원주민 여성이 내전 시기부터 여성이기에 겪어야 했던 과거의 피해를 적극적으로 증언하고 관련자 처벌과 기소, 사과와 배상을 요구한 활동을 분석한다. 과테말라 여성들이 인민법정의 형식을 빌려 과테말라 내전 시기와 이후의 성폭력 가해에 대해 기소와 처벌을 요구한 것은 과테말라 내전이 1996년 12월 29일 '과테말라 민족혁명연합(Unidad Revolucionaria Nacional Guatemalteca,

URNG)'과 정부군 사이에 맺어진 평화 협정에서 가해자의 처벌과 배상을 강제할 수 있는 사법 제도를 보장하지 않았기 때문이다. 오히려 국가 권력이 만든 '국민화해법'에 의해 내전 중 발생한 정치 범죄에 대해 면책이 보장되었고 성폭력에 대해서는 피해자에게 책임을 전가하는 사회적 인식이 만연했다. 형사 재판이 어려워지자 과테말라 여성운동가들은 인민법정의 형태로 내전 시 성폭력의 책임 소재를 누구에게 물을 것인지를 스스로 결정하게 된 것이다. 이 법정의 최종 판결문은 내전 시기 과테말라 형법 및 국제법에 의거할 때 중요한 위반 행위가 자행되었음을 인정하고, 공무원 및 군과 경찰에 의해 자행된 행위의 책임이 정부에게 있다고 선고했다.

무엇보다도 여성에 대한 폭력의 피해자들이 법적 수단에 대해 용이하게 접근하고 피해자가 비난받는 것이 아니라 가해자가 처벌받는 것이 당연하게 여겨지는 문화적, 사회적 규범이 확산되어야 한다. 이를 위해서는 세푸르 자르코 사례가 보여 주듯 견고한 사회적 연대 네트워크 형성을 뒷받침하고 엄격하고 실효성 있는 법 적용이 가능하게끔 하는 정부의 적극적인 재정 지원이 선행되어야 할 것이다. 또한 젠더에 기반한 폭력 사건을 편견 없이 다룰 수 있는 검사와 판사 등 사법 종사자들에 대한 젠더 주류화 교육과 전문법원의 확대, 피해자들을 위한 통합적 지원 프로그램이 지속적으로 개발, 강화되어야 할 것이다.

이처럼 이 책은 라틴아메리카의 젠더와 관련하여 다양한 영역에서 접근하여 분석한다. 일반론적인 접근에서는 라틴아메리카 페미니즘의 발전과 과정, 성 소수자들의 권리 보장 제도의 발전 과정을 다룬다. 사례 중심의 접근에서는 브라질의 흑인 여성, 쓰레기를 줍는 여성들의 힘을 조망하며, 멕시코가 시도하고 있는 페미니즘 외교를 분석하고, 과테말라 원주민 여성들의 젠더화 과정들을 통해 사회적 변화들을 추적하고 그 과정에서 확대되고 있는 젠더 불평등을 재조명한다.

필자들을 대표하여
김영철

# 차 례

# 제 1 장

# 라틴아메리카 페미니즘의 발전*

/

## 이순주

/

* 이 글은 『이베로아메리카연구』 30권 1호에 수록된 저자의 논문 「제4물결 페미니즘을 넘어: 아르헨티나 페미니즘의 확산」의 일부를 가져와 본 주제에 맞게 대폭 수정·보완한 것임을 밝힌다.

# 1 들어가는 말

언젠가 '라틴아메리카에서 여성으로 산다는 것'이라는 제목으로 강연을 한 적이 있었다. 참가자들에게 라틴아메리카의 여성에 대해 떠오르는 생각이나 이미지를 이야기해 보라고 하니 '정열적이다', '섹시하다', '교육 수준이 낮을 것 같다', '까무잡잡한 피부색에 수영복 차림의 여성이 떠오른다', '원주민 여성들이 떠오른다' 등의 이야기가 나왔다. 여성 대통령도 있다는 얘기는 한참이나 지나서 나왔다. 그다음으로 멕시코나 아르헨티나 혹은 니카라과 등의 라틴아메리카 국가들과 한국의 성평등 정도를 비교하면 당연히 한국이 나을 것이라는 확신에 찬 이야기들이 나왔다. 하지만 사실은 좀 다르다. 아니, 많이 다르다.

세계경제포럼(WEF)은 해마다 전 세계 국가들의 성 격차를 평가하여 보고서를 발표한다. 유엔의 성 개발 지수(Gender Development Index)가

평균수명, 교육, 소득 등의 지표를 통해 남녀의 성취 수준을 국가 간 비교하는 것이라면, 세계경제포럼의 성 격차 지수(Gender Gap Index)는 개별 국가에서 경제 참여 및 기회, 교육적 성취, 건강과 생존, 정치적 권한에서 성취도가 아닌 격차를 비교하는 것이다. 유엔의 성 개발 지수는 각 국가의 사회경제적 개발 정도가 지수에 미치는 영향이 큰 반면, 세계경제포럼의 성 격차 지수는 단일 국가 내에서 분야별 성 격차를 지수화한 것이다. 따라서 특정 국가의 성평등을 논할 때 적합한 지수라고 할 수 있다.

세계경제포럼은 〈2021 세계 성 격차 보고서(Global Gender Gap Report 2021)〉에서 전 세계가 성별 격차를 극복하는 데 135.6년이 걸릴 것으로 예상했는데, 이는 그 전년도 보고서보다 오히려 36년이나 더 오래 걸릴 것으로 본 것이다. 즉, 후퇴했다는 의미다. 역사상 전례 없는 코로나19가 성 격차를 더욱 벌려 놓았다는 것이다. 이 보고서에서 우리나라의 성평등 순위는 156개국 중 102위에 올랐다. 그렇다면, 라틴아메리카의 순위는 어떠할까? 과테말라를 제외한 모든 국가가 100위 안에 있으며, 니카라과가 세계 12위, 코스타리카는 13위, 멕시코는 34위, 아르헨티나가 35위로 상위에 올라 있다. 막연하게 라틴아메리카 국가에서 성평등에 대해 이야기하자면 대개는 한국보다 훨씬 열악한 상황일 것이라고 사람들은 생각한다. 그 이유는 우선, 경제적으로 잘사는 국가들에서 성평등 도달 정도가 높을 것이라는 생각이 지배적이기 때문이다. 또 다른 이유는 이 지역에서 젠더폭력과 페미사이드 발생 빈도가 높은 것으로 알려져 있어 다른 분야의 발전이 보이지 않기 때문일 것이다. 하지만, 여러 가지 지표가 보여주는 라틴아메리카의 성평등은 우리나라보다 꽤 많이 앞서 있다. 특히 정치 분야에서는 선거에서 여성 할당제를 아르헨티나가 가장 먼저 실시했으며, 현재는 선거 명부에서 남성과 여성의 비율을 같게 하는 동수제를 법제화한 국가도 많다.

이는 '마치스모(machismo)'와 보수적인 가톨릭 정서가 지배적인 라틴아메리카 사회에서 여성들이 마주하는 삶의 모든 영역에서 부딪히는 젠더차별과 불평등을 제거하기 위해 부단한 노력을 해온 결과라 할 수 있다.

라틴아메리카 사회에서 '마치스모'는 전통적으로 이상적인 남성상을 나타내고, 남성들의 행동과 자기 통제에 영향을 미치며, 다른 남성과의 관계에서는 경쟁적이고 강한 이미지를 갖도록 한다. 그리고 여성에게는 지배적이고 억압적이며(이순주, 2010, 59-60), 여성의 활동을 남성의 허용 범위 내로 제한해 왔다. 또한 여성들을 정신적으로 강하고, 스스로를 부정하면서 고통을 견뎌 내는 도덕성의 보고 같은 존재로 인식해 왔다. 가톨릭교회는 식민 시대 이래로 신이 여성에게 부여한 역할은 무한한 인내로 자녀를 양육하고 순종하는 것이라는 이데올로기를 가르치고 유지하며 강화하는 역할을 해왔다.

라틴아메리카 페미니즘은 식민주의, 아프리카 민족의 노예화, 원주민의 주변화 등으로 말할 수 있는 정치·사회적 맥락에 뿌리를 두고 있다. 즉, 이러한 정치·사회적 맥락을 만들어 낸 세력에 대한 대응의 성격이 강하다. 지난 반세기 넘게 라틴아메리카의 정치·경제·사회적인 변화는 대단히 역동적이었고, 이 지역 페미니즘의 이슈와 전략에 중요한 영향을 미쳤다. 20세기에 들어 1960년대에서 1980년대까지는 과두제, 군사 정부, 독재 체제가 당시의 정치를 대표했고, 1930년대 이후 지속했던 국가 주도의 산업화 기조는 반세기에 달하도록 유지되다가 한계를 노출했다. 그리고 1990년대부터는 민주주의가 공고화하고 시장 중심의 신자유주의 체제가 확산했다.

1990년대 이후 신자유주의가 심화하면서 기존의 사회적 불평등 또한 더욱 심화했다. 이에 맞서 사회 운동은 사회 전반에서 자원의 재분배가 이루어져야 한다고 강력하게 주장했다. 또한 다양한 집단의 정체성과 권리를 인정하라고 요구했다. 이러한 재분배 요구에서 여성의 참여는 계급성이 반영되어 나타나 노동자와 빈곤 여성들이 중심이 되었다. 정치적으로는 성별 권력 분배를 보다 평등하게 하라고 요구했다. 또한 지금까지 소외되어 왔던 아프리카계 라틴아메리카 여성, 원주민 여성, 레즈비언, 노동자 여성, 빈민 여성, 그리고 노조 여성이 각 집단의 특성을 반영하여 정체성과 권리 인정을 요구했다. 이와 같은 정치적 맥락들은 여성 개인이나 집단의 관심과 행동 전략들을 변화시키면서 젠더, 시민권, 인종과 민족, 섹슈얼리티, 계급, 공동체, 종교, 환경 등 다양한 페미니즘의 관점과 이슈, 행동 영역을 만들어 냈다. 자유주의 페미니즘, 급진적 페미니즘, 사회주의 페미니즘, 에코 페미니즘, 문화적 페미니즘, 차이 페미니즘, 평등 페미니즘, 공동체 페미니즘, 아프리카 후손 페미니즘 등이 이에 해당한다. 이렇게 라틴아메리카 지역의 페미니즘은 여러 입장을 광범위하게 포괄하고 있으며, 그중 다수는 서로 긴장 관계에 있기도 하다. 그 결과 라틴아메리카 페미니즘을 복수형인 'feminismos'로 사용한다. 멕시코 국립여성연구소에 따르면 "시간이 지남에 따라 페미니즘에 관한 관점이 복합적이고 다양해짐에 따라 페미니즘의 존재를 (단수로 사용함으로써) 단일 영역에서 다양한 초점을 가진 것으로 제한하는 것이 아니라 복수(plural)로 말해야 한다."[1]

2000년대 이후에는 신자유주의의 실패가 다시 페미니즘을 '재정치화'(다트리, 2013, 160)했다. 라틴아메리카 페미니즘은 민주화 이후 제도화하고 탈정치화했다는 평가를 받아 왔다. 하지만 2015년부터 아르헨티나에서 시작되어 라틴아메리카 전역으로 급속도로 확산하면서 지속해 온 여성 살해(Feminicidio)와 여성에 대한 폭력 반대 운동인 #NiUnaMenos 운동을 계기로 라틴아메리카 지역의 페미니즘이 재활성화하는 전환점을 맞이했다(Natalucci and Rey, 2018; Nijenson, 2017). 또한 라틴아메리카의 페미니즘은 라틴아메리카 지역 국가들이 남녀동수제(Gender Parity)를 수용하고 민주주의의 질적 변화를 촉발하는 데 지대한 영향을 주었다는 평가를 받고 있다.

그렇다면 라틴아메리카의 페미니즘과 페미니즘 운동은 어떻게 발전해 왔으며, 서구 페미니즘과는 어떻게 다른지 살펴보자.

## 2 서구 페미니즘에 대한 라틴아메리카 페미니즘의 시각

서구의 페미니즘은 주로 3단계로 '물결'이라는 표현을 통해 그 시기와 주요 이슈들이 구분된다. '물결'이라는 표현은 마사 와인먼 리어 (Martha Weinman Lear)가 1968년 《뉴욕 타임스》(*New York Times*, March 10, 1968)에서 처음 사용했다. 그가 「두 번째 페미니스트 물결(The

---

1   https://campusgenero.inmujeres.gob.mx/glosario/terminos/feminismos

Second Feminist Wave)」이라는 기사에서 2차 세계대전 이후 페미니스트 운동 결집을 위해 '물결'이라는 말을 처음 사용하면서, 이는 각 시기를 구분하는 용어로 자리 잡은 것으로 알려져 있다. 최근 디지털 시대가 도래하면서 페미니즘도 온라인으로 연결 행동이라는 방식을 통해 대중 운동을 일으키는 단계인 '제4물결'이라는 새로운 단계로 접어들었다고 평가되고 있다(김은주, 2019).

여기서 잠깐 여성운동, 페미니즘, 페미니즘 운동을 정리해 볼 필요가 있다. 앞서 라틴아메리카의 페미니즘을 복수로 사용해야 한다고 했다. 페미니즘은 서로 다르고 다양한 세계관과 그 흐름을 집합적으로 표현한 개념이므로 하나의 개념틀로 정의하기는 어렵다. 하지만 페미니즘의 기능과 역할은 '기존의 가부장적인 지배, 사회구조 그리고 문화 규범에 저항하며 억압과 차별을 당하는 여성을 해방시키고 새로운 정치, 사회, 경제, 문화적 질서를 지향하는 것'으로 정의할 수 있다. 따라서 페미니즘 운동은 여성 해방과 새로운 정치, 사회, 경제, 문화적 질서의 변화를 추구하는 운동이라 할 수 있다. 한편 여성운동은 페미니즘보다 포괄적인 의미를 지닌다. 여성이라는 성적 정체성을 기반으로 하고 있으며, 사회 전반에서 나타나는 여성 차별을 줄이고 여성의 권리를 신장하기 위해 전개하는 모든 활동과 운동을 의미한다. 그리고 여성운동은 문화적으로 젠더(gender)화된 경험과 리더십 그리고 정책 결정을 지향한다(전복희, 2011, 300).

페미니즘의 제1물결은 19세기 후반과 20세기 전반까지 시민권으로서 여성 참정권을 획득하기 위한 시대이다. 이 시기 페미니즘은 정치, 경제, 교육 등의 분야에서 여성 권리를 보장할 것을 요구했다. 프랑스 대혁명 시기에 최초로 여성 권리를 위한 구체화된 정치적 요구가 등장했는데, 실제 조직화된 여성운동은 19세기 중반에 미국과 영국에서 시작되었고 이후 유럽 국가들로 확산되었다. 19세기 자유주의의 등장과 자본주의의 발전은 페미니즘의 등장에 중요한 배경이 되었다. 자유주의는 자연권을 기반으로 남성과 여성이 동등한 능력과 권리를 가진다는 평등사상을 확산시켰다. 이와 함께 산업화와 자본주의의 확산은 중산층의 빠른 성장을 가져왔으며 사회적으로는 개인의 능력이 중요시되었다. 산업, 상업, 행정 등 전문화가 이루어지면서 상대적으로 여성들의 지위는 급속히 하락했다. 당시 여성들에게는 선거권, 피선거권이 없었고, 공직 참여나 재산 소유도 할 수 없었으며, 교육도 매우 제한적으로 허용되어 있었다.

초기 자유주의 페미니즘은 여성의 경제적 독립에 초점을 두어 자신의 재산에 대한 통제권, 전문직에서 일하기 위해 필요한 고등교육을 받을 권리 등을 요구했다. 하지만 이러한 권리가 받아들여지고 여성들의 역할이 확장되면서 사회 문제의 개선을 요구하기에 이르렀고 남성들의 가부장적 태도에 부딪히면서 여성운동은 한계에 달했다. 이러한 상황은 여성 참정권의 필요성에 대한 인식을 확산했고 다양한 성향을 가진 여성운동의 공동 목표가 되었다. 영국, 미국 그리고 유럽의 여러 국가에서 참정권이 입법화되면서 남녀평등권을 주장하는 데 정당성이 확보될 수 있었다. 또한 여성의 교육 기회가 확대되고 여성과 어린이에 대한 복지와 권리가 증진되었다. 하지만 여성 참정권이 입법화된 이후 다양한 성향의 여성운동은 공동의 목표를 상실하면서 다시 분열되었다. 또 두 차례의 세계대전이 치러지고 1960년대까지 페미니스트 운동은 국제적으로 침체되어 있었다. 이는 냉전 시기에 돌입하면서 서구 페미니스트 운동의 관심은 반핵 이슈와 평화에 있었으며 제3세계 페미니즘 운동의 관심은 민족 해방과 탈식민화에 있었기 때문이다(전복희, 2011, 305).

제2물결은 1960년대 후반 혹은 1970년대 초반에 등장하여 1980년대 어느 시점까지 유지되었던 급진적 페미니즘으로 볼 수 있다. '모든 개인은 정치적'이라는 모토 아래 확장했다. 가부장제의 뿌리에 대한 강력한 집단적 성찰이 시작되었고, 가부장적 억압으로부터 여성해방의 필요성을 강조했다. 이 시기에 다시 여성운동이 되살아나게 된 배경은 첫째, 1950년대와 1960년대 동안 자본주의의 급격한 팽창으로 여성 노동력에 대한 요구가 증가한 데 있다. 여성의 노동 시장 진출이 증가한 것은 외형적으로는 여성의 경제적 활동이 증가하여 지위가 향상된 것처럼 보였지만, 여전히 여성의 역할에 대한 전통적 인식이 유지되고 있었다. 따라서 여성은 가사노동과 사회 활동의 이중 부담을 지는 상황을 만들었다. 둘째, 여성이 성적 억압을 받아 왔음을 절감했다는 것이다. 피임법의 발전과 보급, 출산율 저하, 이혼율 증가 등으로 가족 제도가 변화하고 여성의 교육 수준이 향상되면서 이러한 인식이 확대되었다. 셋째, 1960년대 미국 내 인종차별과 불평등 체제 등을 비판하는 신좌파 운동과 시민권 운동이 여성운동 조직화와 성불평등 문제의 사회적 이슈화에 영감을 줄 수 있었기 때문이었다(전복희, 2011, 305-306). 제1물결이 남성과 여성의 동등성에 바탕을 두었다면, 제2물결은 남성과 여성의 차이에 근거하여 여성 고유의 경험에서 비롯된 이슈들이 중심이 되었다. 주요 의제는 가사노동과 가정폭력, 피임과 낙태에 대한 권리, 임금

차별 철폐 등이 핵심을 이루었다(조선정, 2014, 51). 제2물결의 특징적인 점은 유엔이 1975년을 세계 여성의 해로 지정하고, 1975년에서 1985년까지를 '유엔 여성의 10년'으로 선포하며 여성 지위 향상과 여성 문제를 범세계적인 것으로 만들었다는 것이다. 이러한 분위기는 과거에는 사적 영역으로 인식되어 공론화되지 못했던 문제들을 정치 영역으로 이끌어 냈고, '여성'은 이제 정치적 범주가 되었다. 또 제2물결 동안 급진 페미니즘에서 성적으로 억압받는 계급으로서 여성을 심도 있게 이론화함으로써 여성운동과 페미니즘은 정치적 동의어처럼 사용되었다. 따라서 자연스럽게 페미니즘의 주제가 '여성'이 되었다. 그러나 흑인, 레즈비언, 사회주의 여성들은 페미니즘에서 '여성'이 강력한 균질화 요소를 가지고 있다고 인식했다. 또한 여성 내에서도 백인, 앵글로색슨 및 교육받은 여성의 현실과 다른 인종이나 계급 혹은 문화권에 속한 여성을 동질화하는 경향을 보였다. 급진적 페미니즘에서 퀴어 이론과 LGBT+ 운동을 함께 다루기 시작하면서 페미니즘에서 다루는 '여성' 개념이 불안정해졌다. 그럼에도 제2물결 페미니즘은 제1물결에서 참정권을 주장한 것을 넘어서 성, 가족, 문화, 노동, 교육 등 삶의 모든 영역에서 급진적 변화를 요구했다. 한편으로는 제2물결 페미니즘이 다양한 인종적, 성적 계층적 차이를 그다지 중요하게 여기지 않았고 오히려 적대적이라는 평가를 받기도 했다(김보명, 2016, 131-132).

제3물결은 1990년대부터 나타난 변화로 제2물결이 보여준 한계에 대한 비판과 함께 새로운 운동 방식을 강조했다. 제3물결에서는 제2물결이 중상층 백인 여성의 경험을 지나치게 강조했다고 보고, 제2물결이 정의한 '여성성'의 정의에 도전했다. 제3물결은 여성의 삶을 인종, 민족,

종교, 계급, 성별, 그리고 국적 등 다양한 요소가 교차(intersectional)되는 지점으로 보고, 그러한 요소들이 여성의 삶에 영향을 주는 매우 중요한 요소임을 강조했다(Drucker, 2018). 스나이더(Snyder, 2008, 175-176)는 1990년대 이후 페미니즘이 1980년대까지의 페미니즘과 전략적으로 세 가지 면에서 다르다고 보았다. 첫째, 페미니즘에서 기존의 여성의 범주가 붕괴된 것에 대응하여 페미니즘의 교차적이고 다양한 관점을 보여주는 개인의 증언들에 토대를 둔다는 것이다. 둘째, 이론을 정당화하고 행동으로 연결 짓는 것을 넘어 다의성(multivocality)을 포용한다는 것이다. 셋째, 성별 전쟁의 분열에 대응하여 포괄적이고 단정적이지 않은 접근법을 통해 페미니스트를 정치적으로 규정하는 것을 거부한다. 즉, 광범위한 논쟁 지점들 내에서 비판적으로 작동하는 페미니즘의 거대담론을 거부하고, 포괄적이고 다양한 목소리를 가진 페미니즘의 연대를 환영하는 역동적인 결속으로 대체하려고 시도한다는 점이다.

서구 페미니즘에 관한 비서구 페미니즘의 비판은 1980년대와 1990년대 국제회의를 통해 부각되었다. 1985년 나이로비에서 개최된 제3차 세계여성회의에서는 여성운동의 초점이 '여성 이슈'에서 '젠더 이슈'로 확장했다. 이는 젠더화된 사회관계가 초래하는 여성의 주변화로 인해 여성이 종속되는 상황을 만들고, 여성의 경험과 이해는 무시되며, 남성중심적 사회구조와 문화 그리고 권력 관계 등이 나타난다는 점을 가시화했다. 1995년 베이징에서 개최된 제4차 세계여성회의에서는 유엔행동강령을 통해 각 국가에서 성평등과 성 주류화를 증진하기 위해 젠더이슈가 법과 정책, 그리고 개발 계획과 예산 등에 통합되게 하는 큰 성과를 얻었다.

자본주의 체제를 가진 라틴아메리카에서는 서구 국가들만큼 일찍 시작되었고, 또 활발하게 전개되었다(강경희, 2008). 학자마다 라틴아메리카 페미니즘의 단계 구분은 조금씩 다르다. 1960년대에서 1970년대에 여성 해방을 요구하는 사회 운동이 시초라고 보기도 하지만, 실제로는 이보다 훨씬 오래되었다. 라틴아메리카 페미니스트 사상의 기원은 식민주의의 결과로 나타나는 타인의 조건에 대한 성찰과 인간의 범주를 인류의 진입점으로 만드는 규범에 대한 비판에서 찾을 수 있다. 라틴아메리카의 페미니즘은 1960년대와 1970년대까지 비독점적 관점에서 차이와 변화를 명확히 하는 확고한 역사를 가지고 있었다(Gargallo, 2004, 80)고 평가되기도 한다.

스테파니 리베라 베루스(Stephanie Rivera Berruz)는 라틴아메리카 페미니즘을 5단계로 구분한다. 1단계는 20세기 이전의 라틴아메리카 페미니즘이 페미니스트 작가들을 통해 나타났던 시기다. 이 작가들은 여성의 역할과 사회문화적 변화의 필요성,[2] 토착민의 자율성과 과학에서의 여성 권리,[3] 여성의 평등과 노동자로서의 권리와의 관계,[4] 교육과 철학 교육을 통한 여성의 도덕적·지적 해방,[5] 여성 교육 기회의 확대 등을 주장했다(Berruz, 2018). 라틴아메리카 최초의 페미니스트로 불리는 소르 후아나 이네스 데 라 크루스(Sor Juana Inés de la Cruz, 1651-1694)는 여성에게 교육받을 권리가 제대로 보장되지 않았던 17세기 사회에서

---

2  소르 후아나 이네스 데 라 크루스(Sor Juana Inés de la Cruz, 1651-1695), 멕시코.

3  테레자 마르가리다 다 시우바(Teresa Margarida da Silva e Orta, 1711-1793), 브라질.

4  플로라 트리스탄(Flora Tristán, 1803-1844), 페루.

5  후아나 만소(Juana Manso, 1819-1875), 아르헨티나.

예속적인 결혼을 피하고 지식 욕구를 충족하기 위해 수녀원에 들어가 당시 사회의 남성 중심주의를 비판하고 여성의 교육과 지적 권리를 옹호했다. 브라질 태생의 테레자 마르가리다 다 시우바(Teresa Margarida da Silva e Orta, 1711-1793)는 포르투갈어권 최초로 소설을 출판하기도 했으며, 원주민의 자율성, 그리고 과학에서의 여성 권리를 주장했다. 또한 페루에서는 플로라 트리스탄(Flora Tristán, 1803-1844)이 여성의 평등과 권리가 노동자의 권리와 중요한 관계에 있다고 주장했다. 즉, 여성과 임금노동자의 조건이 노예제와 비슷하며, 남녀 노동자들이 국제 공동 노조를 결성해야 한다고 주장함으로써 페미니스트, 급진적 사회주의자, 최초의 국제 노동주의자로 평가되기도 했다(Duong, 2019).

아르헨티나의 작가, 번역가, 저널리스트, 교사, 페미니스트였던 후아나 만소(Juana Manso, 1819-1875)는 아르헨티나 최초로 여성 공직자였고, 교육을 통해 여성의 도덕적·지적 해방이 가능하다고 보았다. 따라서 교육 분야의 개혁을 위해 많은 안을 제출했으며, 여성의 역할을 가정으로 한정했던 당시의 사회문화적 인식을 거부했다. 보수적인 후안 마누엘 로사스(Juan Manuel Rosas) 시기에 우루과이 몬테비데오로 건너가 여학교(Ateneo de Señoritas)를 설립하고 여성 교육에 대한 자신의 견해와 당대의 편견, 그리고 젠더 문제 전반에 대해 공개적으로 다루는 언론인이 되기도 했다. 또한 브라질에 거주하는 동안 라틴아메리카 최초의 페미니스트 잡지인 《여성저널(O Jornal das Senhoras)》을 창간하기도 했다.

2단계는 1900년대에서 1940년대까지로 여성의 정치·경제적 권리를 찾기 위한 투쟁을 벌였던 시기다. 유럽과 미국에서 첫 번째 물결 시기로 분류되는 참정권[6] 투쟁은 라틴아메리카에서도 매우 광범위하게 나타났다. 이렇게 참정권을 획득하기 위한 라틴아메리카 여성들의 투쟁은 이미 20세기 초에 시작되었다. 아르헨티나는 19세기 말 참정권 투쟁이 치열하게 나타났던 유럽으로부터 많은 이민자를 받아들였는데, 그 영향으로 라틴아메리카에서 가장 먼저 페미니스트 운동이 전개되었다. 1900년에 아르헨티나에서는 전국여성위원회(Consejo Nacional de Mujeres Argentinas)를 결성하고 1차 여성대회를 소집했다.

　1910년 부에노스아이레스에서 열린 제1차 국제여성회의는 파울리나 루이시(Paulina Luisi), 아만다 라바르카(Amanda Labarca), 사라 후스토(Sara Justo)와 같은 여성 참정권론자들이 참여하여 목소리를 높였다. 이 회의는 라틴아메리카 전역에서 이어지는 페미니스트 운동의 토대를 마련했다. 우루과이도 역시 유럽 이민자가 많았는데, 1916년 전국여성위원회가 창설되어 참정권 획득을 위한 투쟁을 시작했다. 우루과이에서 1917년 헌법을 통해 여성에게 선거권을 포함해 시민적, 정치적으로 평등한 권리가 부여되었다. 하지만 실제로는 글을 아는 사람들만 투표권을 가질 수 있었으므로 여성들은 1938년까지 투표하지 못했다. 정규 교육을 받지 못한 여성과 원주민 인구의 대다수는 1978년까지 선거권을 얻지 못했다. 브라질에서도 1922년 여성발전연합(Federação Brasileira pelo Progresso Feminino, FBPF)이 설립되고 참정권 투쟁이 시

6　라틴아메리카에서 여성 참정권을 갖게 된 연도는 다음과 같다. 에콰도르(1929), 우루과이(1932), 브라질(1934), 엘살바도르(1939), 파나마(1941), 도미니카공화국(1942), 과테말라(1946), 아르헨티나(1947), 베네수엘라(1947), 칠레(1949), 코스타리카(1949), 볼리비아(1952), 멕시코(1953), 콜롬비아(1954), 페루(1955), 온두라스(1955), 니카라과(1955), 파라과이(1961). http://womensuffrage.org/?page_id=109

작되었다. 브라질은 1934년, 그리고 아르헨티나는 1947년에 여성 참정권을 갖게 되었다.

한편, 멕시코 혁명기(1910-1920) 동안 남성과 함께 싸웠던 'adelitas'로 불린 여성들이 여성의 이미지를 바꾸었다. 여성의 참여는 혁명의 성공에 의미 있는 기여가 되었으며 이는 여성의 교육 및 노동 권리에 대한 요구로 이어졌다. 멕시코에서는 1923년 여성연대(Ligas de Orientación Femenina)가 창설되었고, 원주민 전통이 강한 멕시코의 특성에 따라 성별 균등한 토지 분배, 노동조합 권리, 모성 보호 등이 요구되었다. 이러한 요구는 멕시코 남동부 지역을 중심으로 강하게 나타났고, 이 지역에서는 일시적으로 선거권과 피선거권이 부여되기도 했다(강경희, 2008).

1930년대 동안 라틴아메리카 전역에서 여성 권리가 크게 진전을 보였다. 1933년 몬테비데오에서 개최된 제7차 범미주회의는 미주 지역 모든 국가에게 여성의 정치 및 시민권에 관한 조약을 채택하도록 권고했다. 1938년 미주여성위원회는 '리마 선언'을 채택하여 '남성과 평등에 기초한 정치적 대우와 시민권에 관한 평등의 향유'를 여성에게 보장해야 함을 확인했다. 이후 라틴아메리카 국가들은 성평등을 증진하는 법을 통과시켰다. 1961년 파라과이가 마지막으로 여성 참정권을 부여했다. 하지만 여전히 문맹의 투표 제한에 따라 원주민과 아프리카계 여성의 투표권은 계속 박탈되었다(García Nice & Hale, 2020).

3단계는 1950년에서 1970년대까지로, 칠레의 페미니스트 학자 홀리에타 키르쿠드(Julieta Kirkwood)가 '침묵의 시대(Los años del silencio)'라고 평가한 시기이다. 이 시기에는 중산층을 중심으로 한 여성이 참정권을 획득한 이후 정당 활동이나 대중 운동 등에 활발하게 참여했지만,

이를 페미니스트 의제와 연결하지 못했던 시기였다(Kirkwood, 1986). 침묵의 시대는 라틴아메리카 전체에서 군부 정권이 장악하고 있던 시기이며 국가에 따라 1980년대까지도 연장된다. 한편, 같은 시기의 유럽과 미국에서는 두 번째 물결의 시기로 낙태권이 강력하게 요구되었다. 하지만 라틴아메리카에서는 페미니즘적인 여성 권리 요구보다 민주화에 대한 요구가 더 컸던 시기이며 이런 면에서 침묵의 시기라고 할 수 있지만, 오히려 이 과정에서 전통적인 여성의 역할——어머니, 아내 등——을 역설적으로 부각시켜 민주화를 요구하는 수단으로 활용했다(이순주, 2006). 이 시기는 1970년대 권위주의 국가에 의한 탄압이 특징적이었지만 라틴아메리카의 페미니스트들에게는 자신들을 별개의 정치적 주체로 정의하는 기회였다는 점에서 의의가 있다. 민주화 과정에서 라틴아메리카 여성의 행동주의는 매우 제한적이었던 기존의 여성에 대한 인식의 변화를 가져왔을 뿐만 아니라 정치적 이슈의 개념에도 변화를 유발했다. 권위주의 정권은 지속적으로 여성의 역할을 전통적인 어머니와 아내로서의 역할로 한정하고자 노력했다. 하지만 남미 여성들은 이러한 전통적인 역할을 이용하여 "가장 개인적"인 문제들을 "가장 정치적"인 문제로, 주부의 역할을 사회적인 역할로 변모시켰다. 이러한 과정을 통해 여성들은 매우 적극적인 정치 행위자로 등장했다(이순주, 2006). 이는 군사주의로 표현된 남성 지배 패러다임에 도전함으로써 국가 억압의 현실이 군국주의와 제도화된 폭력의 가부장적 토대와 연결되어 있음을 폭로하는 것이었다.

4단계는 1970년대 말 혹은 1980년대부터 1990년대까지 라틴아메리카의 군부 체제가 민주주의로 전환되는 시기로, 라틴아메리카 전체에서 여성운동이 등장하고 페미니스트 슬로건이 급진화하는 특징을 보였다. 군사정권에서 민주화가 이루어지는 시기에 여성의 동원화가 두드러졌으며 민주화 이후 형성된 정치적 다원성이 다양한 페미니즘의 발전을 가져온 것이다. 특히 1980년대는 페미니즘의 이론과 실천이 확장되었다. 페미니스트 잡지, 영화 그리고 비디오 등도 급증했으며, 정치, 문화, 사회에 대한 비전을 확대하고 심화해 나갔다. 또한 성폭력 피해자와 학대받는 여성, 페미니스트 보건 단체, 레즈비언 그룹 등 기타 다양한 프로젝트를 수행하는 센터나 시민단체, 비정부 기구들이 활성화했다.

하지만 민주화와 베이징 세계여성대회를 계기로 1990년대에는 각 국가에서 여성 정책 전담 기구가 생겨나거나 주요 페미니스트 NGO 활동가들이 정부 관료로 영입되는 등 페미니즘이 제도화하는 경향이 나타났다. 이러한 제도화는 신자유주의 정책의 확산과 함께 이루어져 정책이 허용하는 범위 내에서 성평등과 비차별을 실현하는 데 초점을 맞추었다.

한편 라틴아메리카 국제여성대회와 학술적 페미니즘이 활성화되기도 했다. '라틴아메리카·카리브 페미니스트 만남(Encuentro Feminista Latinoamericano y del Caribe, EFLAC)'이 대표적인 사례인데, 1981년 콜롬비아 보고타에서 처음 개최된 이래 현재까지 2, 3년마다 개최되고 있다. EFLAC[7]에서는 라틴아메리카 각 국가들의 페미니스트 학자와 NGO 등이 참여하여 각 국가의 상황과 경험을 분석하고 공유하며 연대 전략 등을 논의했다. EFLAC는 역내 페미니스트 활동의 연대와 강화에 크게

---

7  제15차 EFLAC는 2020년 11월 22일에서 25일까지 엘살바도르에서 개최되었다.

기여했다(Valdivieso and García, 2005, 44-45). 특히 신자유주의 경제 정책으로 가장 많은 영향을 받은 여성 집단의 문제, 즉 '빈곤의 여성화'를 가시화하고 폭력, 인권, 건강 등 여성을 위한 정책 변화를 목표로 활동했다. 민주화와 신자유주의의 도입, 그리고 여성 정책 전담 기구 수립을 통한 페미니즘의 제도화 등의 정치·경제적 상황의 변화는 민주화를 통해 1970년대와 1980년대의 과제를 해결한 것으로 보였고, 이어 여성 정책 전담 기구 등을 통해 여러 실천이 정책으로 나타날 것이라는 기대를 하게 만들었다. 하지만 민주화 이후 등장한 국가는 신자유주의를 수용하면서 여성을 현대화와 개발을 위한 잠재적 시장으로 이해하며 젠더, 권한 부여 등의 용어를 사용했다. 페미니즘은 신자유주의 경제 정책에 따라 가장 큰 영향을 받은 집단으로서 여성에 집중하고 '빈곤의 여성화'를 비롯한 부정적 영향을 포착했고, 21세기 초의 라틴아메리카 페미니즘의 주요 담론 중 하나가 되었다.

제5단계 페미니즘은 21세기에 들어 나타나고 있는 페미니즘으로 가부장제, 인종주의, 식민주의, 신자유주의 정책에 대한 반대와 연계되어 있다. 라틴아메리카 페미니즘은 매우 다른 사회적·문화적 위치에 있는 여성들 사이의 차이, 불평등 그리고 배제에도 귀를 기울여야 한다는 주장이 나타났다. 1999년 개최된 제8회 라틴아메리카·카리브 페미니스트 만남에서는 지배적 페미니즘의 '타자'로서 원주민 여성, 아프리카계 여성, 그리고 레즈비언 등 포괄성과 다양성이 충분히 반영되어야 한다는 새로운 목소리들이 구체화되었다. 특히 원주민 페미니스트 여성이 이 도전의 중심에 있는 이유는 빈곤, 원주민, 여성이라는 삼중 차별을 겪고 있기 때문이다. 또한 페미니스트의 원주민에 대한 깊은 유대감이 미국과 유럽의 페미니즘을 흡수한 개인주의와 소비문화에 맞서기 때문이기도 하다. 라틴아메리카의 새로운 페미니즘을 특징짓기는 어렵지만 두 가지 기본 요소는 희생자를 거부하는 희생자와 삶의 가치를 지지하는 것이다. 이는 현재의 정치, 경제, 사회적 시스템에 대한 가장 근본적이고 급진적인 도전으로 볼 수 있다. 2016년 피살된 온두라스의 페미니스트이자 환경운동가인 베르타 카세레스(Berta Caseres)의 활동은 토착민의 땅을 갈취하여 오염시킨 초대형 개발 프로젝트에 반대하면서 반제국주의, 반신자유주의적인 관점을 명확히 했다. 또, 과테말라의 마야 키체족 출신인 롤리타 차베스 익스카퀵(Lolita Chavez Ixcaquic)은 원주민 페미니즘의 관점을 보여주는 대표적 지도자이다. 그는 우리가 살아가는 사회에는 가부장제가 존재하지만 너무 친숙하기 때문에 다른 장벽들보다 훨씬 나쁘다고 보았다. 21세기 라틴아메리카의 페미니즘 지도자들은 계급, 인종, 젠더 사이의 '교차성' 속에서 살고 있다. 베르타의 리더십은 연대투쟁의 중요성을 강조해 왔으며 원주민의 세계관과 어머니인 땅과 사람을 보호해야 한다는 신념을 반제국주의와 반자본주의 관점에서 분석하고 이를 설파했다. 특히 환경운동은 지구를 파괴하는 가부장적 세력에 맞서는 것이며, 가부장제가 여성의 몸을 그들의 땅처럼 여기므로 땅을 지키는 것은 곧 여성의 몸을 지키는 것이라고 보았다.

페미니즘을 종족과 인종 그리고 여성으로서 생존하기 위한 투쟁의 필수적인 부분으로 인식하는 이러한 방식은 이 지역 페미니즘에 새로운 생명을 불어넣고 있다. 이는 결국 개인, 공동체, 국가, 그리고 국제적 맥락에서 공고한 가부장적 시스템에 맞서기 위한 국제적 연대의 힘을 강조하고 있다.

## 4 라틴아메리카 페미니즘 발전의 특수성

라틴아메리카에서 '물결'로 표현되는 페미니즘의 발전 단계는 주로 백인 여성의 경험에 바탕을 둔 서구 페미니즘의 분류이다. 이러한 일반화로는 라틴아메리카의 페미니즘 발전 단계를 잘 나타내지 못한다고 보는 경향이 강하다. 이는 1970년대 이후 유엔을 중심으로 초국가적인 여성운동이 전개되면서 가시화된 제1세계 여성들과 제3세계 여성들 간의 이해와 관심의 차이와 무관하지 않다.

참정권 획득을 위한 라틴아메리카 페미니즘 운동은 서구와 유사한 시기에 전개되었고, 참정권도 비슷한 시기에 획득했다. 하지만 라틴아메리카 페미니즘은 지속 발전하기보다 역사적·세대적 단절을 경험했다. 중앙아메리카에서는 혁명과 반혁명이 대치하고 아르헨티나, 우루과이, 칠레, 브라질 등에서 잔혹한 군부 독재를 경험하면서 페미니즘은 약화됐다(다트리, 2013, 158). 이후 민주화와 사회적 화해 과정을 통해 인권 관련 의제들이 부각되면서 페미니즘이 다시 부상했다.

라틴아메리카 페미니즘은 1970년대 말부터 다양화되었고 확대 여성운동이 등장하며 의회, 정당뿐 아니라 여성이 포함되어 있는 모든 부문과 연대하여 실질적인 요구들에 집중했다. 확대 여성운동은 중단기적으로 확고한 목적을 달성하기 위해 개인, 정당, 학계, NGO 등과 연계하여 파급력을 최대로 끌어올려 원하는 공공정책을 이끌어 내려는 데 목적을 가진다(Valdivieso and García, 2005, 43).[8] 라틴아메리카에서 1970년대 이

---

8  확대 여성운동은 1990년대 라틴아메리카·카리브 여성대회를 통해 라틴아메리카 페

후 여성운동과 페미니즘은 사회의 변화에 매우 중요한 요소였다. 여성들은 정치 문화적 선두에서 젠더 권력의 차이에 관심을 두면서 사회정의와 보다 포괄적인 시민권을 위해 투쟁해 왔다.

유엔을 중심으로 페미니즘이 초국적 운동으로 확산되면서 국제적으로 페미니즘이 제도화됐다. 이에 라틴아메리카의 페미니즘도 제도화되고 국제적 흐름의 영향을 상당히 많이 받았다. 1975년 멕시코시티를 시작으로 5년마다 코펜하겐, 나이로비, 그리고 베이징에서 개최된 세계여성대회와 '1975년 세계 여성의 해'와 이후 '유엔 여성 10년(1975-1985)' 등은 다양한 여성 이슈를 전 지구적으로 확산하고 정부 대표자, 여성 NGO, 여성 활동가 등이 연대할 수 있는 기회를 제공했다.

특히 1995년 베이징 세계여성회의를 통해 채택된 '베이징 행동강령'은 이에 서명한 189개국 정부에서 여성 정책 전담 기구를 수립하고 성평등과 성 주류화를 적용한 법, 정책, 프로그램, 개발 계획 등을 마련하고 지속적으로 모니터링하도록 했다. 라틴아메리카 여러 나라 정부에서 여성 정책 전담 기구가 신설되었고 이 과정에서 많은 페미니스트가 제도권으로 편입되었다. 연구센터를 중심으로 한 전문가 그룹은 여성 정책 전담 기구의 기술 관료가 되었고, NGO는 전문화하고 비정치화되어 갔다. 제도권으로 편입된 페미니스트는 정부 정책의 틀 내에서 정책을 수립하거나 실시하는 경향이 짙었고 상당히 보수화되는 모습을 보였다. 한편 페미니즘 NGO는 하층민 여성의 필요 충족에 대한 요청에 따라 정부나 후원자와 수혜자를 중재하는 역할을 했다. 따라서 이러한

미니즘 강화와 확산의 핵심 전략으로 다시 공고화된다.

역할을 통해 힘을 키우려는 여러 NGO의 경쟁이 심화되면서 페미니즘 운동은 파편화되었다. NGO들은 전 지구적 활동의 틀 속에서 정부가 해결하지 못하는 문제를 해결하기 위한 능력을 입증하면서 점차 유엔의 국제 정책을 실행하고 조력하는 하청업자가 되었다(Flaquet, 2003; 다트리, 2013, 159, 재인용). 결과적으로 페미니즘은 여성 권한 강화를 위한 정치 운동으로서의 역할을 제대로 수행하지 못했다(Kauppert and Kerner, 2016, 82)는 비판이 제기되었다.

이러한 페미니즘 제도화에 반대하고 독자적으로 활동하는 '자율적 페미니즘'이 등장했다. 대표적인 사례가 2003년 결성된 '빵과 장미(Pan y Rosas)'이다. 아르헨티나의 '빵과 장미'는 2001년 시작된 극심했던 정치, 경제, 사회적 위기의 여파가 지속되는 가운데 2003년 중반에 결성되었다. 경제 위기로 도산기업이 늘어나자 노동자들이 공장을 점거하고 자주적으로 관리하고 운영하는 '고용주 없는 노동자들'[9]과 같은 운동이 급속도로 확산되었다. 가장 대표적인 사례가 브루크만(Brukman)이라는 의류 회사였는데, 마지막까지 투쟁했던 56명의 근로자 중 46명이 여성 근로자였다. 이후 브루크만은 아르헨티나의 노동운동뿐 아니라 신자유주의 시대 페미니즘의 표상으로 등장했다. '빵과 장미'는 민주화와 신자유주의 도입 이후 거리에서의 페미니즘 투쟁이 학계와 제도권, 그리고 국제기구의 영향력 아래로 편입되면서 크게 퇴색했다고 판단했

---

9 당시 '근로자에 의한 공장 회복 전국 운동(El Movimiento Nacional Fábricas Recuperadas por los Trabajadores)'은 공장을 점거한 후 노동조합 및 사회 운동과 연대하여 자주적으로 공장을 관리하는 운동으로 신자유주의 경제 위기에 따른 실업 위기에 처한 다른 노동자들에게도 새로운 투쟁 모델을 제공한 것으로 평가된다. 당시 부에노스 아이레스에 이러한 형태로 노동자들이 운영하는 회사가 30여 개에 달했다(Waisberg, 2002).

다. 이러한 맥락에서 자신들을 '브루크만 여성 노동자들의 딸들'이라고 규정했다. 또한 신자유주의 시대에 들어 가부장 체제에 대한 투쟁은 필연적으로 자본주의에 대한 투쟁이 포함되었음을 분명히 했다. 이들은 제도화의 문제를 벗어나기 위해서는 특정 기관의 지원을 받지 않고 책, 포스터, 영화 제작 등 다양한 콘텐츠 제작과 판매를 통한 수익으로 스스로 재원을 조달하는 것을 원칙으로 해오고 있다(D'Atri, 2007). 이와 같이 '자율적 페미니즘'은 페미니즘 의제를 독자적으로 선점하고 주도해 나가기 위해 정부나 정당 그리고 가부장적이라고 간주되는 모든 단체로부터의 후원을 받거나 함께 일하는 것을 거부하는 흐름으로 나타났다(다트리, 2013, 159; Valdivieso and García, 2005). 이러한 과정은 또한 아르헨티나의 페미니즘을 대중화하고 탈엘리트화했다.

이러한 사례는 1994년 결성된 볼리비아의 '창조하는 여성들(Mujeres Creando)'과 같이 다른 라틴아메리카 국가들에서도 찾아볼 수 있다. 메스티소나 토착민으로 구성된 이 단체의 설립자들은 지역에서 거주하며 커뮤니티 카페를 만들고 인종차별에 관한 책이나 내륙에서 이주한 토착 가사 도우미의 삶을 다룬 책을 출간하는 등 다양한 활동을 펼쳤다. 특히 이들은 '민주주의적 거짓말', '좌파 포퓰리즘', 인종차별, 남성주의 등을 비판하는 그래피티 캠페인 등을 펼치고 자신들의 활동이 지혜의 유산과 원주민 및 대중 여성의 일상적 집단 저항이라고 보았다. 이들의 관점은 '모든 개발의 기초가 되는 자본주의 사회 모델은 라틴아메리카 사회에는 적용되지 않을 뿐만 아니라 종속과 식민주의에 갇히게 한다'고 보았다(Falquet, 2014, 45, 재인용).

특히 외채 위기 이후 라틴아메리카 각국에 도입된 신자유주의 정책의 확산으로 인한 기존의 불평등이 심화하고 빈곤의 여성화나 사회 계급 및 종족 차이로 인한 불평등이 심화했다. 따라서 경제적 정의에 대한 요구도 페미니즘 운동의 중요한 부분이 되었다. 이런 맥락에서 자율적 페미니즘의 확산은 제도화된 페미니즘이 정부의 정책과 유엔의 보편화된 정책을 수행하는 데 집중하는 반면, 이러한 다양한 불평등의 근원에 관한 관심이 적은 데 대한 실망이 반영된 것이었다.

미국-멕시코 국경 지역 마킬라 산업 지대의 외국인 소유의 기업에서 일하는 여성 노동자들의 혹독한 노동 조건과 페미사이드의 심각성에 대한 문제를 제기하는 페미니즘 운동도 신자유주의 반대의 맥락을 함께하는 사례라고 볼 수 있다. 2009년에는 여러 시민사회 단체에서 '여성 생명을 위한 탈출(Éxodo por la vida de las mujeres)'이라는 행진을 멕시코시티에서 시우다드후아레스(Ciudad Juárez)까지 실시했다. 여성들은 전국에서 살해되거나 실종된 여성들을 추모하는 의미로 검정색 옷을 입고 시우다드후아레스에서 살해된 어린 여성들을 강조하기 위해 분홍색 모자를 쓰고 행진했다. 동시에 미주인권위원회(Inter-American Court of Human Rights)는 시우다드후아레스에서 발생했던 세 명의 여성 살해에 대해 판결을 내렸다. 이 판결은 정부가 태만과 희생자 비난으로 여성 인권을 침해했으며, 또한 국가가 젠더 불평등 재생산과 페미사이드 방지에 대해 법적인 책임이 있다는 것을 분명히 한 매우 중요한 판결이었다. 이후 라틴아메리카 국가들에서 페미사이드에 대한 정치적, 사법적 책임이 반영된 입법이 이루어졌다. 라틴아메리카에서 여성에 대한 폭력과 페미사이드를 중심 의제로 한 연대는 디지털을 기반으로 하는 새로운 소통 수단을 통해 국내 연대, 지역 연대를 벗어나 범국제적 연대를 강조하는 새로운 단계로 접어들고 있다.


## 5 디지털 환경과 페미니즘의 국제 연대


세계적으로, 그리고 서구 페미니즘에서는 21세기 이후 페미니즘을 제4물결 페미니즘으로 본다. 앞서 베루스의 시기 구분에 따르면, 라틴아메리카에서는 제5단계 페미니즘으로 볼 수 있다. 현 단계의 라틴아메리카 페미니즘을 제4물결 페미니즘이라고 할지 제5단계 페미니즘이라고 할지는 논외로 하더라도, 디지털 환경을 기반으로 하는 소통 수단이 급속도로 확산하면서 나타난 변화들은 이전의 페미니즘과 상당한 차이를 보이고 있다.

최근 디지털 환경은 멀티미디어 정보를 제공하는 네트워크를 통해 확산하는 것을 넘어 조직과 동원이 가능한 특징을 가지고 있다. 이러한 환경에서는 시민 간의 소통과 연대가 수평적·다면적으로 확대하면서 시민의 위상과 역할이 더욱 증대되고 이를 통해 시민 참여와 사회 운동 양식에도 상당한 영향을 준다(장우영 외, 2009). 이러한 시민의 위상과 역할 변화는 전 세계 페미니즘 확산뿐 아니라 아르헨티나 페미니즘의 대중화와 탈엘리트화의 가능성을 설명하는 데 유용할 수 있다. 또, 네그리와 하트는 최근 온라인 기반 사회 운동에서 나타나는 저항행동주의(protest activism)의 자발적 주체를 '다중(Multitude)'이라는 개념으로 설명하고 있다. 여기서 다중이라는 개념은 하나로 통일되거나 단일성, 혹은 동일성으로 환원될 수 없는 매우 다양한 내적 차이로 구성되기 때문에 기존의 민중, 인민, 그리고 계급적 관점에서 노동자와 다른 의미를 지닌다고 본다(장우영 외, 2009, 7, 재인용). 여기서 페미니스트 다중은 다시 특이성과 다양성을 생산하는 주체이며, 측량화 혹은 계량화를 통해 교환하거나 대체 가능한 요소가 아니라 대체할 수 없는 고유성과 독특성을 가진다(윤지영, 2019, 10). 페미니스트 다중은 디지털 기술을 통해 페이스북, 트위터, 인스타그램 그리고 유튜브 등 다양한 소셜미디어 방식으로 사적 공간을 가시화하고 개인의 경험을 정치화한다. 이를 통해 정치가 공적인 공간의 것이라는 기존의 관점을 지속적으로 변경한다. 일상의 경험을 공유하고, 다른 이의 경험을 탐색하고 소통하며, 서로 다른 젠더 이슈들에 대해 공유하면서 '개인적인 것이 정치적인 것(The personal is political)'이 된다. 신자유주의 맥락에서 공유되는 개인의 사생활은 개인성을 지속시키는 상품이 됨과 동시에 '개인적인 가상 공간'은 개별화된 세력화의 공간[10]이 된다(Rottenberd, 2014). 결과적으로 신자유주의 시대의 페미니즘은 개인적인 가상 공간과 같은 모든 요소를 스스로 외부와 연결하여 공공재로 변모했다. 소셜미디어 환경의 확대는 개별화된 여성의 다양한 경험을 공유하고 공감하며 연대감을 만들어 내는 최적의 여건을 제공했다.

특히 가상 세계의 확장은 소통 비용을 축소하고 속도를 높이며 개인과 그룹 간의 의견 교환을 원활하게 할 뿐 아니라 물리적 거리를 축소한다(Bernardo and Sergio, 2016, 10). 이러한 소통 방식은 공적인 것과 사

---

10　예를 들면, 파워 블로거나 일인방송국 등 개인의 관심사나 생활 등을 인터넷을 통해 지속적으로 공유하면서 구독자를 확대하면, 이는 온라인에서 상품화가 되는 동시에 해당 플랫폼에서 상당한 영향력을 갖는 효과를 지닌다.

적인 것의 구분을 희미하게 만들고, 개인적인 것과 집단적인 것의 구분도 약화시킨다. 즉 개인의 고통과 이에 대한 고발이 주는 메시지가 집단의 메시지로 승화되기도 한다. 기존의 시민사회가 사회 전체의 비전을 가진 정치 이데올로기를 바탕으로 구축되었다면 디지털 시대의 새로운 시민사회는 보다 다양화된 권리의 옹호에 더 집중한다. 두 시민사회는 보다 바람직한 사회의 비전을 위해 노력하지만, 가상 세계에서 이루어지는 새로운 형태의 커뮤니케이션은 반응적 행동과 감정을 움직이는 맥락이 오프라인 행동으로 연결되는 데 중요한 요소가 된다. 따라서 온라인에서 다양한 시각과 요구를 가진 페미니즘이 활성화한다고 하더라도 오프라인과 적절한 연계를 만들어 내는 전략과 방법이 없다면 실질적으로 정치사회적 변화로 추동해 내기에는 제한적인 영향력을 가질 수밖에 없다. 이러한 점을 고려한다면, 라틴아메리카의 현 단계 페미니즘은 온라인과 오프라인의 긴밀한 연계를 통해 시너지를 확보하고 실제 정치사회 변화를 추동해 가고 있는 선구적 사례가 되고 있다.

2016년 하반기부터 아르헨티나에서 시작된 여성에 대한 살해 및 폭력 반대 시위인 '#NiUnaMenos'는 SNS를 비롯한 디지털 환경을 통해 빠르게 확산하여 많은 사람이 거리 시위에 참여하게 만들었다. 이는 아르헨티나 의회에서 남녀동수제 입법에 관한 표결이 진행되던 10월 19일에 여성에 대한 살해 및 폭력을 근원적으로 막기 위해서는 입법 과정에서 여성 참여가 대폭 확대되어야 한다는 공감을 바탕으로 여성 파업(Paro Mujeres)을 실시하는 것으로 이어졌다. 이 과정에서 #MujeresALaPolitica(여성들을 정치로), #UnayUno(여성 한 명과 남성 한 명), #ParidadYa(이제는 동수), #50-50 등 다양한 해시태그로 표현된 구호들이 등장했으며 온라인으로 빠르게 확산했다. 이와 동시에 오프라인에서도 전국여성대회(Encuentro Nacional de Mujeres, ENM)를 통해 아르헨티나 내 여성들의 다양한 목소리를 모으고 연대를 강화해 나갔다. 특히 #NiUnaMenos 운동은 아르헨티나 사회에서 젠더폭력에 대한 경종을 울렸을 뿐만 아니라, 세계 여성의 날에 '8M'이라는 이름으로 라틴아메리카 전역에 여성 파업이 확산하는 등 그 영향이 상당하다.

2019년 11월 25일 세계 여성폭력 추방의 날에 칠레 발파라이소에서 시연되었던 플래시 몹인 '네가 가는 길에 강간범(Un violador en tu camino)'은 SNS를 통해 라틴아메리카 전역과 미국, 캐나다, 프랑스, 스페인, 독일, 그리고 인도 등 전 세계로 빠르게 확산되었다. 이 플래시 몹에 포함된 가사는 성폭력 발생에 대한 국가, 정부, 경찰, 사법 당국의 책임을 묻고 있으며, 국가나 지역과 무관하게 전 세계에 적용되는 내용으로서 적극적인 정부의 개입과 조치를 요구하는 적극적 정치 행위로도 볼 수 있다.

21세기 라틴아메리카 페미니즘은 매우 다양한 모습을 가지고 있지만, 인종, 종족, 계급, 지역 등 모든 분리의 요소를 넘어서 국내에서 연대하고 지역에서 공감하고 소통하며 그리고 국제적 연대를 차별이 없는 사회 변혁을 지향하고 있다.

# 제 2 장

# 라틴아메리카의 성소수자와 권리

/

## 김영철

/

성소수자들에 대한 권리 인정과 관련된 논의가 진행된 것은 최근의 일이다. 역사 속에서도 성소수자들에 대한 언급은 있어 왔으나, 종교적, 사회적, 정치적인 이유로 사회적 이슈로 발전하지 못했다. 대부분의 국가에서 1980년대 민주화가 진행되면서 성소수자들에 대한 논의가 확대되고 일부 선진국을 중심으로 성소수자들의 다양한 권리 보장이 이뤄지면서, 민주화를 경험한 후발 민주 국가들로 논의가 퍼져나갔다. 라틴 아메리카는 북미를 제외한 전 세계에서 성소수자에 대한 차별금지법, 동성 결혼 합법화, LGBT들의 보건 서비스 확대, 친LGBT 판결 등이 가장 선진된 지역이다. 그렇지만 국가마다 LGBT의 권리를 인정하는 수준은 다른데, 고소득 민주주의 국가, 사회 운동이 풍부하고 잘 조직되어 있으며 네트워크 구축이 잘 된 국가, 종교의 영향력이 상대적으로 적은 국가에서 더 폭넓은 권리가 인정되었다. 특히, 권리 운동과 정치 집단 간의 동맹의 역할, 정당 경쟁의 정도, 연방주의의 정도, 법원의 주장과 같은 제도적인 요인 등 구조적인 변수들이 보완되어야 한다. 또한 세속주의 측면에서 보면 가톨릭과 개신교가 정치에 영향을 미치는 방향이 달라야 한다(Corrales, 2015, 4).

성소수자와 관련하여 가장 큰 장벽은 사회가 규정하고 있는 이성애 규범성(heteronormativity)이다. 이성애 규범성은 크게 세 가지로 구성되는데, 첫째, 오직 남녀 두 가지의 성별만 존재한다는 것, 둘째, 사회적 성별은 생물학적 성별을 반영한다는 것, 셋째는, 반대 성별 사이의 성적 끌림은 자연스러운 것이라는 규범들이다. 트랜스젠더들은 기본적으로 이러한 규범성에서 벗어나 있는 사람들이라 할 수 있다. 때문에 비정상인, 정신질환자, 혹은 성도착자 등으로 고정관념화되어 사회경제적인 자원의 접근이 불가능하거나 매우 제한적인 수준에서만 이루어진다. 따라서 성소수자들이 동등한 권리를 누리기 위해서는 이와 같은 고정된 사회적 규범성을 변화시키는 것이 필요하지만, 이 과정은 사회적 논란을 동반하고 있다.

초기 성소수자 운동에서는 레즈비언과 게이만이 대상이었으나 1990년대 들어서면서 트랜스젠더가 포함되고 21세기 들어서는 성 정체성을 고민하거나 의문을 가진 모든 사람이 포함되었다. 현재 성소수자들은 LGBTQ(엘지비티큐)로 불린다. 여기에는 여성 동성애자를 뜻하는 레즈비언(Lesbian), 남성 동성애자를 뜻하는 게이(Gay), 양성애자를 뜻하는 바이섹슈얼(Bisexual), 성전환자를 뜻하는 트랜스젠더(Transgender)와 성소수자 전반을 뜻하는 퀴어(Queer) 혹은 성 정체성을 고민하는 사람(Questioning)들을 포괄한다. 라틴아메리카에서는 LGBTTI 혹은 LGBTI로 사용하기도 하는데, T가 2개인 것은 트랜스젠더(Transgender)와 트랜스섹슈얼(Transsexual)을 구분하기 때문이고, 퀴어는 스페인어에 적당한 단어가 없어서 간성(Intersex)을 나타낸다. 우루과이에서는 이 모두를 포함한다는 뜻에서 LGBTQI로 표기한다. 우루과이가 성소수자들에 대한 이해와 포용이 크다는 것을 알 수 있다. 이와 같이 성소수자들의 권리 문제도 민주화의 한 단면이라고 할 수 있다.

라틴아메리카에서 성소수자 문제가 사회적 이슈로 등장한 것도 세계적인 경향과 크게 다르지 않다. 특히, 인권이 당연히 누려야 할 권리로서 인간의 기본권에 해당한다는 논의로 확대되는 과정들은 전 세계 다른 지역보다 오히려 빠르다고 할 수 있다. 토니 레스터(Toni Lester)는 라틴아메리카 게이들의 투쟁 확보를 위한 인권적 접근은 몇 가지 중요한 성과를 이루었다고 주장한다. 아울러 인권 접근은 특정한 소수 집단이 아닌 모든 사람에게 보장되어야 하는 일반적인 권리임을 강조하는 것이라고 정의한다. 반면, 제럴드 로젠버그(Gerald N. Rosenberg)는 『공허한 희망(Hollow Hope)』이라는 책에서 법률 제도가 사회 개혁을 이끄는 데에는 비효율적이라고 주장한다. 로젠버그는 "제한된 법률적 조건들이 전체적으로 법원을 제한하고 있지만, 정치적, 사회적, 경제적 조건이 변화를 지지하게 된다면 법원이 중요한 사회 개혁을 효과적으로 추진할 수 있다"고 주장한다. 이런 관점에서 법적인 문제보다는 사회 개혁을 추진할 수 있는 사회문화적인 변화가 필요하다는 것이다. 법과 제도가 먼저인지, 사회문화적 변화가 먼저인지에 대한 논의가 시간에 따라 진행되었으나 기본적으로 법과 제도 변화와 함께 사회문화적인 변화가 함께 진행되어야 성소수자들의 권리가 충분히 보장될 수 있을 것이다(Abelove, 2015, 4).

LBGT 권리는 크게 두 범주로 구분하는 것이 가능하다. 대부분의 권리 주장은 국가 또는 민간 행위자들의 괴롭힘으로부터의 보호, 반 LGBT 차별 종식, 생존자 연금 혜택 및 파트너의 건강 보장을 포함하는 재산 또는 복지 권리에 대한 평등한 보호를 요구하는 것이다. 사실, 보호 와 평등한 권리 요구는 다른 많은 선진국에서 공통적으로 나타나는 것 으로 소수 집단에 매우 제한적으로 적용되는 경우가 많다. 두 번째는 동 성 결혼(SSM) 또는 동성 커플의 입양 권리까지 포함하는 광범위한 권리 를 주장한다. 이런 주장은 종교적 신념이나 전통에 도전하는 경우가 많 아 보수주의자 운동을 촉발하는 요인이기도 하다. 이러한 반LGBT 운동 이 소송 및 입법 절차를 통해 LGBT 친화적 법률 또는 LGBT 권리를 보 호하는 정책 결정을 지연시키기도 했다. 반면 이러한 판례들이 1980년 대 민주화 이후 초기 LGBT의 권리를 보호하는 소송을 승소로 이끄는 법적 기회 구조(legal opportunity structures)를 제공하기도 했다. 여론 지 지의 부족, LGBT 권리에 대한 논쟁적인 특성, 광범위한 사회적 충격, 조 직적이고 효율적인 반대 등으로 인해 입양을 비롯한 포괄적인 권리를 획득하는 데 실패했다(Wilson & Gianella-Malca, 2019, 140).

따라서 이 글에서는 라틴아메리카 국가들의 성소수자들의 권리가 개별 국가들에게 어떤 수준에 있는가를 살펴보고자 한다. 따라서 어떤 페미니스트의 이론적 관점이나 질적 민주주의론과 같은 이론적인 논의 들은 가능한 배제하고, 어떤 법과 제도가 변화되었고, 사회문화적으로 는 어떤 경향들이 주도하고 있는가를 살펴볼 것이다.

# 1 성소수자들의 권리에 대한 이론적 논의들

LGBT 권리와 보호에 대한 이론적 논리들이 여러 측면에서 제시되었다. 여기서는 하비에르 코랄레스(Javier Corrales)의 분류에 따라 3개의 카테고리로 구분하여 살펴보고자 한다. 첫째, 근대화론에 바탕을 둔 것으로 경제 발전에 매우 중요하다는 것이다. 1950년대 유행하던 근대화 이론은 산업화 심화, 소득 증가, 도시화 확대, 교육 확대와 같은 경제적 요인이 모두 정치적 권리에 대한 더 많은 관용과 민주화의 더 큰 기회로 이어질 것이라는 가설이다. 사실, 국가, 지역 및 도시가 소득 수준이 높을수록 LGBT 권리에 대해 관용을 보일 가능성이 더 높다(Corrales, 2015). 마찬가지로 도시 거주자와 교육 수준이 높은 사람들이 LBGT의 권리를 수용하는 데 더 관대할 가능성이 높다(Lodola & Corral, 2010). 둘째, 친LGBT 운동이 동성애자 권리를 증진하는 데 중요하지만 충분하지는 않다는 것이다. 친LGBT 운동이 실제적인 정책 변화를 이끌어 내기 위해서는 1) 지역의 절대다수가 LGBT 권리 문제에 공감하는 정서를 형성하는 '프레임화'에 성공해야 한다. 2) 국가 수준의 정당과 강력한 연대가 구축되어야 한다. 3) 법원이 적극적이고 진보적인 국가에서 가능하다(Díez, 2015; Encarnación). 셋째, 종교성과 종교 집단들이 강력한 거부권자들이다. LGBT 권리 증진 과정을 살펴보면 국가와 교회 간의 긴 대립적인 측면이 있다는 것을 알 수 있다. LGBT 인권 정치는 시민권 문제일 뿐만 아니라 국가와 교회의 문제일 수도 있다. 라틴아메리카는 가톨릭 교회와 개신교가 부흥하고 있는 곳이기 때문에 라틴아메리카 국가들은 세속화 과정에 매우 느리다. 이런 환경이 LGBT의 권리 증진을 어렵게 하고 있다. 그 이유는 LGBT 권리 정치에서 종교 행위자, 즉 성직자와 정치적으로 조직된 교회 신자들이 강력하게 권리 인정을 거부하기 때문이다. 심지어 라틴아메리카의 종교 단체들이 LGBT 권리 문제에 대해서 단일하게 거부 의사를 나타내고 있다. 복음주의자들과 가톨릭교도들 사이에 동성애자 권리의 확대를 비난하는 동맹이 만들어져 있다. 이런 이유로 복음주의가 만연하거나 확대되고 있는 국가, 보수적인 가톨릭 신자들이 정당과 강한 유대관계를 맺고 있는 국가에서는 상대적으로 LGBT 인권 증진 속도가 매우 늦다.

LGBT 권리에 대한 연구는 유사한 인권 운동이나 지역 내외의 투쟁과 비교해 보면 더욱 명확해진다. 라틴아메리카 여성 인권 단체들은 성별 할당제 인정, 비즈니스와 노동 참여 확대, 교육의 양성평등 부문을 중심으로 활동했고 큰 성과를 거두었다. 반면, LGBT 운동은 LGBT들이 행정부, 의회와 선출직 하위 공무원이나 정당 지도자에 자리 잡을 수 있는 기회를 요청하고 있고 있지 못하다. 그뿐만 아니라 비즈니스에서도 리더가 없을 뿐만 아니라 그들의 모집 대상으로 하지도 않는다. 이런 면에서 보면 LGBT에 대한 폭력적인 현실을 극복하는 직접적인 권리를 획득하는 데 집중해 있다. 여성운동과 비교하면 권리 획득을 위한 초기 단계라 할 수 있다.


## 2 LGBT, 좌우를 넘어서

이와 같이 라틴아메리카에서 LGBT 권리 정치는 더 이상 좌파와 우파의 정치 스펙트럼에 머물지 않는다. 이미 좌파와 우파가 자신들의 정치적 이해관계에 따라 권리를 인정해 주는 정도가 다르기 때문이다 (Carlson, 2022).

좌파 정치 지도자들 중에도 권리를 인정하는 지도자와 반대하는 지도자로 나누어진다. 폴 안젤로와 윌 프리먼(Paul Angelo and Will Freeman)은 "사회적으로 신보수주의 좌파(new, socially conservative left)"를 구분하는데, 페루의 카스티요 대통령은 좌파이면서도 "권리를 인정하는 이러한 태도를 거부하고 쓰레기통에 버려야 한다"라고 밝히고 있다. 반면 "새천년 좌파(new millennial left)"는 사회, 경제적인 이슈에 대해 진보적인 성향을 지니고 있는데, 칠레의 가브리엘 보리치(Gabriel Boric) 대통령은 좌파 권위주의 체제를 거부하고 정체성 문제를 제기한다. 사회적으로 신보수주의 좌파와 새천년 좌파의 적어도 LGBTQ 권리에 대한 인식은 라틴아메리카와 카리브해 지역의 오랜 전통에서 비롯되었다. 쿠바의 피델 카스트로(Fidel Catro)는 혁명 이후 게이 남성들을 부르주아지의 퇴폐(borgeouis decadence)라고 규정하고 수감했고, 니카라과의 다니엘 오르테가(Daniel Ortega)는 오랫동안 LGBT의 권리 운동을 한 소치케차 재단(Fundación Xochiquetza)을 폐쇄했다. 반면 브라질 루이스 이나시우 룰라 다 시우바(Luiz Inácio Lula da Silva) 전 대통령과 우루과이 무히카(José "Pepe" Mujica) 대통령은 사회적 불평등 개선을 위해 노력하면서 성소수자들에 대한 권리를 인정했다.

우파 정당들도 젠더와 섹슈얼리티와 관련해서는 좌파와 마찬가지로 나누어져 있다. 브라질의 자이르 보우소나루(Jair Bolsonaro) 대통령은 동성애 혐오 발언이나 정책들이 잘 드러나 있지만, 다른 우파 대통령은 드러내 놓고 밝히고 있지는 않으나 LGBT의 권리를 인정했다. 2021년 6월 에콰도르 기예르모 라소(Guillermo Lasso) 대통령은 동성애를 인정하고 국제 LGBT+ 프라이드 데이를 위해 새로운 다양성 차관부를 신설했다. 같은 달 칠레의 세바스티안 피녜라(Sebastián Piñera) 전 대통령은 동성 결혼을 지지한다고 밝혔다. 사실 냉전 시대에 LGBT 운동가들은 정치적인 억압의 대상이었다. 그러나 2016년 여전히 냉전 체제의 잔재가 남아 있던 콜롬비아에서 2016년 후안 마누엘 산토스(Juan Manuel Santos) 전 대통령이 FARC와 평화 협상을 진행할 때 LGBTQ 주제를 포함시켰다.

LGBT의 권리 인정은 좌파 정치 이데올로기로 설명하는 데 한계가 있다. 심지어 정치인들이 권리 증진 정책을 결정하는 과정에 국민들의 정서, 즉 여론의 향방에 영향을 많이 받고 있음을 알 수 있다. 여론도 시기와 이슈에 따라 다양하게 나타난다. 2018년 아메리카바로미터(AmericasBarometer)가 실시한 여론 조사에 따르면 10점 만점에 자메이카 1.8점, 우루과이 7.2점으로 매우 다양한 수준을 보였다. 아르헨티나, 칠레와 우루과이와 같이 동성 결혼을 합법화한 국가에서는 매우 높게 나타났고, 반면 카리브에 있는 도서 국가들은 동성 결혼을 금지하는 것으로 나타났다. 또한 더 부유하고, 도시화 비율이 높으며, 교육 수준이 높은 국가들이 동성 결혼을 인정했다.[1]

조직화된 압력 집단도 지도자를 결정하는 데 영향력을 미치기 때

---

1  스페인과 포르투갈어권 국가들은 1800년대 중반 나폴레옹법을 통해서 동성 간의 성 행위를 합법화했지만, 영어권 카리브 국가들은 빅토리아 시대에 동성 간의 성행위를 금 지시켰으며 독립 이후에도 이런 체계가 유지되었다.

문에 중요한 행위자라 할 수 있다. 칠레의 '동성 해방과 통합 운동 (Movimiento de Integración y Liberación Homosexual, Movilh)'과 자메이카의 '레즈비언, 모든 성과 게이 포럼(Forum for Lesbians, All-Sexuals, and Gays)' 등이 주요 단체들이다.

## 3 라틴아메리카의 LGBTQ의 동향

2010년 아르헨티나에서 동성 결혼이 합법화된 이후 라틴아메리카의 많은 국가가 LGBTQ+의 권리를 인정하고 있다. 특히, 볼리비아, 쿠바, 에콰도르와 멕시코는 헌법적으로 성적 지향에 따른 차별로부터 보호받고 있다. 그 외 많은 국가에서도 LGBTQ+ 시민들을 보호하는 비차별적 조항들을 헌법에 포함시키고 있다. 2010년 이후 8개국이 성적 지향에 따른 차별을 금지하는 법률을 승인했다.

또한 라틴아메리카는 결혼 평등에서도 대단한 진전을 이루었다. 아르헨티나는 2010년에 동성 결혼을 승인한 이후 2020년까지 약 2만 쌍이 결혼했다. 2013년에는 브라질과 우루과이, 2016년 콜롬비아, 2019년 에콰도르와 2020년 코스타리카가 동성 결혼을 합법화했다. 2019년 멕시코 대법원은 동성 결혼 금지가 위헌이라고 판결했다. 칠레는 세바스티안 피녜라(Sebastián Piñera) 전 대통령이 의회에 계류 중인 결혼 평등 법안을 추진하겠다고 밝힌 바가 있다.

그러나 LGBTQ+의 권리 보호 운동은 사회·종교적 보수주의자들이나 우파 정치 지도자들의 반발에 직면해 있다. 엘살바도르의 나이브 부켈레 대통령과 브라질의 보우소나루 대통령을 비롯한 일부 지도자들은 공개적으로 LGBTQ+ 인권에 적대적이다.

성소수자의 권리 운동은 라틴아메리카 민주화 과정에서 동력을 얻었다. 그렇지만 선출된 우파 정치권의 억압으로 민주화 이후 정치적 혹은 사회적 권리가 주어지지는 않았다. 아르헨티나의 경우 라울 알폰신(Raul Alfonsin) 전 대통령이 취임 3개월 만에 성소수자 운동가 약 50명이 게이 클럽에 구금되었고, 성소수자들의 투표권을 금지하는 법률이 유지되었다. 브라질에서는 사회 운동이 군부 독재로부터 민주화를 이끌었는데, 1980년대에 성소수자 운동은 AIDS 유행을 막기 위한 조직 수준에 머물러 있었다면, 2013년에는 성소수자들을 포함하는 포괄적 보건 계획이 마련되었다.

어메스트칼리지의 하비에르 코랄레스(Javier Corrales) 교수는 전 세계에서 아르헨티나, 브라질, 우루과이 법률이 가장 급진적이라고 평가한다. 그는 소득과 교육 수준이 높을수록 LGBTQ+ 권리를 인정하는 경향이 높을 뿐만 아니라 가능성도 높다고 주장하지만 반드시 그런 것은 아니라고 본다. 강력한 종교 집단이나 신앙 집단이 있을 경우 LGBTQ+의 권리 인정이 부정적으로 작용한다고 보았다.

2017년 11월 미주인권재판소(Inter American Court)가 동성 커플이 "동성애로부터 파생된 모든 권리를 인정받고 보장받아야 한다"는 것과 기존의 모든 국내 법률 시스템에 접근함에 따라 동성 간의 가족 유대로 발생하는 모든 권리가 보장되어야 한다고 판결하면서 LGBTQ 권리의 주목할 만한 지역적 발전이 이루어졌다(Julian, 2021, 278). 동성 커플의 권리와 관련하여 미주인권재판소는 특정 가족 모델만 보호되는 것

| 구분 | 동성 성 활동(Same-sex sexual activity) | 동성 결합 인정 | 동성 결혼 | 동성 커플의 입양 | LGBO인들에 대한 병역 의무 개방 | 성적 지향에 대한 차별금지법 | 성 정체성과 표현 관련 법률 |
|---|---|---|---|---|---|---|---|
| 아르헨티나 | 1887년 합법, UN 선언 서명 | 2003년 에노스아이레스와 리오 네그로 주, 2007년 비야 카를로스 파스, 2009년 리오 과르토, 2015년부터 동거 결합 허용 | 2010년 합법 | 2010년 합법 | 2009년 합법 | 일부 도시의 법적 보호 전국 보류 중. 2010년 이후 정신 건강 전문가에 의한 성적 지향의 병리화 또는 치료 시도 불법 | 2012년부터 트랜스젠더는 수술이나 법원 명령 없이 법적 성별과 이름을 변경할 수 있음. 트랜스젠더는 이르헨티나 공공 부문 일자리의 1%를 보장하는 법률. 세 번째 포함된 경제적 인센티브는 트랜스젠더가 모든 부문에서 일자리를 찾을 수 있도록 지원 |
| 볼리비아 | 1832년 합법화, UN 선언 서명 | 가족 생활 합의 보류 중 | 2009년 헌법적 금지 | LGBT 개인은 입양 가능, 동성 커플 입양 금지 | 2015년부터 트랜스젠더 포함 | 모든 게이 차별 금지 | 2016년부터 트랜스젠더는 수술이나 법원 명령 없이 법적 성별과 이름을 변경할 수 있음 |
| 브라질 | 1831년 합법, UN 선언 서명 | 2004년 일부 주에서 '안정 결합' 합법, 2011년부터 전국적으로 인정된 가족 구성원으로 모든 권리 보장 | 2012년부터 일부 주 합법, 2013년부터 전국 확대 | 2010년 합법 | 1969년 합법 | 모든 게이 차별 금지, 1999년부터 전문가에 의한 정신 건강 성적 지향의 병리화 또는 치료 시도 불법 | 2018년부터 트랜스젠더는 수술이나 사법적 명령 없이 법적 성별과 이름을 변경할 수 있음. 공증인 앞에서 법적 성별과 이름을 변경할 수 있음. 브라질 UHS(Unified Health System)에서 성 전환 수술, 호르몬 및 심리 치료를 무료로 제공 |
| 칠레 | 1999년 합법: 동의 붙일러지 연령, UN 선언 서명 | 2015년 동성 결합 | 2022년 합법 | 2022년부터 합법 | 2012년 트랜스젠더 포함 | 모든 게이 차별 금지, 2021년부터 전문가에 의한 정신 건강 성적 지향의 병리화 또는 치료 시도 불법 | 1974년부터 트랜스젠더는 법적 성별과 이름을 변경 가능, 2019년부터 트랜스젠더는 수술이나 사법적 명령 없이 가능 |
| 코스타리카 | 1971년 합법, UN 선언 서명 | 2014년 미등록 동거 허용 | 2020년 5월 합법 | 2020년 5월 합법 | 군대 없음 | 모든 게이 차별 금지 | 2018년부터 트랜스젠더는 수술이나 사법적 명령 없이 법적 성별과 이름을 변경할 수 있음. 2018년 5월 이후 모든 신분증에 성별 표시 제거, 어린이는 1회 성전환 가능 |

| 국가 |  |  |  |  |  |  |  |
|---|---|---|---|---|---|---|---|
| 콜롬비아 | 1981년 합법, UN 선언 서명 | 2007년 사실혼 인정 | 2016년 합법 | 2014년 의붓자식 입양 허용 2015년부터 공동 입양 | 1999년 합법 | 모든 게이 차별 금지 | 2015년 트랜스젠더는 공중으로 수술이나 사법적인 명령 없이 성별과 이름을 변경할 수 있음. |
| 에콰도르 | 1997년 합법, UN 선언 서명 | 2009년 사실혼 인정 | 2019년 합법 | LGBT 개인 허용, 동성 커플 불법 |  | 모든 게이 차별 금지 2014년부터 정신 건강 전문가에 의한 성적 지향의 병리학 또는 치료 시도 불법 | 2016년 트랜스젠더는 수술이나 사법적인 명령 없이 성별과 이름을 변경할 수 있음. |
| 과테말라 | 1871년 합법, UN 선언 서명 | 계류 중 | 불인정 | 불인정 | 불인정 | 모든 게이 차별 금지 | 불인정 |
| 멕시코 | 1871년 합법, UN 선언 서명 | 동성 결합 일부 주(2007, 멕시코시티 등) 인정, 일부 주 불인정 | 일부 주(2010년 멕시코시티 등) 합법, 불법/모든 주는 합법화된 주의 동성 결혼을 인정할 의무, 대법원은 위헌 결정, 주 법원들은 미수용 | 일부 주 인정, 일부 주 불인정 | 모호함 | 모든 게이 차별 금지 2020년부터 멕시코시티를 포함한 일부 주에서는 정신 건강 전문가에 의한 성적 지향이 병리된 또는 치료 지향 시도 불법 | 2008년부터 멕시코 시티를 포함한 일부 주에서는 트랜스젠더는 법적 성별과 이름을 변경할 수 있음. 주별 인정 연도가 다양함 |
| 파라과이 | 1880년 합법: 동의 불일치 연령, UN 선언 서명 | 1992년 헌법적 금지 | 1992년 헌법적 금지 | 불인정 | 인정 | 모든 게이 차별 금지 | 불인정 |
| 페루 | 1924년 합법: UN 선언 서명 | 불인정 | 불인정 | 불인정 | 2009년 합법 | 모든 게이 차별 금지 | 2016년 트랜스젠더는 수술 없이 성별과 이름을 변경할 수 있음. 사법적 명령 필요 |
| 우루과이 | 4년 합법, UN 선언 서명 | 2008년 동거 결합 | 2013년 합법 | 2009년 합법 | 2009년 합법 | 모든 게이 차별 금지 2017년부터 정신 건강 전문가에 의한 성적 지향의 병리학 또는 치료 지향 시도 불법 | 2009년 트랜스젠더는 이름을 변경할 수 있음. 성별과 사법적인 명령 없이 성별과 이름을 변경할 수 있음: 2018년 자기 결정권 |
| 베네수엘라 | 1997년 합법, UN 선언 서명 | 1999년부터 사실혼 결합 합법적 금지; 분쟁 계류 중 | 1999년 헌법 금지 | 불인정 | 불인정 | 모든 게이 차별 금지 | 불인정 |

은 아니라고 보았다. 따라서 동성 관계에서 파생된 세습 권리도 보호되어야 한다. 미주 법원은 더 나아가 주 정부가 이성애자 커플에게 인정되는 것과 동일한 권리를 동성애자 커플에게 부여할 의무가 있다고 판결했다. 2018년 19개국이 미주인권재판소의 권고를 수용했다.

유엔도 LGBTQ의 권리 보호를 위한 노력들을 해왔다. 유엔은 초법적이고 자의적인 판결에서 성적 지향에 근거한 살인을 근절하는 데 집중하고 있고, 인권, 성적 지향과 성 정체성에 대한 두 가지 결의안을 제정하고, 유엔인권위원회 산하에 자유와 평등 캠페인을 설립했다. 2016년 결의에 따라 성적 지향과 성 정체성에 근거한 폭력과 차별에 대한 보호를 위해 "독립 전문가"를 임명했다. 그러나 유엔은 내부 직원 정책 외에 동성 관계의 권리를 공식적으로 다루지 않았다. 전 세계적으로 동의한 성인 간의 동성애 행위는 73개국에서 여전히 불법이며, 동성애는 8개국에서 사형에 처해질 수 있다(Julian, 2021, 288). 이런 환경에서 라틴아메리카 국가들에서 LGBTQ에 대한 권리가 인정되고 있는 상황들은 특수한 사례라 할 수 있다.


## 4 아르헨티나: 마푸체의 제3의 성

아르헨티나는 전 세계에서 가장 선진된 LGBTQ의 권리가 인정되는 나라이다. 2010년 7월 21일에 라틴아메리카에서 최초로, 미주 대륙에서는 두 번째, 전 세계에서는 10번째로 동생 결혼을 합법화했다. 동성 결혼 권리 외에 2012년 젠더 정체성 법(Ley de identidad de género)이 발표되었는데, 세계에서 가장 포괄적인 트랜스젠더 권리법 중의 하나이다. 그 결과 2016년 세계보건기구(WHO)가 이 분야에서 가장 앞선 국가로 공식적으로 인정했다. 이러한 진보적인 법안들이 통과됨에 따라 아르헨티나에서는 자신의 이름과 성별 선택이 훨씬 간소화되었다.

2012년에 공표된 젠더 정체성 법은 2003년 이후 중앙정부가 추진하고 있는 인권 증진 정책의 연장선상에서 제정된 것으로 모든 주민이 법률적·사법적 보호를 받을 수 있도록 하기 위한 것이다. 이 법률의 제1장은 성 정체성에 대한 권리를 규정하고 있으며, 모든 사람은 첫째, 자신의 성 정체성을 인정받을 권리, 둘째, 자신의 성 정체성에 따른 개인의 자유로운 발달을 추구할 권리, 셋째, 자신의 성 정체성에 따라서 등록된 이름, 이미지와 성별에 따라 신분이 증명될 권리를 가지고 있다고 정하고 있다. 제2장 정의에서는 "젠더 정체성은 각 사람이 느끼는 젠더에 대한 내적·개인적 경험으로 이해되며, 이는 신체의 개인적인 경험을 포함하여 출생 시 할당된 성에 대응할 수도 있고 그렇지 않을 수도 있다. 이것은 자유롭게 선택되는 한 약리학적·외형적 또는 기타 수단을 통한 신체의 모양이나 기능의 수정을 포함할 수 있다. 또한 복장, 말, 매너리즘과 같은 성별의 다른 표현도 포함된다"라고 명확하게 정하고 있다(Secretaría de Derechos Humanos, 2014). 이와 같이 법률적으로 명확한 규정을 정하고 있는 나라는 아르헨티나가 거의 유일하다.

더욱이 부에노스아이레스 정부는 2018년 행정 명령을 통해 공무원의 최소 1.5%를 트랜스젠더로 채용해야 한다고 공표했다. *World Politics Review*는 아르헨티나 국민들의 대다수가 가톨릭이지만 진보적인 법안을 통과시키는 과정에 가톨릭 교회의 개입이 매우 낮았기 때문이라고 분석한다. 또한 LGBTQ+에 반대하는 대표적인 개신교도가 상대적으로 적은 것도 영향을 미쳤다고 보았다. 아르헨티나는 글로벌 평등 기금(Global Equality Fund)과 같은 이니셔티브에 대한 적극적인 지원 덕분에 국제적으로 LGBTQ 권리 옹호자로 인정받고 있다. 또한 2016년 유엔 인권이사회에 성적 지향과 성 정체성에 기반한 차별에 관한 독립적인 전문가를 임명하는 과정에서도 중요한 역할을 했다.

아르헨티나에서 LGBTQ에 대한 정책적 변화가 빠르게 진행되는 역사적 배경은 무엇일까? 식민 이전 이 지역에 살던 원주민들의 전통에서 그 기원을 찾을 수 있다. 아르헨티나에는 마푸체족(Mapuche)와 과라니족(Guaraní)이 거주했었는데, 두 부족은 동성 관계를 수용하거나 그런 관계에 대해 차별 없이 바라보았다. 특히, 마푸체족은 제3의 성인 '웨예(Weye)'를 인정했는데, 이는 서구적인 양성 관계로 파악한 것이 아니었다. 웨예는 남성도 여성도 아니지만 양성이 혼합된 어떤 성으로 파악했다. 이들은 마푸체족의 신앙인 마치(Marchi)가 되는 것을 포함해 중요한 사회적 역할이 있었다. 그런데 스페인인들이 도착한 이후 가톨릭의 종교적 교리에 따라 양성의 구분만이 수용되었을 뿐만 아니라 남성과 여성의 위계 질서가 형성되었다.

동성 간 성행위는 1,920호 연방 형법이 제정된 1887년에 합법화되었다. 형법은 성인 간의 합의된 성행위에 대해서는 인용하지 않는다. 그러나 시, 지방이나 도에서 발효한 법령들은 동성애를 금지하고 있다. 1930년대 쿠데타로 악명 높은 10년이 시작되었을 때 경찰들의 동성애자들에 대한 차별이 극심했다. 1967년에 엑토르 아나비타르테(Héctor Anabitarte)가 최초로 '우리들의 세계(Nuestro Mundo)'라는 LGBT 단체를 조직했다. 이들은 시민권을 개선하기 위해 좌파 정치 연대를 형성하여 '동성애 해방 전선(homosexual liberation front)'을 만들었다. 아이러니하게도 '우리들의 세계'가 창립된 것은 LGBT 커뮤니티 회원들을 심하게 억압했던 후안 카를로스 오가니아(Juan Carlos Onganía) 독재 정권이었다. 따라서 권리를 주장하기보다는 LGBT 회원들이 직면한 억압적인 인식을 전환시키는 것이었다. 그러나 1976년 쿠데타를 통해 새로운 독재 정권이 들어서면서 LGBT들은 정권으로부터 직접적인 공격을 받으면서 성소수자 운동은 근절되었다. 군부 정권은 1978년 월드컵을 준비하는 과정에서 억압과 체포를 통해 '청소(Cleaning)'하려고 했고, 1982년 1월부터 1983년 1월까지 동성애 해방 전선 회원을 포함한 18명이 살해되는 제2의 청소 기간이 있었다.

1983년 민주화 이후 LGBT 권리 운동 단체 설립이 허용되면서 게이바가 오픈하고, LGBT 커뮤니티도 페스티벌, 출판과 정치 활동 등을 통해서 재개되었다. 카를로스 하우레기(Carlos Jáuregui)를 중심으로 1984년 4월에 아르헨티나 동성애 커뮤니티(Comunidad Homosexual Argentina, CHA)가 조직되어 1990년대까지 통합적인 활동을 강력하게 전개했다. 2006년에 다른 단체들과 함께 합의해 아르헨티나 레즈비언, 게이, 양성애자와 트랜스젠더 연맹(Federación Argentina de Lesbianas, Gays, Bisexuales y Transexuales, FALGBT)을 결성했다. CHA의 영향은 받았지만, FALGBT는 동성 결혼 합법화에 집중해 운동을 전개했는데, 통솔 기구(umbrella organization)의 역할을 했기 때문에 중앙 집중화가 약했고 게이 여성 권리와 페미니즘과 같은 게이 남성 권리 이외의 이슈에 집중했다. 게다가 이들은 CHA보다 젠더와 섹슈얼리티에 대한 이성애 규범적인 아이디어를 추종하지 않았다. 공개적으로 트랜스젠더리즘과 젠더 이분법에 도전하는 사람들을 지지했다.

아르헨티나가 동성 결혼을 합법화하는 과정은 활동가들이 입법과 사법 두 부문에서 동시에 진행했다는 점에서 특이한 경우라 할 수 있다. 앞에서 살펴본 바와 같이 1960년대와 1970년대에 LGBTQ 단체가 조직되었으나 1976년부터 1983년까지 권위주의 정권 기간에 정치적 폭력의 대상으로 전락하면서 거의 소멸되었다. 1983년 민주화 이후 사회구조 변화가 진행되면서 사회적 변화 권리에 대한 논의가 확대되었다.

1994년에 새로운 사회경제적 권리와 '권리 보호 헌법 소원(Recurso de Amparo)'[2]을 강화했다. 암파로(Ampero)는 시민이 개별적으로 또는 집단적으로 "헌법이나 적용 가능한 국제 조약에 의해 명시적 또는 묵시적으로 보호되는 권리의 침해에 대한 조치"를 취할 수 있도록 하는 법적 절차이다. 사회가 점진적으로 더 진보적인 방향으로 변화됨에 따라 새로운 LGBTQ 조직이 등장했으며 공공정책 형성을 위해 암파로를 활용했다.

2002년 12월 부에노스아이레스 시가 시민 결합(Civil Union)을 합법화했는데, 라틴아메리카에서 최초로 동성 커플의 권리를 인정한 것이었을 뿐만 아니라 동성애자가 되는 것을 법적으로 인정한 것이었다. 그러면서 다른 지방과 도시들이 뒤따르면서 전국적인 이슈가 되는 데 도움이 되었다.

FALBT는 여러 조직을 통합하여 2007년부터 2010년까지 법원과

---

2  암파로 영장(recurso de amparo 또는 juicio de amparo)은 헌법적 권리에 의해 보호받는 법적 구제 장치이다. 주로 스페인어권 국가들에서 보이는 법적 제도로, 암파로는 개인의 권리를 보호하는 가장 효과적이고 경제적인 방법이다(위키피디아).

국회에 영향을 미치기 위해 2트랙 전국 캠페인을 펼쳤다. FALGBT 창립과 동성 결혼 합법 이후 아르헨티나의 LGBT들이 더욱 개방되었다. 2007년 부에노스아이레스에서 국제 게이 월드컵(International Gay World Cup)이 개최되어 아르헨티나팀이 우승했다. 최근에는 관광객 증가가 경제성장으로 이어질 수 있도록 LGBT 관광객 유지를 위해 노력하고 있다. 2007년에 FALGBT가 첫 번째 결혼 찬성 법안을 제안해 실패했지만 동성 결혼 문제에 대한 관심을 끌어 2009년에 서로 다른 2개의 법안이 제출되었다. 2010년 5월 4일 하원에서 찬성 126표, 반대 114표, 기권 4표로 통과되었고, 7월 15일 상원에서는 찬성 30표, 반대 27표, 기권 3표로 통과되었다. 이에 따라 2010년 7월 21일 동성 결혼이 합법화되었다. 새로운 법에는 남편(husband)과 아내(wife)가 '계약 당사자(contracting parties)'로 대체되었고, 동성 커플에 이성 커플과 동일한 상속과 입양 권리가 인정되었다.

아르헨티나의 LGBTQ 활동가들은 스페인의 모델을 따랐다. 스페인은 2005년 7월 동성 결혼 법안 통과를 위해 약 90명의 활동가들이 지원했고, HIV/AIDS 전염병을 인권 옹호를 위한 플랫폼으로 사용함으로써 LGBTQ 권리를 일반적인 사회적 이슈로 만들었다. 그 결과 스페인이 세계 네 번째 동성 결혼 인정 국가가 될 수 있었다. 이에 아르헨티나 LGBTQ 활동가들은 스페인 활동가들이 활용했던 "동일한 이름, 동일한 권리(Los mismos derechos, con los mismos nombres)" 슬로건을 그대로 차용했다. 스페인 활동가들도 아르헨티나 LGBTQ 활동을 위해 많은 재원을 지원했다. 이러한 활동에 LGBTQ 권리 인정을 법적인 평등 문제로 전환시키면서 보수주의자들이 섹슈얼리티와 전통적인 가족의 개념으로 접근하지 못하게 했다. 따라서 헌법화를 추진할 때도 법안과 관련하여 사회적으로 긍정적인 분위기를 만들기 위해 '평등 결혼법(Ley de Matrimonio Igualitario)'으로 상·하원 의원들에게 호소했다. 이러한 전략은 당시의 정치 상황에 매우 적절한 것이었다. 크리스티나 페르난데스 데 키르츠네르(Cristina Fernandez de Kirchner) 전 대통령이 가톨릭 교회와 불편한 관계에 있었고, 차기 대선에서 좌파에 승리하기 위해서는 법안을 통과시키는 것이 필요했다. 이와 같이 사회적 동원화, 헌법 개혁, 스페인의 영향, 행정부의 지원, 전략적인 소송과 미디어의 관심 등이 LGBTQ의 권리를 인정하는 데 결정적인 역할을 했다.

아르헨티나가 다른 국가들에 비해 LGBT에 대한 권리 인정이 폭넓게 진행된 요인은 여섯 가지 정도로 요약된다. 첫째, 가톨릭 신자들은 교회에 가지 않으며(충성도가 매우 낮음), 복음주의 신도들이 아직 소수라는 특징이 있다. 2007년 이후 가톨릭 교회는 이 교황 집권 이후 동성결혼 금지에 대한 집착이 높아졌기 때문이다. 교회가 실제로 이 법안에 반대하는 운동을 시작했으며, 심지어 학교에서 아이들을 교육시켜 부모에게 이 법안에 반대하도록 압력을 가할 수도 있었다. 아르헨티나가 가톨릭 국가라고 알려져 있지만, 실제 교회에 출석하는 비율이 전체 인구의 22%에 불과하다는 것이 가톨릭 교회의 반대가 힘을 받지 못하는 이유이기도 하다. 개신교 신자가 전체 인구의 2%에 머물러 있는 것도 개신교가 동성 결혼 합법화에 영향력을 행사하지 못하는 이유라 할 수 있다. 둘째, 교회의 정당이 분리되어 있는 것도 특징이라 할 수 있다. 라틴아메리카 국가들에서 국가와 교회는 분리되어 있긴 하지만, 대부분의 국가에서 기독민주당이라는 형태로 정치에 깊이 개입하고 있는 반면,

아르헨티나의 경우는 그렇지 않다. 지난 100년간 아르헨티나는 가톨릭이나 개신교의 영향을 직접 받는 혹은 종교적 토대를 가진 정당이 없다는 것이다. 칠레와 베네수엘라처럼 기독민주당이 강하지도 않고, 콜롬비아와 멕시코 정부 여당과 같이 오푸스 데이(Opus Dei)[3]가 강력한 것도 아니다. 그렇다고 미국의 공화당, 브라질의 노동자당과 중미 국가들과 같이 개신교 정당과 깊게 연결되지 않았다. 셋째, 초국가적 법률주의(transnational legalism)이다. 대부분 글로벌라이제이션이 LGBT의 권리를 신장하는 데 어떻게 영향을 미쳤는가를 설명한다. 아르헨티나에서는 드물게 초국가적 법률주의가 영향을 미쳤다는 것이다. 즉, 국내 법률 시스템이 법적 판례를 찾을 때 국내 사례가 없는 경우 국제 사례를 차용하여 활용하는 것을 의미한다. 라틴아메리카 국가들이 대체적으로 이런 경향을 보이기는 하지만 아르헨티나가 좀 더 잘 활용한다. 넷째, 국내 법률 자원에서 찾는다. 친LGBT 성향이 국외에서 유입되는 측면도 있지만 국내에서 많은 활동가가 노력했기 때문이다. LGBT 운동의 의제는 페미니즘, 젠더, 재생산, 건강 및 섹슈얼리티를 포함하는 광의의 의제 중의 하나이다. 그동안 이러한 의제에 대해 입법부에서 폭넓게 논의되었다. 아르헨티나 레즈비언, 게이, 양성애자와 트랜스젠더 연맹은 게이 커플이 결혼 허가를 요청하도록 헌법적 토대를 마련할 수 있게 노력

3　에스파냐인 신부 에스크리바가 1928년 창설한 가톨릭 종교 단체. 정식 명칭은 '성 십자가와 오푸스 데이(Sacerdotal de la Santa Cruz del Opus Dei)'이며, 오푸스 데이회(會)라고도 한다. 로마 교황청이 승인한 성직자 자치단으로, 오푸스 데이는 '하느님의 사업' 또는 '신의 사역'을 뜻하는 라틴어이다. 사명은 세상 한복판에 있는 모든 사회 계층의 그리스도인들이 온전하고도 일관성 있게 믿음 생활을 하도록 촉구하고, 모든 사회 영역을 복음화하는 데 이바지하는 것이다.

했다. 다섯째, 민주주의가 결정적인 역할을 했으나, 국민투표는 그렇지 못했다. 만약 국민투표로 결정하는 과정을 거쳤다면 LGBT의 권리는 보장받지 못했을 것이다. 소수자 권리 문제를 다수결에 붙이면 대부분 소수 집단에 대해 편향된 결과를 가져오기 때문에 국민투표는 비민주적인 결과로 이어질 가능성이 매우 높다. 여섯째는 대통령의 결단이다. LGBT 권리를 인정하는 법안을 승인하는 대통령이 정치적 위험을 무릅쓰고 결정을 해야만 가능하다. 크리스티나 페르난데스 전 대통령이 교회와 공개적인 대립을 감내하고, 여당 내의 분열 가능성에도 불구하고 결단을 내렸기 때문에 게이의 결혼 합법화를 이끌어 냈다고 할 수 있다 (Corrales, 2020).

## 5 브라질: 레즈비언 운동이 만든 성소수자 천국

전 대통령 보우소나루의 동성애에 대한 태도는 취임 전에 브라질의 LGBTQ 인권이 퇴보할 수 있다는 두려움을 불러일으켰지만, 브라질은 사실 세계에서 가장 진보된 국가 중 하나이다. 2013년부터 동성 결혼이 합법화되었고, 2018년부터는 교회에서도 이러한 예식이 허용되고 있다. 복음주의 근본주의자들의 선입견에도 불구하고 게이 커플들은 동성애자들이 누리는 동일한 권리를 가진다. 브라질 성공회에서도 동성애자 사제 서품이 허용된다. 최근 대법원에서 동성애 혐오와 성전환 혐오를 범죄로 규정하기로 한 결정은 올해의 프라이드 행진에서 거대한 축하 행사로 이어졌다.

그러나 판결이 있기 전까지 브라질은 놀라울 정도로 많은 수의 LGBTQ 혐오 공격으로 인해 LGBTQ가 되기에 세계에서 가장 위험한 곳 중 하나였다. '게이 다 바이하 그룹(Grupo Gay da Bahia)'에 따르면 2018년에 420명이 LGBTQ 혐오 범죄로 사망했다. 이러한 환경에도 2019년 6월 13일 브라질 대법원은 성적 지향과 젠더 정체성에 기초한 차별은 인종차별에 가까운 범죄로 규정했다.

2022년 IBGE가 실시한 조사에 따르면 18세 이상 브라질인 중에 290만 명이 자신을 게이 또는 양성애자라고 밝혔다. 또한 전체 인구의 94.8%인 1억 5,080만 명이 이성애자였고, 그들은 이성에게 성적 끌림이나 낭만적 끌림을 경험했다고 밝혔다. 그리고 1.2%(180만 명)는 자신을 동성애자, 0.7%(110만 명)는 양성애자라고 밝혔다.[4]

이와 같은 동성 결혼 합법화를 비롯한 성소수자들에 대한 권리 보장이 다른 국가들에 비해서 앞선 과정들을 살펴볼 필요가 있다.

1830년 동페드루 1세가 제국 형법에 서명하면서 남색에 대한 모든 조항을 제거했다.

1979년에 주앙 실베이루 트레비산(João Silvério Trevisan), 아기나우두 시우바(Aguinaldo Silva)와 루이스 모트(Luiz Mott) 등이 참여하는 게이 잡지인 《모퉁이 가로등(O Lampião da Esquina)》을 출간했다. 이 잡지는 1970년대 군부 정권이 검열을 실시하던 시기에 정치 개방으로 언론과 정치 활동이 자유로워질 때 등장했다. 미국의 《게이 선샤인(Gay Sunshine)》

---

4  First survey on homosexual and bisexual people in Brazil released. https://agenciabrasil.ebc.com.br/en/direitos-humanos/noticia/2022-05/ibge-publishes-survey-homosexuals-and-bisexuals-brazil .

편집장인 윈스턴 레이랜드(Winston Leyland)가 방문한 이후 화가인 다르시 펜테아두(Darcy Penteado) 집에 11명이 모여서 창간 동력을 만들었다.[5] 이 잡지는 브라질 사회에서 자신의 목소리를 내지 못하는 사람들을 대표하는 것이었으며, 다원주의 정체성을 형성하는 데 있어 매우 중요한 것이었다.

1980년에 가장 오래된 '게이 다 바이아' 그룹이 조직되었다. 같은 해 상파울루에서 SOMOS도 조직되었다. 게이 다 바이아 그룹은 결성과 함께 1982년에 LGBT 명부를 포함한 잡지를 발간했다. 이 단체의 원칙은 첫째, 동성애 혐오(및 트랜스 혐오)에 맞서 싸우고 게이, 레즈비언, 트랜스젠더 등에 대한 모든 형태의 편견에 저항한다. 둘째, 동성애자들이 브라질 헌법에 명시된 평등 원칙에 따라 시민권을 위해 싸울 수 있도록 자신의 권리를 인식하도록 한다. 셋째, 동성애에 대해 알리고 LGBT 커뮤니티와 함께 HIV 및 AIDS 예방을 위해 노력하는 것이었다. 매년 연감을 발간하고 있는데 브라질에서 동성애자들이 희생되는 숫자를 기록해 보고함으로써 브라질 사회가 성소수자들에게 얼마나 위험한 사회인가를 고발하고 있다. 그 과정에서 동성애자 사망 숫자를 게이 증오 살인으로 정리하면서 게이에 대한 데이터를 지나치게 강조하고 있다는 비난을 받기도 한다.

1983년에 레즈비언 손님의 입장을 거부한 '페후의 바(Ferro's Bar)'에 대한 저항이 있었다. 1969년 6월 28일에 뉴욕 경찰의 폭압적인 급습

---

5 Adão Costa, Aguinaldo Silva, Antonio Chrysóstomo, Clóvis Marques, Francisco Bittencourt, Gasparino Damata, Jean-Claude Bernardet, João Antônio Mascarenhas, João Silvério Trevisan, Peter Fry 등이 동참했다.

에 대한 스톤월(Stonewall) 저항이 전 세계 LGBT 운동에서 가장 중요한 사건이었다면, 브라질 LGBT 운동사에서 가장 중요한 사건이 페후의 바 사건이라고 할 수 있다. 이 사건(Belmont & Ferreira, 2020)은 1983년 7월 23일 발생했는데, 일군의 레즈비언들이 《차나 콤 차나(*Chana com Chana*)》 신문을 팔고 있었는데, 이것 때문에 페후의 바에 입장하는 것이 허용되지 않았다. 이에 대해 레즈비언, 게이, 페미니스트 및 언론들이 8월 19일로 정치적 활동을 계획했다. 이 활동이 역사적인 사건이 되어 8월 19일이 레즈비언 자부심의 날(National Day of Lesbian Pride)로 기념되었다. 그러나 뉴욕의 스톤월과 같은 주목을 받지는 못했고, 2019년 6월이 되어서야 미디어에서 이 사건을 브라질의 스톤월로 평가하기 시작했다.

1985년 브라질 연방의사협의회(Federal Council of Medicine)가 일탈적인 성행위자로 게이를 바라보는 것을 금지할 것을 결정했다. 그리고 1989년에 마투 그로수(Mato Grosso)와 세르지페(Sergipe) 헌법이 성적 지향에 따른 차별을 금지하는 법안을 통과시켰다. 브라질에서 동성 관계는 지배와 종속의 역사적 배경에서 바라보았다는 것을 알 수 있다.

1995년 마르타 수플리시(Marta Suplicy) 의원이 동성 결합을 다루는 1151호 법령 프로젝트를 제안했다. 민법 제1723항을 수정한 것으로 파트너의 성에 상관없이 결혼하지 않은 개인 간의 시민 결합이 가능하도록 한 것이었다. 그러나 의회 입법 절차는 당시 하원의장의 강력한 반대로 무산되었다. 2011년에 상원의원으로 당선된 수플리시 의원이 2012년에 다시 제안하여 2012년 5월 24일 상원인권위원회를 통과했다. 시민 결합 법안이 발의된 지 17년 만에 얻은 결과였다.

연방 차원에서는 시민 결합이 늦게 통과되었지만, 2004년에 히우 그란지 두 술(Rio Grande do Sul)에서 동성 파트너가 민법에 따라 동성 결합을 등록할 수 있었고, 2006년에 레즈비언 커플이 처음으로 입양할 수 있었다. 2006년 10월에 패션 디자이너이자 텔레비전 진행자인 클로도빌 에르난데스(Clodovil Hernandes)가 브라질 최초 동성애자로서 494,000표를 얻어 하원의원에 선출되었다.

2008년에는 전국 LGBT 회의가 개최되었는데, 세계 최초로 정부가 주최하고 시민사회가 호응한 것이었다. 이 회의는 시민사회 대표 60%, 공무원 40%가 참석해 공공정책을 제안하고 검증하고, 레즈비언, 게이, 양성애자, 트랜스젠더 및 인터섹스(간성인)들을 위한 시민권과 인권을 증진하기 위한 국가 계획을 수립하는 것이었다. 이런 방식은 1986년 민주화 시기에 전국보건회의에서 공공정책을 수립하는 과정에 근거를 둔 방식이기는 했지만 제1회 브라질 LGBT 전국회의는 제도적인 측면뿐만 아니라 사회적인 측면에서도 큰 논란을 불러있으켰다. 2003년 룰라 전 대통령이 만든 동성애 혐오 없는 브라질 프로그램이라는 정책에서 시작되었다.

2010년에 비로소 브라질 고등법원은 동성 커플이 자녀를 입양할 권리가 있음을 만장일치로 인정했다. 2011년 5월 5일에는 연방 대법원이 가족의 정의를 다시 하고 부부에게 112개의 권리를 제공함으로써 전국의 동성 부부에게 안정적인 결합(união estável)을 만장일치로 확대했다.

브라질 LGBT의 10가지 권리를 정리해 보면 다음과 같다.[6] 첫째, 동

---

6  "ORGULHO: 10 Direitos Conquistados Pela Comunidade LGBT+", https://

성애 혐오증(Homofobia)과 트랜스젠더 혐오증(Transfobia)을 범죄화했다. 2019년 6월 13일에 연방 대법원은 역사적인 판결을 통해서 LGBT+에 대한 공격을 범죄화하는 법률 수정을 국회가 연기하는 것은 위헌이라고 판결했다. 둘째, 표현의 자유(Liberdade de Expressão)와 젠더 교육(Educação de Gênero)이다. 젠더 교육은 남자와 여자에 대한 불평등, 편견과 폭력 시스템을 만드는 사회적인 도그마를 해체하기 위한 젠더, 성과 섹슈얼리티와 같은 개념을 표현하는 것으로 이해된다. 젠더 교육 목표 중에는 젠더폭력, 페미사이드, 트랜스 혐오 및 동성애 혐오로 이어지는 사회적 상호작용을 변화시키는 것이 포함된다. 셋째, 이름과 성(Gender)을 바꿀 수 있다. 가장 기본적인 신분 증명 형태인 고유한 이름은 자신의 신분을 보장하고 각 개인의 존엄성을 부여하는 인간화의 한 형태이기 때문에 매우 중요하다. 넷째, 보건의 권리가 인정된다. 연방헌법 제196항에 따라 보건은 모든 사람의 권리이자 브라질 국가의 의무라고 규정하고 있다. 따라서 보건권은 성별이나 성적 취향에 관계없이 존엄한 삶을 유지하는 데 필수적인 것이다. 다섯째, 결혼과 안정적인 결합의 권리가 인정된다. 1988년 민주 헌법이 제정되면서 가족의 권리의 패러다임이 바뀌었고, 가부장적 전통이 버려지고 인간 존중의 원칙이 강조되면서 결혼과 안정적 결합 등이 사법기관에서 재조명되었다. 이런 과정을 거쳐 공권력은 다양한 형태의 가족 구성을 인정하고 보호해야 한다. 여섯째, 연금과 재산 분배의 권리가 인정된다. 연방 대법원이 동성

marello.legal/novidades/direitos-lgbt-lesbica-gay-homossexual-casamento-heranca-pensao-homofobia-genero

결혼 및 결합을 이성애 결혼 및 안정적인 결합과 동등하게 인정한 이후 모든 규칙을 동일하게 적용받는다. 일곱째, 사망에 따른 연금 권리도 인정된다. 동성 가족과 이성애 가족은 동일한 사회보장법을 적용받는다. 연방헌법재판소와 사법재판소의 지침에 따라 배우자 또는 파트너도 사망으로 인한 연금 수혜자가 될 수 있다. 여덟째, 상속권을 가지고 있다. 상속권은 안정적인 결합이거나 결혼으로 인정되면 자동적으로 부여되는 법적 권리이다. 2017년 두 건의 특별 항소(RE 878,694 및 RE 646,721) 판결에 따르면, 연방대법원(STF)은 안정적인 결합을 한 기혼자에게 부여되는 상속권과 동일한 권리를 향유한다고 결정했다. 아홉째, 입양권을 가진다. 동성의 안정적인 결합과 마찬가지로 이성애 안정적인 결합은 사법적인 평등권에 따라 동성 커플의 입양도 인정된다. 열 번째, 운동권(Direito ao Desporto)도 인정된다. 헌법은 스포츠를 피부색, 성병 또는 섹슈얼리티를 이유로 제한할 수 없는 개인의 권리로 보장하고 있다.

## 6 콜롬비아: 가장 오픈된 성소수자 사회

2016년 콜롬비아 헌법재판소는 동성 결혼을 합법화했는데, 이는 2011년에 제지된 동성 커플의 가족 구성원으로 인정될 헌법적 권리를 승인한 것과 2015년에 제정된 입양 권리 부여보다도 훨씬 늦은 것이다. 같은 해 콜롬비아 내무부와 법무부가 2013년부터 시행한, 법적으로 성을 변경할 수 있는 권리를 완화하여 18세 이상의 사람들이 정부에서 발급하는 신분증에 성을 선택할 수 있도록 허용했다. 또한 2017년부터 트랜스 여성도 성별에 관계없이 군대에 갈 권리를 가졌다. 그러나 트랜스 남성은 제외되었다. 2011년부터 성적 지향에 따른 차별은 금지했지만, 임기가 끝나기 직전인 2018년 3월에 후안 마누엘 산토스 전 대통령이 성적 지향에 따른 차별을 금지하는 법령을 확대했다. 이 이니셔티브는 소셜미디어를 사용하여 캠페인 서명을 수집한 유튜버들에 의해 주도되었다. 그러나 여전히 LGBTQ 활동가들은 충분히 보호받지 못하고 있다고 주장하는데, '콜롬비아 디베르사(Colombia Diversa)'에 따르면 2017년 한 해 동안 LGBTQ 커뮤니티에서 109명이 살해된 것으로 보고되었다.

1980년에 동성애가 범죄일 때, 레온 술레타(León Zuleta)와 마누엘 벨란디아(Manuel Velandia)가 게이 권리에 대해 행동하기로 결정했는데, 이것이 콜롬비아 최초의 동성애 해방이며 LGBT의 동성애자 권리 투쟁이 시작되는 것을 의미한다.

1991년에 콜롬비아 헌법 13조는 "국가는 평등이 현실적이고 효과적일 수 있는 조건을 제공할 것이며 소외되거나 차별받는 집단을 위한 조치를 취할 것"이라고 명시하고 있다. 헌법 42조는 "가정은 사회의 기본 중핵이다. 가족은 자연적 또는 법적 유대를 기초로 하고, 혼인 계약에 대한 남녀의 자유로운 결정 또는 그에 따른 책임 있는 결의에 의해 형성된다"고 명시하고 있다. 1990년대의 법 개혁은 콜롬비아에서 동성애와 이성애 섹스 모두에 대해 14세의 동의 연령을 동등하게 했다. 1998년 헌법 재판소는 공립학교 교사가 성적 지향을 드러냈다는 이유로 해고될 수 없으며, 사립학교에서 동성애 학생의 입학을 금지할 수 없다고 판결했다. 판결 내용은 "동성애에 근거한 모든 차별적 대우는 위헌으로 추정된다"는 것이었다. 그러나 법원은 개인의 동성애 권리와 동성 커플의 권리를 구분했다. 1999년 같은 법원은 군대가 동성애자와 양성애자의 복무를 금지할 수 없다고 만장일치로 판결했다. 이는 '개인 및 가족의 친밀함'과 '자유로운 인격 발달'을 보장하는 헌법에 위배된다는 것이었다. 그러나 또다시 2001년에는 1996년 판결에 기초하여, 법원은 동성 커플이 가족의 주요 의무 중의 하나인 자녀를 자연적으로 낳을 수 없기 때문에 '가족'의 헌법적 정의에 부합하지 않는다고 판결했다. 이러한 법원의 결정에 대해 LGBT 그룹은 소송 전략을 재고하고 법적 해결을 추구하기 위한 정치적 연대를 추진했다.

2003년에 결혼으로 인해 발생하는 법적 보호는 포함하고 있지만 결혼 평등이 보장되지 않는 동성 시민 결합 법안이 상원에 소개되었으나 상원 내의 보수적인 정치인들과 외부의 압력으로 통과되지 못했다.

그리고 입법과 소송 문제에 대응하기 위해 분파화되어 있던 LGBT 단체들을 LGBT 인권 단체 증진을 위한 '콜롬비아 디베르사'라는 단체로 통합했다. 이로써 LGBT 권리 증진을 위해 노력해 온 유경험자들뿐만 아니라 새로운 인력 자원들이 합심해서 조직적인 활동을 할 수 있게 되었다. 콜롬비아 디베르사는 동성 파트너의 권리 문제를 재구성하고 2005년 상원에 계류된 동성 시민 결합 법안 가결을 위해 이에 동정하는 상원의원들을 설득했다. 새로운 법안은 LGBT의 개인 재산권을 보호하기 위한 콜롬비아 헌법재판소(Colombian Constitutional Court, CCC) 법리에 기반했고, 제안된 법안이 통과되었을 때 국내 사회 보장 시스템에 미칠 수 있는 영향에 대해 기술적인 연구를 진행했다. LGBT 권리에 대해 부정적인 여론이었지만 콜롬비아 디베르사는 보수주의 의원들이 장악하고 있는 의회에 성공적으로 로비 활동을 했으며, 전략적으로는 도덕적인 이슈가 아니라 인권의 문제로 인식할 수 있도록 유도했다. 이와 더불어 동성 결합 합법화에 대해 지지를 이끌어 내기 위해 국내 언론에도 로비 활동을 전개했다. 그 결과 대선을 앞두고 있던 알바로 우리베(Álvaro Uribe) 대통령과 하원에서 긍정적인 반영을 이끌어 냈다. 하지만, 콜롬비아 디베르사의 노력에도 불구하고 의회 표결에서 패배하면서 새로운 전략이 필요했다.

콜롬비아 디베르사는 공익법인인 데후스티시아(Dejusticia)과 공조하면서 콜롬비아 헌법재판소에 새로운 소송을 제기했는데, 그동안 평등권을 강조하던 것에서 벗어나 인간의 존엄성에 대한 접근으로 전략을 변경했다. 따라서 소송에서 동성 시민 결합이 아닌 완전한 결혼 평등을 주장했다. 2005년 유엔인권위원회가 콜롬비아가 동성 관계에 있는 생존 파트너에 대한 연근 권리를 인정하지 않는 것은 유엔 시민과 정치 권리 협정을 위반한 것이라는 판결을 내렸다. 동성 커플의 재산권에 찬성하는 유엔인권위원회의 판결은 데후스티시아의 법정 주장을 뒷받침해 주었다. 이러한 변화는 콜롬비아 헌법재판소가 '가족'의 범주를 비전통적인 형태까지를 포함하는 과정에 나온 결과였다(Wilson & Gianella-Malca, 2019, 147-148).

2007년 2월 7일 콜롬비아 헌법재판소는 안데스 대학의 공익법 그룹이 제기한 헌법적 조치의 결과로 동성 커플에게 재산과 상속권을 확대했다. 결정에는 연금 또는 사회 보장(건강 보험) 권리가 포함되지 않았다. 2007년 10월 5일에 두 번째 판결에서 헌법재판소는 동성 커플에게 사회 보장 혜택을 확대했으며, 2008년 4월 17일에 판결에서 연금 수급

권이 확대되었다. 이 세 가지 판결로 콜롬비아의 동성 커플은 이제 동일한 조건의 이성애 커플로서 주요 혜택을 누리게 되었다.

2011년 7월에 헌법재판소는 콜롬비아에서 동성 커플이 결혼할 권리가 있다는 획기적인 판결을 내렸다. 또한 콜롬비아 의회는 2013년 6월 20일까지 동성 커플을 위한 동등한 결혼 제도를 마련해야 했다. 그렇지 않으면 판결에 의해 커플은 자동으로 판사나 공증인에게 가서 그들의 결합을 공식화할 수 있는 권리를 얻게 된다. 콜롬비아 의회가 그 날짜까지 동성 결혼 법안을 통과시키지 못하자 법원은 대신 스스로 결혼을 승인하기 시작했다. 동성 결혼 문제는 콜롬비아에서 승인된 모든 동성 결혼의 무효화를 법원에 요청한 국가 감찰관이 2015년 헌법재판소에 다시 한번 제기되었다.

2016년 3월에 해외에서 처음으로 동성 결혼이 이루어졌으며, 국가 등록부는 모든 공증인과 레지스트라에게 메모를 발행하여 외국에서 시행된 동성 결혼을 등록하도록 명령했다. 해외에서 결혼한 동성 커플은 도장이 찍힌 결혼 증명서와 신분증을 지참하고 가까운 지정사무소에 방문하면 이성애 배우자와 동일한 사증, 의료 혜택, 상속, 연금 등의 권리를 누릴 수 있다.

2016년 4월 28일에 헌법재판소는 동성 결혼을 금지하는 것은 위헌이며 차별적이라고 판단하여 찬성 6 대 반대 3으로 판결했다. 판결은 모든 판사와 공증인에게 부부의 결혼 허가를 부여하도록 명령함으로써 동성 부부에게 결혼할 권리를 효과적으로 부여했다.

2011년에 헌법재판소는 트랜스젠더 여성 수감자가 자신의 헤어스타일과 메이크업을 선택할 수 있다고 판결했다. 또한 2012년 헌법재판소는 트랜스젠더가 가정법원을 거치지 않고 주민등록상의 성별 변경을 요청할 수 있다고 판결했다. 이전에는 1970년 이후로 국가 민사 등록부(Registro del Estado Civil)에서 개인 등록부의 정보를 변경하기 위해 공증된 진술 또는 판사의 판결을 요구했었다.

2012년과 2014년 헌법재판소 판결에 따르면 이름 변경은 2회 이상 가능하다. 2015년 헌법재판소의 두 가지 판결에 대한 응답으로 콜롬비아 정부는 2015년 6월 4일 18세 이상의 성인이 법적으로 성별을 변경할 수 있는 절차를 간소화하는 법령을 발표했다. 법무부와 내무부가 서명한 법령에 따르면 성별 변경은 개인의 선택에 따라 결정된다.

2016년 보고서에 따르면 법에서 허용하지만 성별을 바꾸지 않고 이름을 바꾸려는 공증인을 찾지 못한 계류 중인 법적 사건이 언급된다. 보고서 "Cartografía derechos trans en Colombia"는 "OutRight Action International"의 트랜스젠더 옹호 연합인 El Aquelarre Trans, PIIS(El Programa de Acción por la Igualdad y la Inclusión Social) 프로그램이 공동으로 발행했다. 2016년 보고서에서도 트랜스젠더 정체성의 정신병적 병리화를 종식하고 다른 신체적 변화를 위한 전제 조건으로 불임 수술을 포기할 것을 권장했다.

《워싱턴포스트(The Washington Post)》의 보고서에 따르면 보고타와 메데인에는 동성애자 지역이 번성하고 있으며, 후원자가 공개적으로 동성애자로서, LGBT 커뮤니티 구성원에게 상담 및 법적 조언을 제공하는 센터가 있다. 지역 정치인 중에는 루이스 에두아르도 가르손(Luis Eduardo Garzón) 전 시장과 아르만도 베네데티(Armando Benedetti) 상원의원과 같은 저명한 하원의원들이 동성 커플에게 법적 권리를 부여하는 것을 지지해 왔다. 후안 마누엘 산토스 전 대통령은 정부에 공개적으로 동성애자 장관 2명을 두면서 LGBT 인권을 지지했다. 또한 미디어는 LGBT 커뮤니티에 대한 포괄적인 보도를 제공한다. 지난 몇 년 동안 게이 캐릭터는 점점 더 많은 TV 프로그램과 연속극, 특히 황금 시간대 연속극 〈Dr Mata〉의 동성애자 사랑 장면과 〈A corazón abierto〉 시리즈의 레즈비언 장면에 등장했다. 언론, 정부, 여러 정치인, 동성애자와 트랜스젠더에게 평등한 권리를 부여하는 법률 변경, LGBT 권리에 대한 보다 공개적인 토론에도 불구하고 콜롬비아 사회는 여전히 이 문제에 대해 일반적으로 보수적이다.

## 7 코스타리카: 지도자가 주도한 권리

코스타리카는 2020년 5월 26일 중미 최초로 동성 결혼을 허용한 국가가 되었다. 2018년 대선에서 이 문제로 인해 유권자들이 분열되었고, 종교적·사회적으로 보수적인 지역에서 동성 결혼을 합법화한 것은 작은 정치적 승리라고 할 수 있다. 같은 달 초에 의원들이 2018년 헌법재판소의 동성 결혼 합법화 판결을 연기하자는 입법 움직임이 있었으나 논쟁 끝에 합법화로 결정했다.

동성 결혼에 대한 반대는 적어도 처음에는 악의적이었으며 광범위하게 확대되어 있었다. 2014년 여론 조사에 따르면 인구의 28.2%만이 동성 결혼에 찬성했다. 이 때문에 성소수자 인권운동가들은 뿌리 깊은 민주주의 전통을 지니고 있는 제도를 통해서 동성 결혼 합법화를 위해 노력했다. 이런 노력으로 2016년 동성 결혼에 대해 공개적으로 지지하지 않았지만 루이스 기예르모 솔리스(Luis Guillermo Solís) 전 대통령이 LGBT의 지적 재산권과 부동산 재산권을 인정할 것인가에 대한 것과 국내에서 성 정체성을 바꾸는 것을 허용할 것인가에 대해 미주인권재판소에 자문을 구하라는 의원들의 권고를 수용했다. 정치 지도자의 이러한 변화가 동성 결혼을 허용하는 법안 마련에 결정적인 영향을 미쳤다.

코스타리카의 LGBT 권리는 1970년대 이후로 상당한 문화적, 사회적, 법적 발전을 이루었다. 오스카르 아리아스 산체스(Oscar Arias Sanchez) 전 대통령과 같은 특정 정치인은 LGBT 권리에 대한 지지를 표명했지만 코스타리카인은 성적 지향과 성 정체성 문제와 관련하여 사회적으로 로마 가톨릭 교회의 영향과 남성주의에 대한 문화적 전통에 기초한 보수적인 경향이다. 이러한 보수적인 사회문화 환경을 변화시키기 위해서 코스타리카 인권운동가들은 LGBTI의 권리가 인권이라는 교육적 접근 방식을 선택했다. 따라서 사회적 수용 촉진, 차별 및 증오 범죄 퇴치, LGBTI 커뮤니티의 의료 지원을 확보하는 데 집중했다. 이런 과정에 '중앙아메리카 인권 연구 및 촉진 센터(Centro de Investigación y Promoción para América Central de Derechos Humanos, CIPAC)'가 중요한 역할을 했다. 이 단체는 2008년 5월에 아리아스 전 대통령과 함께 5월 17일을 동성애 혐오 반대의 날로 지정하는 행정 명령에 서명했다. 그 순간부터 반차별 운동 확산에 전념했다. 2011년 6월에는 코스타리카에서 최초의 게이 프라이드 퍼레이드/페스티벌이 열렸고, 2014년 교육부가 동성애 혐오와 트랜스 혐오 이슈를 학교와 대학에서 다룰 수 있도록 공립학교의 달력에 '교육의 날'로 지정했다. 이런 과정들은 2005년에

CIPAC가 4년 이상 함께 산 커플을 위한 동성 결혼 합법화 법안을 의회에 제출했기 때문에 가능했다.

동성애는 기술적으로 합법이었지만, 과거에는 경찰의 괴롭힘과 LGBT 및 사설 시설 습격이 일상적이었다. 1990년 내무부 장관 안토니오 알바레스 데산티(Antonio Alvarez Desanti)는 국제 레즈비언 모임인 'Encuentro'에 참가하기 위해 코스타리카에 외국인 여성이 입국하는 것을 허용하지 않을 것이라고 발표했다. 그는 코스타리카 영사관에 남성을 동반하지 않고 여행하는 여성에게 비자를 발급하지 말라고 지시하면서 그러한 여성은 모두 공항에서 저지당할 것이라고 경고했다. 그는 또한 항공사에 혼자 여행하는 여성이나 회의에 참석할 것으로 보이는 여성에게 표를 판매하는 경우 의심되는 레즈비언이 즉시 돌아올 수 있도록 준비해야 한다고 알렸다. 공항에서 레즈비언 식별 방법을 설명하라는 압박을 받았을 때 그는 짧은 머리를 하거나 바지를 입거나 혼자 여행하는 여성을 레즈비언으로 식별할 수 있다고 주장한 것으로 알려졌다. 주최 측은 회의 날짜와 장소를 변경했고 마침내 회의가 열렸다. 게다가, 코스타리카 정부는 LGBT 권리를 증진하려는 정치 조직에 대한 법적 승인을 여러 차례 거부했다. 이러한 정책은 1990년대에 변경되기 시작했다. 코스타리카 대법원은 헌법이 LGBT에게 평화로운 집회, 결사, 사설 시설 설립 및 LGBT 인권 협회에 대한 권리를 부여했다고 판결했다.

1993년에 아메리카국제대학교(Universidad Internacional de las Américas)가 LGBT 학생을 퇴학시키고 LGBT 교직원을 해고하는 정책을 가지고 있음이 밝혀졌다. HIV/AIDS 교육 협회인 라틴아메리카 보건 예방과 교육 연구소(Instituto Latinoamericano de Educacion y Prevencion en Salud)가 교육부에 진정서를 제출했을 때 대학의 정책 시행에 대한 구체적인 예를 제시할 수 없었지만 교육부는 만약 정책이 시행되면 헌법 20조, 33조, 70조를 위반할 가능성이 높았다.

1990년대 후반에 코스타리카 가톨릭 교회는 LGBT 관광에 반대하는 시위를 조직했으며, 종종 그것이 성 관광을 위한 은폐라고 주장했다. 1998년에는 계획된 LGBT 프라이드 페스티벌이 폭력의 우려로 취소되었다. 행사를 처음 계획하는 동안 미구엘 앙헬 로드리게스 대통령은 행사 개최 허가를 공개적으로 반대했다. 1999년에 코스타리카의 수도 산호세에서는 동성애자 사우나 폐쇄를 시도했으나 2000년 대법원은 "도덕과 올바른 행동에 대한 주관적인 기준은 법적 근거가 없다"며 사우나를 계속 개방할 것을 명령했다.

2003년에 야신 카스트리요(Yashin Castrillo) 변호사가 LGBT 단체의 지원도 없이 헌법재판소(Sala IV)에 동성 파트너와 결혼할 헌법상의 권리를 주장했다. 그러나 2006년에 반대 5표 대 찬성 2표로 기각되었다. 결혼을 한 남자와 한 여자의 결합으로 규정하고 있는 가족법이 합헌이며, 따라서 동성 결혼 권리는 헌법적 권리에 포함되지 않는다는 것이었다. 헌법재판소는 동성 커플에 대한 불평등한 법적 처우를 인정했고, 동성 시민 결합법(sociedades de convivencia)을 제정하여 법적 불평등을 조정할 것을 명령했다. 그러나 헌법재판소는 의회가 이행하지 않을 경우 시행해야 하는 시한과 향후의 결과에 대해서 구체적으로 언급하지 않았다. 새로 선출된 의원들이 여기에 관심을 가지지 않으면서 LGBT가 주장하던 동성 결혼 권리에 대한 논의들도 확대되지 못했다. 친LGBT

정치인들의 시민 결합 법안이 의회 의제로 제안되었을 때, 반LGBT 의원들이 의회의 규칙과 절차를 이용해 법안의 진행을 막고 관련 위원회에서 본회의 표결로 넘어가지 못하도록 막았다.

법원은 모든 시민의 헌법적 권리가 보장받을 수 있도록 했다. 그러면서 LGBT의 권리 주장에 찬성하는 판결을 내렸다. 예를 들어 2010년에 반동성 결혼 단체인 시민 감시단(Observatorio Ciudadano)이 동성 결혼을 금지하는 헌법 52조를 수정하기 위한 국민투표를 위해 15만 명 이상의 서명을 받았다. 이에 최고선거재판소가 청원을 수락하여 국민투표를 계획했다. 그러나 헌법재판소는 소수자의 권리가 다수의 권리를 국민투표에 붙일 수 없다는 논리로 국민투표를 막았다. 또한 법원도 동성 관계에 있는 사람들은 "불리한 집단이고 헌법이나 헌법이 정하는 권리를 인정하는 정부 기관의 지원을 요청하는 차별의 대상이다"라고 지적했다. 2011년에 법원이 수감을 위한 동성 부부 방문에 찬성했다. 2017년에는 친LGBT 대통령령의 합헌성에 대한 복음주의 의원들의 이의가 만장일치로 기각되었다. 이런 판결을 통해서 법원이 LGBT 권리를 인정하는 과정으로 변화되어 왔음을 알 수 있다.

2014년부터 2018년까지 집권한 루이스 기예르모 솔리스 리베라(Luis Guillermo Solís Rivera) 대통령 행정부가 이전 행정부보다 LGBT 인권 보장을 더 지지하는 입장을 보였다. 5월 17일에 대통령궁에 '무지개 깃발(rainbow flag)'을 내걸었고, 가능한 한 행정부에 LGBT 개인과 부부의 권리를 수용할 수 있도록 지시했다. 솔리스 대통령이 의회에서 동성 시민 결혼법이 통과될 수 있도록 지원했지만, 법안 통과에 필요한 의석 수가 부족했고 소수 기독교 정당 의원들이 법안 상정을 가로막았다.

결국, 2018년 8월 8일 코스타리카 대법원은 동성 결혼을 금지하는 가정법 조항이 위헌임을 선언하고 그에 따라 입법부에서 18개월 동안 법을 개정하도록 했다. 만약 기간 내에 개정하지 않으면 해당 조항은 자동으로 폐기된다고 판결했다. 이 판결은 2018년 11월 26일 사법 공고에 게재되었는데, 이는 동성 결혼이 늦어도 2020년 5월 26일 이전에 합법화된다는 것을 의미하는 것이었다. 이 기간 입법부에서 절차를 진행해 5월 26일 자정을 기해 코스타리카는 중미에서 최초로 동성 결혼이 합법화되었다. 카를로스 알바라도(Carlos Alvarado) 전 대통령은 자신의 임기에 동성 결혼 합법화를 달성한 것에 대해 큰 의미를 부여했다.

우리의 의무는 장애, 민족, 문화, 종교적 신념, 성별, 성 정체성 및 표현, 성적 취향 또는 기타 이유로 인한 모든 유형의 차별에 맞서 싸우는 것입니다. 발효되는 수정안은 한 법률에서 다섯 단어를 제거하는 것입니다. 그러나 이러한 변화는 국가에 상당한 사회적, 문화적 변화를 가져올 것입니다. 수천 명의 사람이 상속, 연금, 의료 결정 등과 같은 부부의 권리를 인정받기 위해 변호사 앞에서 결혼할 수 있습니다. 이 권리에 접근할 수 있는 사람들은 낯선 사람이 아닙니다. 그들은 아들, 딸, 친구, 가족, 동료입니다(Zúñiga, 2021).

동성 결혼 합법화 후 첫 주에만 82쌍의 동성 커플이 결혼했다. 2021년 2월 최고 선거 재판소는 합법화 이후 총 657건의 동성 결혼이 이뤄졌고, 그중에 15%는 미국, 멕시코와 스페인의 코스타리카 영사관 및 대사관에서 진행되었다.

# 8 우루과이: 종교적인 저항 없는 권리 획득

우루과이가 동성애를 합법화한 것이 80년이 지났지만, 실제로 최근 라틴아메리카와 전 세계적에서 LGBTI 권리의 선두 주자가 되었다. 성적 지향이나 성 정체성으로 인한 차별을 방지하고, 동성 결혼 및 입양을 허용하고, 차별 철폐 조치를 통해 이전 고용 차별을 해소하기 위한 법률이 제정되었으며, 2013년에 우루과이인의 절반 이상이 동성 결혼을 지지했다.[7] 그럼에도 이러한 법적 발전과 사회적 수용에도 불구하고 우루과이의 LGBTI 커뮤니티는 여전히 특정 시장, 서비스 및 공간에 대한 완전한 접근을 금지당하고 있다. 이러한 사회적 환경 때문에 경제 활동에 참여할 기회가 박탈되어 빈곤에 노출되어 있다. 빈곤의 악순환은 치명적이어서 공중 보건, 교육 및 주택에 대한 접근을 제한한다.

20세기 말 경제적, 사회문화적 그리고 인구학적인 변화로 점진적으로 이성애주의적 가부장제의 역할로 정의되는 자연 가족(natural family)과 단일 부양자 모델(single breadwinner model)이 약해졌다. 1997년까지 전통적인 핵가족으로 분류되는 가구가 37%에 불과했고, 사회적으로 결혼 건수가 전반적으로 감소하는 대신에 결합(concubinatos)이 증가하는 추세였다.

우루과이의 ASSE(State Health Services Administration) 국장에 따르면 우루과이에서 트랜스젠더 여성의 기대 수명은 일반 인구 평균보

---

7  "Uruguay: A Global Leader for LGBTI Rights", https://www.worldbank.org/en/news/feature/2016/07/21/uruguay-global-leader-lgbti-rights

다 32세 낮은 45세이다. 트랜스섹슈얼 중 3분의 2는 일생에 한 번 이상 심각한 폭력 행위를 경험하며 트랜스젠더 여성은 HIV 감염률이 36.5%로 매우 높게 나타난다. 게이 남성 및 남성과 성관계를 가진 남성의 경우 9%, 15세에서 49세 사이의 성인의 경우 0.5%와 비교해도 매우 높다.

2003년에 우루과이는 성적 지향이나 성 정체성에 근거한 증오, 경멸 및 기타 형태의 신체적 또는 도덕적(심리적) 폭력 행위를 처벌하는 처분을 포함하도록 형법을 개정했다. 이에 따라 성적 지향이나 성 정체성을 근거로 한 증오 선동에 대해 최대 2년의 징역을 선고할 수 있게 되었다. 그러면서 성적 지향이나 성 정체성에 근거한 차별을 포함한 모든 형태의 차별에 반대하는 것이 국가적 관심사가 되었다. 1년 후, 우루과이는 성적 지향이나 성 정체성에 근거한 차별을 포함하여 모든 형태의 차별에 대한 투쟁이 국가 이익의 문제임을 선언하는 법률 17817호를 통과시켰다.

법률 17817호에 따라 '인종차별, 외국인 혐오 및 모든 형태의 차별에 반대하는 명예 위원회(Comisión Honoraria contra el Racismo, la Xenofobia y todas las formas de discriminación)'가 창설되었다. 이들의 역할은 (1) 차별 금지법 시행에 대한 후속 조치 및 보고, (2) 제안 초안 작성, (3) 차별적 태도를 근절하기 위한 교육 캠페인을 설계 및 시행하고, (4) 차별 피해자에게 무료로 조언을 제공하는 것이었다.

이와 같이 2000년대 초반에 LGBTQ 문제가 정치 영역으로 확대되었다. '확대전선(Frente Amplio)'은 사회민주주의적인 대중 정당(mass party)을 지향하면서 전통 정당에 반대하고 신자유주의적 개혁을 추진했다. 그러면서 포괄 정당으로 성장했고, 진보주의 경향을 제도화하면서 우루과이가 라틴아메리카에서 게이 권리 선구자라는 위치를 점하려고 했다. 진보 정권에 힘입어서 공공 교육과 권익 옹호에 집중하고 있던 '말썽꾸러기(Ovejas Negras)'라는 단체가 성 정체성과 성적 지향 문제에 관심을 가지기 시작했다. 이를 반영하듯 2005년 3월 16일에 확대전선의 마르가리타 페르코비치(Margarita Percovich) 상원의원이 성별이나 성적 취향에 관계없이 5년 동안 중단 없이 동거하는 커플을 인정하는 법안을 발의했다. 법안을 지지한 의원들은 동성 커플을 기본적으로 인정하고 자산 파트너십을 형성할 수 있도록 하는 기본 권리를 보장하려고 했다. 지지자들은 법안을 통과시키기 위해 정치와 종교 문제에 대한 접근보다는 학술적 연구와 사회적인 변화를 입증하는 데 집중했다. 그러면서 동성애 커플과 이성애 커플의 유사점을 강조하고, 피할 수 없는 사회적 변화를 따라잡기 위해서는 법을 현대화해야 할 필요가 있다고 주장했다.

가톨릭 교회와 국민당(Partido Nacional)이 법안에 반대했으나 가톨릭 교회가 우루과이 정치에 큰 영향을 미치지 못하고 있었기 때문에 다른 국가들과 같은 충돌은 없었다. 페르코비치 상원의원의 법안은 2007년 11월 28일 하원에서 통과되었고, 12월 18일 상원에서 통과, 2007년 12월 27일 발효되었다. 이 법으로 동성애 커플들은 상속, 연금, 사회 보장, 자녀 양육권과 이혼에서 이성애 커플과 동일한 권리를 인정받았다(Julian, 2021, 307).

2009년에 우루과이는 LGBTI의 입양을 허용하기 위해 아동 및 청소년법인 법률 18590호를 수정했다. 같은 해에 우루과이는 성 정체성에 대한 권리와 신분 문서의 이름과 성별 변경에 2013년 5월 3일에 우루과이는 결혼의 평등법(Matrimonio Igualitario), 법률 19075호를 통과시켜 결혼을 "법에 따라 다르거나 같은 성의 두 개인 간의 영구적인 결합"으로 정의하도록 민법을 수정했다. 결혼평등법은 상원에서 찬성 23표, 반대 8표로 통과되었고, 하원에서는 찬성 71표, 반대 21표로 통과되었다. 지지자들은 법률이 사회적 변화를 수용해야 할 뿐만 아니라 법적 평등을 보장해야 한다고 주장했다. 법률에는 남편과 아내(marido y mujer)라는 표현이 계약 당사자(conyuges)로 변경되었다. 이와 같이 우루과이는 진보 정권들이 들어서서 동성애자의 권리가 빠르게 확대된 경우이다.

2015년 법령 321/015는 시민 사회 조직의 대표를 포함하는 '성적 다양성에 대한 공공정책을 위한 국가 조정 위원회(Consejo Nacional Coordinador de Políticas Públicas de Diversidad Sexual, CNCPPDS)'를 만들었다. 위원회는 트랜스젠더를 위한 포괄적인 법안(Ley Integral para Personas Trans, LIPT) 초안을 작성했다.[8]

성적 다양성에 관한 공공정책을 위한 국가 조정 위원회에는 시민 사회 조직의 대표가 포함된다. 위원회는 트랜스젠더를 위한 포괄적인 법안 초안을 작성했고 이에 관한 법률 18620을 통과시켰다.

동성 간의 성행위는 1934년부터 동등한 연령의 동의하에 합법화되었다. LGBT를 보호하는 차별 금지법은 2004년부터 시행되었고, 동성 커플의 시민 결합은 2008년부터, 동성 결혼은 2013년부터 허용되었다. 또한 2009년부터 동성 커플의 공동 입양이 허용되었으며, 동성애자, 양

---

8  United Nations Human Rights Committee(2017), "Human Rights Situation of LGBTI Persons in Uruguay".

성애자도 공식적으로 군 복무를 할 수 있다.

우루과이는 국내법에 따라 시민 결합(Union Concubinaria)을 합법화한 최초의 라틴아메리카 국가이다. 이 법안에 따르면 부부는 최소 5년 동안 함께 있어야 하며 등록부에 서명해야 한다. 부부는 의료 혜택, 상속, 양육 및 연금 권리를 받게 된다. 법안은 2007년 2월 초 상원에서 약간 다른 형식으로 통과된 후 2007년 11월 30일 의회에서 통과되었다. 이 법안은 12월 19일 양원에서 같은 형식으로 통과되었으며 12월 27일 타바레스 바스케스(Tabaré Vázquez) 전 대통령에 의해 서명되었고, 2008년 1월 1일부터 시행되었다. 우루과이는 아르헨티나와 달리 시민 결합이 법원 판결과 상관없이 정치적, 입법적인 수단을 통해 제정되었다. 진보 정권이었기 때문에 가능했는데, 역시 1985년 민주화 이후 새롭게 제정된 헌법이 사회 및 가족 구조를 변화시켰다.

2012년 6월 우루과이 법원은 스페인에서 인가된 동성 결혼을 인정함으로써 우루과이를 제외한 모든 국가가 인정하는 동성 결혼을 인정하고 다른 곳에서 결혼하는 우루과이인은 판사에게 청원할 수 있는 역설적인 상황을 만들었다. 우루과이 법에 따라 그들의 결혼을 인정하기 위해. 법원은 또한 현지법이 명시하지 않더라도 동성 결혼을 허용한다고 판결했다. 그러나 이 판결은 항소되었고 우루과이의 동성 결혼법이 발효되면서 무의미해졌다.

우루과이는 2016년 America's Quarterly에서 라틴아메리카의 가장 LGBTQ 친화적인 국가로 선정되어 "사회적 포용을 위한 모델"로 불렸다. 세계은행에 따르면 우루과이는 2013년 동성 결혼을 합법화했으며 특히 인구의 절반 이상이 지지하는 결정이었다.

또한 2008년에 시민 파트너십을 도입한 최초의 라틴아메리카 국가이자 2009년에 동성 커플의 입양을 합법화한 지역 최초의 국가이기도 하다. 2009년 10월 하원에서 51 대 2, 상원에서 20 대 0으로 18세 이상의 트랜스젠더가 공식 문서에서 이름과 법적 성별을 변경할 수 있도록 허용하는 법안을 통과시켰다. 2018년 10월부터 성전환 수술, 호르몬 요법 또는 모든 형태의 진단은 공식 문서에서 성별 변경 요건이 아닌 것으로 결정했다.

약 1,000명의 트랜스젠더 우루과이인의 기대 수명은 약 35~45세이며, 국가 평균은 77세이다. 그들은 건강, 교육 및 고용 측면에서 매우 열악한 환경에 처해 있다. 사회과학부 통계에 따르면 25%는 가족에게 버림받아 18세 이전에 집을 떠났고, 87%는 중등교육을 마치지 못해 교육 현장에서 차별을 받았고, 67%는 매춘으로 소득을 올렸다. 다른 연구에 따르면 약 75%가 교육 시스템에서 쫓겨났고, 23%만이 정식 고용에 접근할 수 있었다. 또한 우루과이 독재 기간 동안 트랜스젠더 인구는 심한 고문, 성폭력 및 부당한 투옥을 겪었다. 2018년 9월 보고서에 따르면 2017년 초에 수정된 트랜스젠더 법안에 대한 논의가 시작된 이후 6명의 트랜스 여성이 사망했다.

트랜스젠더 커뮤니티는 이제 학제 간 위원회의 승인을 받아 성별을 변경할 수 있으며, 2018년 10월에 통과된 새로운 법률 덕분에 성별 확인 수술과 호르몬이 우루과이 보건 시스템에서 제공된다. 또한 모든 공무원의 1%가 트랜스젠더여야 한다고 규정하고 있으며, 이는 향후 15년간 유지된다.

진보적인 입법에도 불구하고 우루과이 LGBTQ 커뮤니티는 다른 국가의 LGBTQ 커뮤니티와 마찬가지로 빈곤과 교육 및 주택에 대한 접근성이 부족하다. 그리고 2004년부터 법으로 금지되어 있음에도 불구하고 동성애 혐오 폭력의 대상이 되고 있다. 세계은행에 따르면 우루과이 트랜스 여성의 평균 기대 수명은 45세이며 시스젠더(Cisgender)[9] 여성보다 32세 적다.

2018년 10월 하원에서 62 대 26, 상원에서 17 대 12로 미성년자가 법적 성별을 변경할 수 있도록 허용하는 트랜스젠더 통합법(Ley Integral Para Personas Trans)을 통과시켰다. 이 법은 우루과이 독재 기간 동안 박해를 받은 트랜스젠더 개인(약 50명으로 추산)에게 금전적 배상을 제공하는 것을 포함하여 과거의 차별적 국가 조치를 되돌리기 위한 프레임워크를 수립했다. 또한, 트랜스젠더는 공립 및 사립 교육 장학금의 1%를 받도록 규정하고 있다. 이 법은 "선택한 성 정체성에 따른 자유로운 성격 발달"을 규정하고 있으며, 정부는 트랜스젠더가 당국에 의해 존중받는 대우를 받고, 주택 프로그램에 포함되며, 교육을 받을 수 있으며, 의료 서비스를 거부당하지 않도록 해야 한다. 새로운 법에 따라 국립 위생 회사(Obras Sanitarias del Estado)는 2019년 7월에 트랜스젠더에게 일자리를 제공하기 시작했다.

---

9  생물학적 성과 성 정체성이 일치하는 사람.

# 9 LGBTQ 권리 증진 과제

첫째, 라틴아메리카에서 LGBTQ 권리를 증진하기 위해 좌파와 우파 정당의 지도자들이 지속적으로 협력해야 한다. 라소, 마크리, 피녜라와 산토스처럼 다양한 정치적 스펙트럼에도 불구하고 LGBTQ 권리 인정을 획득하기 위해 합의된 노력들을 경주해야 한다.

둘째, LGBTQ 권리에 반대하는 집단에 대해 어떻게 접근할 것인지 고민해야 한다. 가장 강력한 복음주의 교회와 가톨릭 교회는 종교와 LGBTQ의 권리 간의 정체성의 문제를 접근한다. 따라서 종교와 성소수자들의 관계를 어떻게 설정할 것인가에 대한 많은 논의와 고민이 필요하다.

셋째, 민족주의의 역할에 대해서도 고려해야 한다. 파브리시오 알바라도(Fabricio Alvarado)가 코스타리카에서 동성 결혼에 반대하는 캠페인을 벌였을 때 그의 메시지 중 일부는 종교에 중점을 두었지만 일부는 자기 결정에 중점을 두었다. 당시 대통령인 루이스 기예르모 솔리스(Luis Guillermo Solís)는 코스타리카가 결혼 평등을 시행할 것을 요구하는 미주인권재판소의 판결을 받아들였다. 이에 대해 알바라도는 판결을 무시할 뿐만 아니라 미주 재판소에서 완전히 철수시키겠다고 선언했다. 따라서 국내의 자발적인 선택을 유도하지 않으면 진보적인 정치인이라고 하더라도 보수적인 선택을 할 가능성이 매우 높다.

# 제 3 장

# 콜롬비아의 무력분쟁과 젠더박해

/

## 차경미

/

# 1 들어가며

지난 20여 년간 콜롬비아는 무력분쟁 격화로 단기간 세계 최대 강제 실향민을 양산했다. 강제 실향민의 절반 이상은 여성이다. 무력분쟁 전개 과정에서 발생한 젠더박해가 여성 실향민 증가의 주요 원인으로 작용했다. 유엔난민기구 연례보고서에 의하면 기존의 실향 원인이 악화되어 코로나19 확산으로 전 세계 강제 실향민이 더욱 증가했다. 2021년 강제 실향민은 8,930만 명으로 확대되어 지난 5년 대비 역사상 최대 규모의 강제 실향민이 발생했다(유엔난민기구, 2020, 4).

강제 실향민은 자발적 의사가 아닌 강제적 성격을 지닌 이주민을 의미한다. 강제 실향민에는 국경을 넘지 않은 국내 실향민 그리고 국경을 넘어 해외에 체류하는 국외 실향민이 포함된다. 유엔난민위원회는 난민과 난민 신청자도 강제 실향민으로 분류하고 있다. 현재 라틴아메리카와 카리브해 지역은 최소 400만 명 이상의 여성들이 강제 실향민으로 살아가고 있다(CEPAL, 2021).

그동안 라틴아메리카 지역은 그 어느 지역보다도 강제 실향민 예방과 보호에 관한 노력을 기울여 왔다. 1980년대 중앙아메리카 내전을 계기로 국내 실향민이 급증했다. 라틴아메리카 지역 정상들은 문제의 심각성을 인식하여 1984년 콜롬비아의 카르타헤나(Cartagena)에서 개최된 미주기구(Organization of American States, OAS) 정상회담을 통해 기존 난민 적용 범위를 확대한 〈카르타헤나 선언문〉을 채택하여 강제 실향민을 난민으로 인정했다. 이후 1994년 〈산호세(San José) 선언문〉을 채택하여 확산되는 여성 실향민 예방과 보호에 관한 공동 협력 방안을 논의했다. 이 선언문은 젠더적 특성을 반영한 진전된 실향민 보호 협약이다. 이러한 노력에 힘입어 라틴아메리카 지역의 강제 실향민 논의는 많은 진전을 거듭해 왔다(차경미, 2020, 208-210). 그러나 여성 실향민 증가 속도와 규모는 이러한 노력을 무기력하게 만들고 있다.

라틴아메리카 지역의 강제 실향민은 오늘만의 문제는 아니다. 그러나 지난 20년 미국의 지원 아래 콜롬비아와 멕시코를 중심으로 전개된 무력분쟁은 콜롬비아에서 단기간 세계 최대 국내 실향민을 송출했다. 미국의 적극적인 군사 지원에 힘입어 콜롬비아 정부는 마약 및 불법 무장 조직에 대한 전면전을 수행했다. 이러한 과정에서 무력분쟁은 격화되었고 강제 실향민이 급증했다. 멕시코 역시 미국의 지원으로 마약과의 전쟁을 선포하며 군사작전을 전개했다. 그 결과 대규모의 국내 실향민이 발생했다.

라틴아메리카 지역의 강제 실향민은 원주민과 아프리카계 후손이 주류를 형성한다. 이들은 무력분쟁의 최대 희생자이다. 현재 콜롬비아는 난민 1위국인 시리아보다 200만 명이 더 많은 830만 명의 국내 실향민을 유지하고 있다. 라틴아메리카 지역 강제 실향민 문제는 국내 실향민이 중심을 형성한다. 멕시코와 중앙아메리카 지역 역시 마약 범죄 조직에 의한 무력분쟁으로 단기간 국내 실향민이 급증했다. 국내 실향민은 난민보다 규모가 훨씬 크며 인권 침해에 가장 취약한 상태에 놓여 있다는 점에서 관심이 더욱 요구되는 대상이다. 라틴아메리카 지역 국내 실향민의 68퍼센트는 15–39세 여성과 청소년이며 이들은 대부분 젠더박해의 피해자이다. 젠더박해는 여성 강제 이주의 주요 원인으로 작용했다.

이 글은 세계 최대 국내 실향민을 유지하고 있는 콜롬비아의 사례를 중심으로 여성 강제 이주 원인으로서 무력분쟁 확산과 젠더박해에 대해 살펴본다. 강제 실향민 규모에서 가장 많은 비중을 차지하는 국내 실향민에 주목하여 무력분쟁 전개 과정에서 발생한 젠더박해의 주요 특징을 고찰하고자 했다. 라틴아메리카 지역 강제 실향민 대부분이 원주민과 아프리카에 뿌리를 두는 여성이라는 점을 고려할 때 강제 실향민은 라틴아메리카 사회의 불평등에 관한 논의를 심화할 수 있는 기회가 될 것이다.

## 2 강제 실향민 현황

세계적으로 2015년 강제 실향민은 전년 대비 700만 명 증가했다. 그

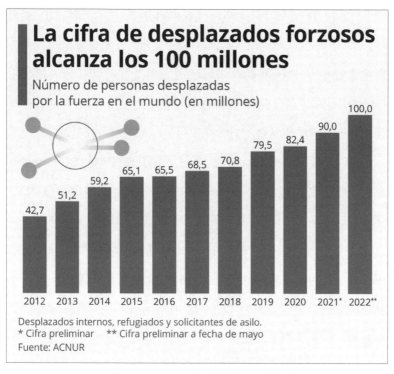

〈그림 1〉· 2021-2022년 강제 실향민 증가 추이.

출처:ACNUR(2022), Desplazados Internos Refugiados y Solicitantes de Asaltos.

리고 2020년 그 규모는 역사상 최고인 8,240만 명에 달했다. 코로나19 확산으로 강제 실향민은 더욱 증가하여 2022년 약 1억 명 이상의 사람들이 세계 도처를 떠돌고 있는 것으로 알려졌다. 최근 10년간 세계적으로 강제 실향민 규모는 두 배로 팽창했다(유엔난민기구, 2021, 5).

라틴아메리카 지역은 2018년 단기간 새로운 강제 실향민 120만 명이 발생했다. 2019년 공식 자료에 의하면 자연재해 및 무력분쟁으로 각각 15만 6,000명 그리고 650만 명의 강제 실향민이 양산되었다(유엔난민기구, 2020, 4-5). 세계적 차원에서 분쟁의 진원지는 사하라 아프리카와 중동 지역으로 알려져 있다. 그러나 마약 테러와 관련된 강제 실향민 문제에 있어서 라틴아메리카 지역은 세계 최고의 관심 대상 지역이다. 라틴아메리카 지역의 강제 실향민은 기존 실향 원인에 더하여 무력분쟁 전개 과정에서 발생한 젠더박해로 여성 실향민이 확대되었다.

베네수엘라는 세계적 차원에서 최근 가장 드라마틱하게 강제 실향민을 송출했다. 2010년 초 6,700명에 불과했던 강제 실향민은 현재 600만 명으로 급증하여 역내 17개국에 거주하고 있다. 2020년 베네수엘라의 난민, 이주민 그리고 난민 신청자 수는 540만 명에 이르며, 이중 85퍼센트에 해당하는 466만 명은 남미와 캐리비언 비호국에 거주하고 있다. 비호는 통상 자국 영역 내에 있는 난민에게 국가가 부여하는 총체적 보호를 의미한다. 적어도 해결책을 마련할 때까지 난민 강제 송환을 금지한 난민협약 규정으로부터 비호는 시작되었다. 베네수엘라의 강제 실향민이 가장 많이 유입된 국가는 콜롬비아로서 그 규모는 100만 명 이상에 이른다.

콜롬비아, 멕시코, 과테말라 및 중앙아메리카 지역은 자국 내에서 이동과 정착을 반복하거나 상황에 따라 국경을 넘는 국내 실향민 주요 송출 국가이다. 2019년 멕시코와 중앙아메리카 지역은 민병대와 마약 카르텔 간의 점령지 확장 경쟁 과정에서 전개된 무력분쟁으로 대량의 국내 실향민이 배출되었다. 멕시코와 중앙아메리카 지역에서 전개된 강제 이주는 기존의 강제 이주 원인의 악화와 함께 마약 밀거래를 둘러싼 무력분쟁으로 증가했다.

멕시코와 중앙아메리카 지역은 마약 유통의 교두보 역할을 담당하

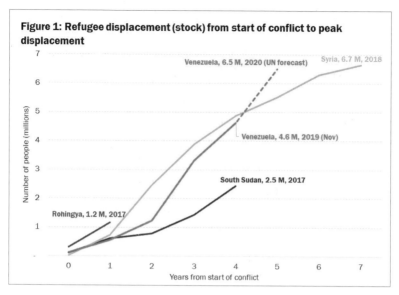

〈그림 2〉· 베네수엘라 실향민 증가 추이.
출처: UNHCR.

며 역내 국제 마약 조직의 거점지로 활용되고 있다. 멕시코의 로스 세타스(Los Zetas) 조직의 분파인 '북동부 카르텔' 그리고 시날로아(Sinaloa) 카르텔은 세계 최대 마약 카르텔로 알려진 콜롬비아의 클랜 데 걸포(Clan de Golfo)와 동업자 관계를 형성하여 활동하고 있다. 북동부 카르텔은 중앙아메리카를 통해 코카인을 미국과 유럽으로 전송하고 있다. 마약 조직은 경제적 이권이 집중되는 지역을 둘러싸고 갈등 관계를 형성했다. 폭력은 강탈을 통한 자본 축적과 지배 영역 확장 수단으로 활용되었다. 그 결과 폭력 분쟁 확산과 함께 국내 실향민이 증가했다.

2009-2017년까지 멕시코의 마약 조직과 관련된 무력분쟁으로 약 60만 명의 국내 실향민이 발생한 것으로 알려졌다. 국내 실향민은 멕시

코 주요 마약 카르텔의 거점지에서 송출되었다(Rojas, 2019, 15-20). 한편, 2021년에는 과테말라, 온두라스 그리고 엘살바도르 등 역내 국가로부터 대규모의 강제 실향민이 멕시코로 유입되었다(유엔난민기구, 2021, 4-5). 멕시코는 강제 실향민을 송출하는 동시에 인근 국가로부터 강제 실향민이 유입되는 국가이다.

과테말라 정부는 자국의 국내 실향민이 24만 2,000명이라고 발표했다. 그러나 세계인권위원회는 과테말라의 강제 실향민이 100만 명에 이른다고 주장했다(Diana Tinjacá, 2022). 국내 실향민은 이동과 정착을 되풀이하며, 또한 상황에 따라 국경을 넘기 때문에 정확한 규모를 파악하는 것은 매우 어렵다. 그러나 과테말라 정부는 도시 빈민층을 형성하고 있는 자발적 농촌 이주민과 생존을 위해 거주지를 탈출하여 도시로 유입된 국내 실향민을 모두 이주민으로 평가하는 오류를 범했다. 과테말라 정부는 30년간 정부군과 민병대에 의해 자행된 무차별적인 원주민 학살로 대규모의 사람들이 실향 상태로 살아간다는 사실을 예상조차 못하고 있는 것이 현실이다.

2019년 가장 급격하게 늘어난 국내 실향민 송출 국가는 엘살바도르이다. 마약 및 범죄 조직에 의한 강탈과 위협으로 단지 한 해 동안 45만 4,000명의 새로운 국내 실향민이 발생했다. 테구시갈파(Tegucigalpa)와 산 페드로 술라(San Pedro Sula)는 역내 최대 폭력적인 도시로 20시간당 1명의 여성이 위험에 처하거나 강제 실향민으로 살아가고 있다. 세계적 수준에서 온두라스의 강제 실향민 규모는 크지 않지만, 여성과 보호자를 동반하지 않은 아동 실향민이 증가한다는 점에서 문제의 심각성을 더해 주고 있다. 아동 실향민 증가는 결국 마약 범죄 및 폭력 증가 그리고 사회적 불평등 심화의 원인으로 작용할 것이다(Rivas, Jaime, 2015, 10-18).

세계 인권 단체는 2019년 볼리비아의 원주민 여성에 대한 성폭력과 가정폭력의 심각성을 우려했다. 여성들은 정부의 세제 개혁 반대 시위를 전개하며 여성에 대한 폭력 중지와 가해자 처벌을 요구했다. 콜롬비아의 여성 단체 역시 분쟁 지역에서 게릴라 조직과 정부군 및 우익 무장 조직에 의해 자행된 성폭력, 인신매매, 강제 매춘 및 강제 징집 실태를 규탄하며 진상 규명을 촉구했다.

강제 실향민 문제는 발생국 자체뿐만 아니라 중간 이동 국가와 최종 목적 국가 모두에게 위협이 된다. 라틴아메리카 지역은 지리적 근접성과 언어 및 문화적 유사성으로 인해 강제 실향민이 인근 국가를 최종 목적지로 선택하는 경향이 있다. 따라서 강제 실향민 문제는 개별 국가만의 문제가 아닌 지역 차원의 협력이 요구되는 공동의 문제로 발전했다. 2018년 과테말라 강제 실향민의 엘살바도르와 온두라스 유입, 정치적 위기로 증가한 니카라과 강제 실향민의 코스타리카 정착, 그리고 콜롬비아로 대거 이동한 베네수엘라의 강제 실향민은 라틴아메리카 지역 전체의 위기를 초래했다.

콜롬비아는 2019년 말 약 750만 명의 국내 실향민이 등록되었다. 세계에서 가장 큰 규모의 국내 실향민이다. 국내 실향민은 주로 태평양의 흑인과 원주민 공동체 밀집 지역에서 배출되었다. 2002년 이후 무력분쟁 격화로 국내 실향민이 급증했고, 2016년 평화협정 체결 이후에도 새로운 갈등과 폭력 확산으로 국내 실향민이 증가했다. 2002년부터 팽창한 강제 실향민은 정부의 귀환과 사회 재통합 노력에도 불구하고 확대되고 있으며 미래도 없는 실향 상태가 더욱 장기화되고 있다.

## 3 마약 및 테러와의 전쟁

지난 정치적 폭력 사태로 인한 장기 무력분쟁 전개 과정에서 콜롬비아 사회의 갈등은 심화되었다. 콜롬비아의 역내 정권들은 무력을 동반한 게릴라 조직의 위협으로부터 자유롭지 못했다. 정부의 최대 과제는 종전과 사회적 안정이었다. 1990년대 접어들어 콜롬비아 정부는 최대 게릴라 조직인 콜롬비아무장혁명군(Fuerzas Armadas Revolucionarias de Colombia, FRAC) 그리고 민족해방군(Ejército Liberación Nacional, ELN)과 평화협상을 적극적으로 추진했다. 정부는 FARC의 통제하에 있던 메타 (Meta)와 까카타(Caquetá) 주를 긴장 완화 지역으로 조성하고 공권력도 철수했다. 그러나 정부의 게릴라 거점 지역에 대한 실질적인 통제 인정이라는 노력에도 불구하고 FARC와 ELN의 테러는 지속되었다. 이러한 상황 아래 권력을 장악한 우리베(Alvaro Uribe) 대통령은 평화협상 불가를 선언하고 힘에 의한 국가안보 정책을 강행했다. 우리베 정부는 마약 및 테러와의 전쟁을 선포한 미국의 적극적인 지원에 힘입어 민병대와 콜롬비아연합자위군(Autodefensas Unidas de Colombia, AUC)을 결성하여 게릴라와의 전면전에 돌입했다. 이러한 대립 관계 속에 무력분쟁이 격화되었다.

미국은 9·11 테러 이후 테러를 전쟁 행위로 규정하고 미국의 편에 서지 않는 국가들을 가상의 적으로 규정했다. 콜롬비아 정부는 이러한 미국의 입장과 국제 체제 질서에 역행하는 안보 정책을 수립하기 어려웠다. 우리베 정부는 미국의 반테러 정책 연대에 동참하여 게릴라 조직의 활동으로 인한 안보 위기 속에 국가의 이해를 반영한 안보 정책을 수립했다. 대내적 안보 위협과 9·11 테러 이후 국제 사회의 환경 변화는 우리베 정부가 마약 퇴치 및 게릴라에 대해 강경책을 추진한 배경이 되었다.

우리베 정부는 경찰 및 여단 병력 증원과 함께 100만 규모의 민병대 동원 계획을 수립했다. 우리베와 민병대 조직의 유착 관계에 대해 살펴볼 필요가 있다. 우리베의 정치적 발판인 안티오키아(Antioquia) 주는 커피와 바나나의 주요 생산 지역이며, 태평양과 연결된 교통과 상업의 중심지다. 또한 대규모 농장주와 기업가 그리고 한때 최대 마약 카르텔로 명성을 누려온 메데진(Medellín) 카르텔의 거점지이기도 하다. 콜롬비아 정치 1번지로서 역대 수많은 대통령과 주요 정치인을 배출한 안티오키아 지역은 게릴라 조직 FARC의 주요 공격 대상이었다. 농장주와 기업가들은 이러한 게릴라 조직의 공격으로부터 자신의 재산과 신변 보호를 위해 민병대를 조직했다. 우리베의 부친 역시 대지주였으며 정치가로서 민병대를 보유했으나 결국 FARC의 공격으로 사망했다. 이러한 경험은 우리베와 민병대의 유착 관계 형성의 토대가 되었다. 마약 조직도 이권 보호를 위해 민병대를 결성했다. 그 결과 안티오키아 지역은 콜롬비아 민병대의 최대 거점지가 되었다.

우리베는 농장주와 기업가에 의해 자경단 성격으로 조직된 민병대를 활성화하여 능력이 저하된 정부군과 합동 작전을 수행할 AUC를 결성했다. 이들은 공권력의 이름으로 점령지 확장 과정에서 비무장 민간인에 대한 조직적인 살해를 자행했다. 특히 정부군과 게릴라 간의 무력

충돌이 발생한 바제 데 까우카(Valle de Cauca), 까사나레(Casanare)와 노르테 데 산탄데르(Norte de Santander) 주 지역은 AUC의 공격이 집중되었다. AUC는 게릴라와의 전쟁뿐만 아니라 국내 반체제 인사와 사회운동가에 대한 탄압을 일삼았다. 국제 인권 단체는 콜롬비아에서 발생한 인권 침해 70퍼센트가 AUC에 의해 자행되었다고 비난했다.

민주 안보라는 슬로건 아래 추진된 우리베 정부의 국가안보 정책은 콜롬비아의 군사화와 함께 인권 탄압이라는 이중적 역할을 수행했다. AUC는 게릴라를 지원하고 있다고 의심되는 농민에 대한 무차별적인 학살을 자행했다. 동부 평원 지역은 AUC의 기습으로 많은 인명 피해와 함께 강제 실향민이 발생했다. AUC와 정부군은 우라바(Urabá) 지역에 주둔하여 비무장 민간인을 학살함으로써 이 지역은 무력분쟁 최대 피해 지역이 되었다. 민간인 학살에 대한 논란에 휩싸인 우리베 정부는 AUC 해체를 약속했으나, AUC는 면책 특권을 누리며 활보했다. 군부와 기득권층은 게릴라와 싸우는 대가로 AUC의 만행을 묵인했다.

AUC는 민간인 학살 및 농민 토지 강탈을 목적으로 폭력을 일삼았다. 정부와 비밀 협약을 통해 AUC는 게릴라 거점 지역 민간인 학살 및 반체제 인사에 대한 폭력을 주도했다. 인권 탄압과 무력분쟁은 오히려 AUC에 의해 확대되었다. 라틴아메리카 지역 그 어느 역대 독재 정권 시기보다 더 많은 실종자가 발생했다(Edgar Forero, 2003, 6-7). 국제 인권 단체는 콜롬비아 정부를 비난하며 미국의 콜롬비아에 대한 대테러 지원 중단을 촉구했다. 결국 미 국무부가 AUC를 테러 집단으로 규정하자 우리베 정부는 AUC의 무장 해제를 추진했다. 정부는 특별사면 법안을 마련하여 2006년 말 AUC의 무장 해제를 마무리하고 사회 재통합을 지원했다.

우리베 정부의 국가안보 정책은 국내 주요 도시의 범죄 감소 및 게릴라 활동의 위축을 초래했다. 이러한 가시적인 성과에 힘입어 우리베는 2016년 재선에 성공하여 장기 집권의 발판을 마련했다. 그러나 집권 2기 무력에 의존한 국가안보 정책은 또 다른 갈등과 폭력의 원인으로 작용했다. FARC와 ELN는 정권 교체를 주장하며 무력분쟁을 주도했다. 또한 AUC의 민간인 공격으로 단기간 세계 최대 강제 실향민이 발생했다 (Alfredo Rangel, 2006, 28). 2005-2006년 안티오키아, 메타, 까카타, 푸투마요, 노르테 데 산탄데르 그리고 과히라 등 무력분쟁 지역을 중심으로 강제 실향민이 확산되었다. 현재에도 국내 실향민은 이러한 지역을 중심으로 증가하고 있다. AUC 해체 이후 다양한 신생 무장 조직이 등장하여 영토를 확장했다. 이러한 과정을 통해 현재 세계 최대 마약 카르텔로 알려진 클랜 데 걸포가 성장했다. 무력분쟁 격화 시기 콜롬비아의 주요 분쟁 지역을 아래 표로 정리했다. 이러한 지역은 현재에도 정부와 협상을 거부한 FARC 잔존 세력과 ELN 그리고 AUC 해체 이후 등장한 다양한 신생 무장 조직의 활동으로 강제 실향민이 배출되고 있다.

2002-2006년 무력분쟁 격화 시기 300만 명 이상의 강제 실향민이 발생했다. 강제 실향민은 브라질, 베네수엘라, 에콰도르, 페루 등 국경 지역으로 이동하여 임시 거주하거나 국내 주요 도시에서 이동과 정착을 반복했다. 베네수엘라의 우레냐(Ureña)의 산 안토니오(San Antonio), 보카 데 그리타(Boca de Grita), 타치라(Tachira) 그리고 아푸레(Apure) 지역은 콜롬비아 강제 실향민이 가장 많이 유입되었다. 쿠쿠타(Cúcuta), 산 크리스토발(San Cristóbal) 그리고 우레냐 지역은 다양한 강제 실향민

[표 1] 2005-2006년 콜롬비아 주요 지역별 무력분쟁

| 지명 | 무력분쟁 발생율 | | | 일일 평균율 | |
|---|---|---|---|---|---|
| | 2005 | 2006 | 변화율 (%) | 2005 | 2006 |
| 안티오키아(Antioquia) | 405 | 437 | 8 | 1.11 | 1.20 |
| 메타(Meta) | 135 | 252 | 87 | 0.37 | 0.69 |
| 까카타(Caquetá) | 110 | 125 | 14 | 0.30 | 0.34 |
| 톨리마(Tolima) | 74 | 121 | 64 | 0.02 | 0.33 |
| 까사나레(Casanare) | 77 | 91 | 18 | 0.21 | 0.25 |
| 나리뇨(Nariño) | 47 | 91 | 94 | 0.13 | 0.25 |
| 푸투마요(Putumayo) | 58 | 88 | 52 | 0.16 | 0.24 |
| 볼리바르(Bolívar) | 79 | 87 | 10 | 0.22 | 0.24 |
| 노르데 데 산탄데르 (Norte de Santander) | 71 | 85 | 20 | 0.19 | 0.23 |
| 과히라(Guajira) | 39 | 85 | 118 | 0.11 | 0.23 |
| 우일라(Huila) | 27 | 70 | 159 | 0.07 | 0.19 |

출처: Alfredo Rangel(2006), Criminalidad y Victimización Urbana en Colombia, Informe Especial, no.15, 28. 재구성.

정착촌이 형성되었다. 현재 이러한 지역은 베네수엘라 강제 실향민 유입으로 갈등이 발생하고 있다. 결과적으로 미국의 군사 지원을 바탕으로 추진된 콜롬비아 정부의 힘에 의한 국가안보 정책은 무력분쟁 확산과 함께 강제 실향민 증가를 초래했다.

2006년 AUC 해체 이후 과거 AUC 거점 지역을 중심으로 신생 무장

조직의 활동이 두드러졌다. 이러한 조직은 마약 및 무기 밀거래에 개입하여 농촌 지역 경제를 장악하며 핵심 권력으로 변모했다. AUC 해체가 마무리되던 2006년 7월부터 2007년 2월 사이 신생 무장 조직에 의한 무력분쟁 발생은 총 78건에 달했다. 신생 무장 조직은 해체된 AUC 잔존세력에 의해 형성되었으며 이중 8개 조직은 국가안보의 심각한 위협 세력으로 성장했다.

대표적인 신생 무장 조직은 아길라스 네그라스(Aguilas Negras), 라오피시나데 엔비가도(La Oficina de Envigado), 북부농민연합자위대(Autodefensas Campesinas Unidas del Norte, ACUN), 누에바 헤네라시온(Nueva Generación), 블로케 피아호(Bloque Pijao), 로스 마초스(Los Machos) 그리고 로스 라스트로호스(Los Rastrojos) 등이다. 이러한 조직은 지역민을 무력으로 통제하며 마약 조직과 공생 관계를 형성했다. 이들의 활동은 불법 작물 생산 및 농민 통제 그리고 유통을 위한 운송로 확보에 집중되었다(Alfredo Rangel, 2007, 11). 우익 AUC 해체 이후 등장한 신생 무장 조직은 경쟁과 동맹을 통해 성장과 쇠퇴를 거듭했으며 최대 조직인 클랜 델 걸포의 기원이 되었다.


## 4 불안한 평화협정

개헌을 통해 장기집권을 시도한 우리베 정권은 결국 2011년 산토스(Juan Manuel Santos) 정권으로 교체되었다. 산토스 대통령은 집권과 동시에 장기 내전 종식을 목표로 FARC와 협상 개시를 공식 선언했다.

이후 4년간의 긴 여정 끝에 2016년 정부와 FARC 쌍방은 포괄적인 정전 합의에 서명함으로써 콜롬비아의 평화협정이 체결되었다. 그러나 2013년 5월부터 납치자 전원 석방을 조건으로 정부가 추진해 온 ELN와의 협상이 중단되었다. ELN측은 정부의 납치자 전원 석방에 대한 요구를 수용하지 않았다. 평화협정 체결 이후 ELN는 적극적인 자세로 대화에 임했으나, 자신의 의사 관철을 위해 무력을 지속하여 결국 협상이 중단되었다. 콜롬비아의 평화협정은 반쪽짜리 협정이었다.

산토스 정부는 FARC와 체결한 협정 이행을 위한 다양한 개혁 정책을 추진했다. 무엇보다도 장기 무력분쟁으로 붕괴된 농촌 경제 회복에 역점을 두었다. 그리고 불법 작물 재배지 농가에 대한 지원을 중심으로 종합적인 농촌 개발 정책을 추진했다. 농촌 개발은 실향민의 안정적인 귀환과 마약 생산 퇴치를 위한 당면 과제였다. 정부는 벽촌 지역 비생산적인 토지를 대상으로 개발특구를 조성하여 생산성 증대, 경제 발전 그리고 농촌 고용 촉진을 추구했다(Cortés Zambrano 외, 2020, 38-52). 이러한 과정에서 농촌 개발특구 조성에 관한 토지개혁법이 도입되었다. 토지개혁법은 벽촌 지역을 대상으로 개발특구를 조성하여 생산 비용을 감소하고 노동생산성의 극대화를 통한 농촌 경제 회복을 목적으로 도입되었다. 개발특구 조성사업은 까카타 및 푸투마요 등 과거 주요 불법 작물 재배지를 대상으로 전개되었다.

그러나 정부의 농촌 개발특구 조성에 관한 토지개혁법은 격렬한 논쟁을 불러왔다. 산토스 정부는 세계화에 부흥하여 공존과 상호 협력을 내세워 국가 관리 토지에 대한 개방 가능성을 언급했다. 이에 대해 농민과 시민단체는 정부의 규제 완화는 대기업과 다국적 기업의 농촌 토지

매입 가능성을 높일 뿐이라고 비난했다. 농민도 농촌 개발특구 조성사업에 참여할 수 있으나 농민은 법이 요구하는 모든 조건을 갖추지 못한 것이 현실이다. 정부가 발표한 개발특구 조성사업은 공공유산으로 유지해 온 농민 보존 지역에 대한 국가의 개입을 의미했다. 더욱이 벽촌 지역 비생산적 공유지는 원주민과 흑인 공동체의 삶의 터전인 곳이다. 정부는 개발특구 조성 대상에서 원주민 보호지, 생태 보존지 그리고 농민 보존 지역은 제외한다고 발표했다. 그러나 토지개혁법은 갈등의 불씨를 안고 출발했다.

농촌 개발을 위한 특구 조성사업은 농촌 토지의 시장 경제로의 편입을 가속화했다. 정부는 인프라 구축 민간 기업 투자 유치를 위해 농산업 부문 투자 허용 규모를 확대했다. 그리고 농촌 지역 비생산적인 토지 일부를 규모에 관계 없이 특별 지역으로 지정할 수 있도록 허용했다. 이러한 정부의 투자 허용 규모 확대와 규제 간소화로 다국적 농업기업의 콜롬비아 농촌 진출은 확대되었다(Rodríguez Sánchez, 2017, 83). 개발특구 조성사업 주요 대상인 무력분쟁 피해 지역의 토지는 빠르게 국내외 농업기업으로 이전되었다. 산토스 정부는 협정 이행을 위한 부족한 재원 충당 수단으로 토지 시장을 개방한 것이다.

공식 통계에 따르면 2017년 1사분기 콜롬비아의 농축산업 부문에 대한 외국인 투자는 33억 5,900만 달러에 달했다. 미국, 독일, 일본 그리고 칠레, 페루와 멕시코 농업기업의 콜롬비아 농촌에 대한 투자는 확대되었다. 한국 기업 랜스(Rans)도 콜롬비아에 진출하여 화훼와 특수 열대과일 생산에 주력하고 있다. 무력분쟁으로 강제 실향민이 된 분쟁 지역 농민의 강탈된 토지는 반환될 가능성이 희박해졌다. 국내외 거대 농업기업은 과거 불법 작물 재배지 토지를 놓고 경쟁하고 있다. 이러한 상황 아래 농민은 토지로부터 점점 더 소외되고 있다. 농촌 개발특구 조성사업은 농업기업 확대에 토대가 되고 있으며, 새로운 분쟁의 불씨로 작용하고 있다. 콜롬비아의 지난 장기 무력분쟁이 토지를 둘러싼 갈등에서 시작된 역사에 비추어 본다면 농촌개발 정책은 또 다른 전쟁의 시작을 의미했다.

한편, 평화협정 체결 이후 산토스 정부는 사회 재통합을 위한 방안을 마련했다. 희생자에 대한 통합적 보상 및 토지반환법을 통해 강제 실향민의 안정적인 귀환과 정착을 지원했다. 불법 작물 재배 근절을 위해 작물 재배 농가에 대한 대체작물과 기술도 보급했다. 그러나 예산은 턱없이 부족했다. 정부는 국제 사회의 지원을 호소하며 부족한 재원을 충당했다. 그럼에도 불구하고 대부분의 농가는 부족한 정부의 지원으로 어려움을 겪었다. 이러한 상황은 불법 작물 재배로 경제적 이윤을 누린 경험이 있는 농가의 과거 회귀 가능성을 높여주었다. 평화협정은 체결되었으나 갈등은 산적했다.

평화협정 초기 산토스 정부의 협정 이행 정책은 강제 실향민 감소를 동반했다. 그러나 농촌 개발을 목적으로 도입된 개발특구 조성사업은 농촌 지역을 중심으로 새로운 갈등과 폭력을 야기했다. 그리고 반평화협정 세력의 결속을 강화했다. 결국 2018년 정권교체로 산토스 정부가 추진해 온 개혁은 지속될 수 없었다. 정권을 장악한 두께(Ivan Duque) 대통령은 협정 이행 개혁을 축소하고 수정했다. 그리고 농업기업 육성을 통한 일자리 창출을 강조하며 다국적 농업기업의 진입을 확대했다.

개발특구 조성사업에서 제외되었던 생태보호구역 및 환경보호지역

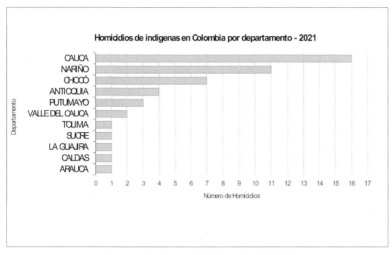

〈그림 3〉· 2021년 콜롬비아 지역별 원주민 살인 사건.

출처: Indepaz(2021), "Líderes Sociales, Defensores de DD.HH y Firmantes de Acuerdo Asesinados en 2021", 14 de noviembre.

도 개발 대상에 포함됐다. 주요 습지와 수자원 보호지역도 개발 대상이 되었다. 농민 보존 지역은 경매를 통해 농업기업에게 매매되었다. 결국 농촌 개발을 위해 도입된 개발특구 조성사업은 토지에 대한 농민의 권한을 축소했다. 그리고 저비용 계약 농업이 장려되었다(Sanmiguel Moreno, 2017, 31). 이러한 과정에서 원주민 보호지는 사라져 갔으며 아프리카계 후손과 원주민을 중심으로 새로운 국내 실향민이 양산되었다. 2018년 이후 콜롬비아의 국내 실향민은 증가했다.

또한 두께 정부는 2015년부터 금지된 불법 작물에 대한 제초제 공중 살포를 재승인했다. 두께 정부에 의해 우리베의 국가안보 정책은 부활했다. 주요 불법 작물 재배지인 에콰도르 접경 지역은 지난 우리베 정부가 불법 작물 근절을 목적으로 제초제를 공중 살포하여 강제 실향민이 급증했다. 에콰도르 농촌까지 확장하여 살포된 제초제는 인간과 환경에 치명적인 다양한 화학 성분을 포함하고 있었다. 역내 정상들은 마약과의 전쟁이라는 미명하에 미국이 라틴아메리카 지역을 화학전 시험 무대로 활용하고 있다고 비난했다. 대내외적인 비난에 직면한 우리베 정부는 2015년부터 제초제 살포를 금지했다. 두께 정부의 제초제 공중 살포 재승인은 협정 불이행을 의미했다(Eduardo Giordano, 2022).

평화협정은 장기 무력분쟁의 희생자인 토지 없는 소작농과 농민 지원을 약속했다. 그러나 두께 정부는 농업기업에게 더 유리한 정책을 채택했다. 무기를 반납한 FARC 인력의 사회 재통합 정책도 예산 낭비라는 주장과 함께 정부 주도의 개별 사업으로 대체되었다. 그동안 추진해 온 집단 사업 및 집단 경제 활동에 대한 정부의 지원은 중단되었다. 이러한 상황에서 무기를 반납한 전 FARC 출신 반체제 인사와 평화협정을 주도한 사회 지도자의 암살 사건이 연이어 발생했다. 정부의 협정 불이행은 결국 사회적 갈등과 함께 정권 퇴진을 요구하는 범국민 평화시위 확산의 동기가 되었다.

평화협정 체결 이후 FARC 잔존 세력은 새로운 조직을 형성하거나 또는 다른 조직에 유입되어 활동을 유지했다. 평화협상을 거부한 게릴라 조직은 정부의 공격으로 국경 지역으로 이동하여 마약 밀거래를 주도했다. FARC가 통제하던 불법 작물 재배지가 폐쇄되자 재배지는 인근 국가와 태평양 지역으로 이동되었다. 접경 지역을 거점으로 활동하는 불법 무장 조직은 농민을 통제하며 폭력을 주도했다. 국경 지역은 무기 및 마약 환적 장소로 활용되었다.

또한 FARC 해체 이후 세력을 확장한 ELN 및 클랜 데 걸포는 전투력

보강을 위해 청소년 및 여성을 강제 징집하여 분쟁에 동원했다. 그리고 국경을 통과하는 모든 상품에 대한 거래를 통제하며 주민에게 세금을 징수했다. 또한 이들은 폭력을 동원하여 토지 강탈 및 자본을 축적했으며, 막강한 권력을 행사했다. 정부는 이러한 조직에 대한 통제 능력을 발휘하지 못했다.

평화협정 체결 이후 FARC 잔존 세력과 ELN 및 다양한 불법 무장 조직은 경쟁과 갈등을 통해 영토를 확장해 나갔다. 이러한 과정에서 무력분쟁이 발생했으며 점령지 확장 경쟁 과정에서 젠더박해는 힘과 권력 과시의 상징적 행위로 활용되었다. 여성의 몸은 위협과 공포 조장을 위한 전략적 도구로 이용되었다. 납치와 강제 징집을 통해 아동과 청소년은 마약 범죄 행위에 동원되었다. 불법 무장 조직은 토지 강탈과 폭력 그리고 청부살인 및 인신매매를 통해 자본을 축적하고 있다. 또한 자금 확보 수단으로 불법 채굴 활동을 전개하고 있다. 과거 AUC 거점 지역을 중심으로 클랜 델 걸프는 마약 밀매와 불법 광산사업을 통제하고 있다(Wilfredo Cañizares, 2022). 평화협정은 또 다른 전쟁의 시작이었다.


## 5 여성 실향민 대상 주요 젠더박해

아프리카 통합기구와 미주기구(OAS)는 국제난민협약에서 제시한 난민 개념을 확장하여 지역 난민 문제의 특수성을 고려한 난민협약을 채택했다. 라틴아메리카 지역은 1984년 강제 실향민을 난민으로 해석한 〈카르타헤나 선언문〉을 채택했다. 국내 실향민도 난민으로 해석한 최초의 국제협약이다. 그러나 양 지역에서 채택한 난민협약에는 난민의 절반 이상을 차지하는 여성 실향민에 대한 논의는 없었다. 강제 이주는 여성과 남성의 동기가 다르며, 이동과 정착 과정에서도 성차별이 박해 사유로 작용하고 있다는 사실에 주목하지 않았다.

시민단체와 페미니스트 조직은 국제 연대를 통해 여성 실향민이 처한 특수한 상황에 대한 이해가 반영된 보호 조치 마련을 위한 노력을 강조했다. 이러한 노력에 힘입어 여성 실향민은 남성에 비해 상대적으로 열악한 환경에 노출된다는 사실이 인식되기 시작했다. 성별에 따른 강제 이주의 원인과 박해 방식이 다르다는 사실은 기존 난민법의 재해석을 요구하는 계기가 되었다.

1995년 유엔난민고등판무관은 젠더와 관련된 박해를 근거가 있는 박해에 포함했다(UNHCR, 1997, 79). 박해는 "생명과 자유의 침해 및 인권의 중대한 침해"로서 여성에 대한 차별이 생명과 자유에 대한 침해와 인권에 대한 중대한 침해로 나타날 때를 젠더박해라고 이해할 수 있다. 여성 폭력 철폐 선언이 제시한 주요 젠더박해는 성폭력, 성고문, 여성 음핵 절단, 심각한 차별, 강제 낙태, 강제 불임, 배우자 강간, 인신매매 및 강제 매춘 등이다.[1]

라틴아메리카 지역의 가장 대표적인 젠더박해는 성폭력이다. 라틴

---

1  세계인권선언, 여성 관련 협약 등 국제 인권 문서는 여성에 대한 폭력이 박해에 해당하는지 여부를 판단하는 기준으로 활용된다. 그리고 국제 권리장전 여성차별 철폐협약, 인신매매 금지 및 타인의 매춘 행위에 대한 착취 금지에 관한 협약, 여성에 대한 폭력 철폐 선언 등 이러한 국제협약은 여성에 대한 박해 평가 시 지침서로 활용된다. 보다 자세한 내용은 유엔난민기구, 난민 관련 국제 조약집 참조.

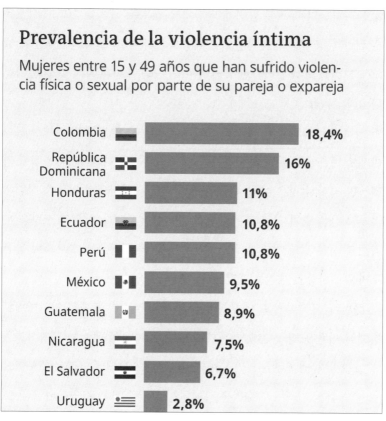

〈그림 4〉· 라틴아메리카 여성 폭력 현황(15-49세).

출처: OMS(2022), Prevalencia de la Violencia.

아메리카 사회에 내재한 가부장인 관습 아래 성폭력 피해 사실은 침묵되거나 은폐되는 경향이 있다. 성폭력은 피해 여성의 존엄성이 부정되고 되풀이되는 중대한 인권 침해 사건임에도 불구하고, 국가와 공동체는 이를 외면하는 특징을 가지고 있다. 2020년 자료에 의하면 콜롬비아는 역내 최대 성폭력 발생국이다. 콜롬비아의 성폭력은 가부장적인 사회문화 속에 작동하는 젠더 불평등이 무력분쟁 상황에서 극단적인 형태로 나타났다. 무력분쟁 전개 과정에서 성폭력, 성 착취 그리고 성고문은 위협과 강제 이주 조장용으로 활용되었다. 여성 실향민 대부분은 젠더에 기반한 박해에 취약한 흑인, 원주민 그리고 벽촌 여성 및 빈곤 여성들이다(Antonio José et al., 2014, 160-169).

성폭력은 협박과 통제 그리고 지배의 도구로 활용되었다. 여성 실향민은 무력분쟁의 최대 희생자였다. 성폭력은 게릴라 및 범죄 조직에 의해서만 자행된 것은 아니다. 국가에 의해서도 인간의 존엄성을 침해하고 굴욕감을 주기 위한 고문 수단으로도 활용되었다. 게릴라 소탕을 목적으로 정부에 의해 양산된 AUC는 공권력의 이름으로 활보하며 농촌 주민을 대상으로 토지를 강탈했다.

한편, 콜롬비아의 불법 무장 조직과 마약 조직은 납치와 인신매매로 경제적 이윤을 창출했다. 인신매매를 통해 여성을 성노동과 가사노동에 동원했다. 성폭력은 카리브해 연안 지역 초코, 메타 그리고 푸투마요 등 주요 분쟁 지역에서 승리를 과시하는 상징적 행위로 활용되었다. 또한 성폭력은 지역 통제 및 강제 이주 조장용으로 이용되었다.

무력분쟁은 여성이 다양한 젠더박해 상황으로 내몰리는 조건을 형성했다. 분쟁 격화 지역일수록 극단적 형태의 젠더박해가 발생했다. 젠더박해는 단지 분쟁 상황에서만 발생하는 것은 아니다. 일상의 폭력 연속선상에서 발생한 것이다. 2020년 콜롬비아의 진실위원회는 성폭력 주요 피해자의 92퍼센트는 분쟁 지역 여성이라고 설명했다. 그리고 성폭력은 공권력에 의해서도 자행된 최대 사회폭력이라고 언급했다.

거주지를 이탈하여 도시로 이동한 태평양 지역 여성 실향민들은 안티오키아 주의 리오네그로(Rionegro)에서 선언문을 발표하며 게릴라 및 공권력에 의해 자행된 성폭력 피해 사실을 공개적으로 진술했다. 그리고 관련자 처벌과 법적 보호를 촉구했다. 그러나 국가나 공동체는 피해 여성을 외면하고 사건을 축소했다. 국가는 가해자 처벌 및 피해 여성 보호에 적극적인 태도를 취하지 않았다.

남성 지배적인 사법 체제 속에 젠더박해는 사회적으로 관대하게 취급되어 온 것은 사실이다. 피해 사실 폭로로 여성 실향민은 보복과 편견의 고통을 인내해야 했다. 일부 여성들은 죽음을 선택하기도 했다. 개인이나 집단이 조직적으로 학대받는 과정에서 국가나 공동체로부터 보호받을 수 없는 지속된 공포가 유지된다면 그것은 분명히 근거가 있는 박해에 해당한다.

여성 실향민들은 상대적으로 안전하다고 판단한 목적지에서도 성별에 기초한 다양한 박해를 경험하고 있다. 콜롬비아의 무력분쟁 상황에서 여성 실향민이 직면하는 주요 박해 유형을 표로 정리했다.

무력분쟁 상황에서 실향 전 여성이 경험하는 젠더박해는 여성 강제 이주의 동기를 부여했다. 가정폭력, 성적 학대, 강제 성상납, 성폭력, 정부군 및 반군에 의한 납치, 집단 성폭력, 강제 임신은 여성의 강제 이주를 유발하는 주요 원인으로 작용했다. 강제 이주 과정에서 발생하는 주요 젠더박해는 국경수비대와 범죄 조직에 의한 성폭력, 마약 업자 혹은 인신매매 업자에 의한 납치 및 강제 매춘 등이다.

이동 과정에서 여성 실향민은 인신매매와 납치 그리고 강제 매춘이 추가되어 고통을 겪었다. 인근 도시나 접경 지역 임시 정착 과정에서 여성 실향민은 가정폭력, 성폭력, 성적 공격, 강압적 폭력과 약탈, 생존을 위한 성매매 그리고 난민 지위 획득을 위한 성매매를 경험했다. 임시 보

[표 2] 실향 과정에서 발생하는 젠더박해

| 단계 | 폭력 형태 |
|---|---|
| 실향 전 | 가정폭력, 성적 학대, 여성들의 강제 성상납, 성폭력, 정부군 및 반군에 의한 납치, 집단 성폭력, 강제 임신 |
| 강제 이주 과정 | 가정폭력, 국경수비대와 범죄 조직에 의한 성폭력, 마약 업자 혹은 인신 매매 업자에 의한 납치, 강제 매춘 |
| 임시 정착 과정 | 가정폭력, 성폭력, 성적 공격, 강압적 폭력과 약탈, 보호자 없는 여아 대상 성폭력, 생존을 위한 성매매, 난민 지위 획득을 위한 성매매 |
| 자국 귀환 과정 | 동반자 없는 여성과 여아 대상 성폭력, 성적 공격, 성적 학대, 국경 동맹 체결국 국경수비대에 의한 강제 송환 |
| 재통합 과정 | 귀환 여성들에 대한 보복적 성폭력, 법적 규정과 결정 과정에서 여성 실향민 배제를 목적으로 한 성적 학대, 사회 자원 접근 제한, 경제 활동 제한, 개인 권리와 재산 반환권 혹은 자산 소유권 제한 |

출처: UNCHR(2013), *Violencia Sexual y por Motiovo de Genero en contra de Personas Refugiadas*, 28 재구성.

호소에서도 여성 실향민에 대한 박해는 지속되었다. 특히 보호자 없는 아동과 청소년 대상 성범죄가 발생하며 성매매는 극도의 열악한 환경에서 생존 수단으로 활용되었다. 자국 귀환과 사회 재통합 과정에서도 젠더박해는 발생했다. 동반자 없는 여성과 여아 대상 성폭력, 성적 공격, 성적 학대, 강제 송환 및 자원과 경제 활동 제한 등 귀환 과정에서 여성 실향민은 여전히 자신의 생존이 위협받고 있는 현실에 직면했다.

여성 실향민은 사회와 공동체와의 연결고리 약화로 인해 인권 침해 상황에 쉽게 노출되며 실향 과정에서 단계별로 남성과 다른 상황에 직면한다는 것을 알 수 있다. 가정폭력과 성폭력은 강제 이주 내내 전 과정에 걸쳐 되풀이되는 젠더박해이다. 가정폭력은 인간의 존엄성에 반하는 전형적인 박해임에도 불구하고 배우자, 가족 등 주로 사적 관계에서 발생하는 특성으로 인해 국가로부터 보호받아야 할 박해라는 사실이 인지되지 못하고 있다.

귀환과 사회 재통합 과정에서도 여성 실향민의 차별은 유지되었다. 귀환 여성에게 가해지는 보복과 배제 그리고 경제 활동 및 소유권에 대한 제한은 여성 실향민의 재이주를 확대 재생산하고 있다. 남성 중심의 가부장적인 고정관념이 고착화되어 있는 사회에서 동일한 상태임에도 불구하고 여성이 차별받고 있는 것이 현실이다.


## 6 강제 실향민의 삶


전체 강제 실향민의 절반 이상이 여성이라는 사실은 여성 실향민에 대한 인식 전환의 계기가 되었다. 그동안 강제 이주와 난민 경험에서 젠더의 차이를 분석한 다양한 연구도 전개되었다. 유엔난민기구는 지난 30년간 난민 여성 문제를 우선순위에 두고 항구적인 해결 방안을 모색해 왔다. 성인지적 고려를 바탕으로 여성 난민에 대한 포괄적인 접근을 시도했다. 그리고 1991년 난민 여성 보호에 관한 지침서를 출간하여 정책과 현실 사이에 존재하는 균열을 좁혀 갔다. 그러나 여성 난민의 현실과 요구는 제대로 반영되지 못했으며, 여전히 여성 실향민의 인권은 조직적으로 침해되었다.

박해를 피해 탈출을 시도한 대부분의 여성들은 남성과 공권력에 의해 추격을 당했다. 이러한 상황에서 여성은 국경을 넘거나 혹은 거주지를 이탈하여 인근 도시로 탈출했다. 실향은 정착보다 끊임없이 위협에 내몰리는 불안한 과정이다. 여성 실향민은 이동과 정착이 되풀이되는 과정에서 반복되는 육체적 그리고 물리적 폭력을 경험했다. 분쟁 지역에서 탈출한 여성 실향민은 국내를 떠돌거나 혹은 국경을 넘어 또 다른 현실 앞에 좌절과 상실감을 겪는다.

안전이 담보되지 않은 상황에서 자국 출신 실향민과의 접촉도 쉽지 않은 것이 사실이다. 현실 대응을 위한 집단행동도 여성 실향민에게는 불안감을 안겨줄 뿐이다. 일상의 단절과 재원 부족 그리고 낯선 공간에서 직면하는 차별과 박해는 여성 실향민을 사회로부터 멀어지게 했다. 국경을 넘은 여성 실향민은 비정부기구 및 시민단체가 마련한 보호 서비스를 잠시 제공받을 수 있을 뿐이다. 임시보호소도 소수만이 누릴 수 있는 혜택인 것이다. 보호소는 실제 강제 실향민이 처한 상황과 배경을 현실적으로 인식할 수 있는 장소이다. 그리고 다시 떠돌아야 할지 모르는 불안감을 확인하는 공간이다. 또한 생사를 넘나들며 탈출한 강제 실향민의 트라우마가 혼재되어 있는 곳도 보호소이다.

경제적 자립이 준비되어 있지 않은 여성 실향민은 생계 유지의 어려움으로 더욱 취약한 상태에 놓인다. 자녀가 있는 싱글 맘이나, 결혼 혹은 사실혼 관계에 있는 여성 실향민은 배우자와 떨어져 홀로 자녀를 양육해야 하는 생계 문제로 고통에 시달린다. 결국 노동력을 제공할 수 없는 여성들은 생계 유지 수단으로 성매매 유혹에 쉽게 노출된다. 아동 매춘 역시 실향민 공동체에서 공통적으로 발생하는 사건이다.

여성 실향민은 열악한 보건 및 의료 서비스로 기초건강 유지도 어려운 상황이다. 이용 가능한 의료 서비스 지원이 절실한 상태이다. 아이를 출산한 실향민의 경우 출산 후 자녀가 출생 신고 누락으로 인해 무국적 상태를 유지해야 하는 상황에 대한 불안감은 매우 크다. 여성 실향민은 제한된 사회적 접촉으로 남성보다 공적인 사회적 지원에 대한 접근이 어려운 형편이다. 이러한 미래도 없는 불확실한 삶은 장기화되고 있다.

국내에서 이동과 정착을 반복하는 여성 실향민은 빈곤과 실업 그리고 역할 변화로 인한 혼란을 경험한다. 농촌 지역 여성들은 젠더 관계에 기초한 전통적인 역할을 수행해 왔다. 원주민과 흑인 여성들은 수공업을 통한 보조적인 생산 활동을 지원하며 자녀 양육과 가사 일을 전담했다. 남성들은 대외적인 관계와 농업 및 어업 등 주요 경제 활동을 주도하며 가장으로서 권위를 유지했다. 그러나 실향 상태에서 이러한 분업 역할의 변화가 초래되며 가장으로서 남성의 권위는 붕괴된다.

남성은 권위 붕괴로 인해 폭력과 위협을 더욱 남용하는 경향이 두드러진다. 실향 상태에서 경제 활동 변화로 인한 이혼 및 가족 해체는 가속화된다. 실향 가정의 자녀들은 가정으로부터 소외되며 여성은 가장의 역할을 수행한다. 2000년대 초반 콜롬비아의 국내 실향민 가정의 여성 가장은 44.1퍼센트에서 2020년 60퍼센트로 증가했다(Meertnes, 2019, 409). 여성 가장은 비공식 노동시장으로 통합되며 빈곤의 악순환을 재생산한다. 저렴한 임금을 제공하는 여성 실향민은 기본 욕구를 충족할 수 없는 상황으로 내몰린다. 이러한 환경에서 더욱 가혹한 젠더박해가 발생한다.

콜롬비아의 국내 실향민은 원주민과 아프리카계 후손 여성이 주류를 형성한다. 이들은 심한 트라우마에 시달리면서도 적절한 치료와 보호를 받지 못한 채 임시 정착촌 생활을 시작한다. 정착촌에서도 여성 실향민은 성폭력, 가정폭력, 인신매매와 강제 매춘에 노출되어 긴장과 공포감 속에 살아간다. 정착촌의 배제와 차별 그리고 빈곤과 폭력의 연속된 현실은 여성 실향민의 되풀이되는 정착과 이주를 유발한다. 불안정한 일상에서 여성 실향민은 임신이나 건강 악화로 인한 신체 변화에 대해 적절한 보호 요구조차 할 수 없는 것이 현실이다.

여성 실향민은 상대적으로 안전하다고 판단한 인근 도시로 이주했으나 현실은 불안한 삶의 연속이다. 반복되는 이동과 정착 끝에 결국 자국을 이탈하여 국경을 넘은 강제 실향민은 난민 신청을 하거나 난민으로 인정되어 새로운 삶을 기대할 수밖에 없는 상황이다. 난민 신청 과정에서도 젠더박해는 지속되며 난민 인정은 소수에게 돌아가는 혜택에 불과하다.

국경을 넘은 실향민 가족은 급속한 가족 해체를 경험한다. 일부 여성은 상황이 허락하지 않아 자녀를 자국에 남겨두고 홀로 국경을 넘는 경우도 있다. 또한 일부 여성은 자국에 있는 남편과 헤어져 홀로 자녀를 동반하고 국경을 넘어 임시보호소에서 생활한다. 혹은 남편은 타국에서 난민 신청을 하고, 자녀와 여성은 또 다른 나라에서 난민 신청을 하는 경우도 빈번하게 발생한다. 이와 같이 다양한 유형의 강제 실향민 가족의 해체는 여성과 아동의 생존 및 안전과 직결되는 문제이기 때문에 세심한 관심이 요구된다.

# 7 맺음말

 지난 장기 무력분쟁 전개 과정에서 콜롬비아 사회의 갈등이 심화되었다. 이러한 상황에서 정권을 장악한 우리베 대통령은 민병대를 활성화하여 능력이 저하된 정부군과 합동작전을 수행할 AUC를 결성했다. 그러나 AUC는 점령지 확장 과정에서 민간인에 대한 조직적인 살해를 자행했다. 그리고 반체제 인사에 대한 탄압을 일삼았다. 인권 탄압과 무력분쟁은 오히려 AUC에 의해 확대되었다. 그 결과 단기간 세계 최대 강제 실향민이 발생했다. 미국의 군사 지원을 바탕으로 추진된 힘에 의한 국가안보 정책은 무력분쟁 확산과 함께 강제 실향민 증가를 초래했다. 2011년 정권을 장악한 산토스 대통령은 FARC와 포괄적인 정전 합의에 서명하여 평화협정을 체결했다. 그러나 제2의 게릴라 조직인 ELN와의 협상은 실패했다.

 산토스 정부는 협정 이행을 위한 다양한 개혁 정책을 추진했다. 특히 농촌 개발특구 조성에 관한 토지개혁법을 도입하여 농촌 경제개발에 주력했다. 그러나 투자 기업 유치를 위한 투자 허용 규모 확대와 규제 간소화로 다국적 농업기업의 콜롬비아 농촌 진출은 확대되었다. 농촌 개발을 위한 특구 조성사업은 토지의 시장경제로의 편입을 가속화했다. 한편, 사회 재통합을 위해 강제 실향민의 안정적인 귀환과 정착을 지원했다. 불법 작물 재배 농가에 대한 대체 작물과 기술도 보급했다. 이러한 협정 이행의 노력으로 강제 실향민은 감소했다. 그러나 2018년 정권 교체와 함께 정부가 추진해 온 개혁은 지속될 수 없었다. 평화협정 반대 세력의 지지로 당선된 두께 대통령은 이행 개혁을 축소하고 수정했다. 이러한 과정에서 농촌 지역을 중심으로 새로운 갈등과 폭력이 발생했다. 2018년부터 콜롬비아의 국내 실향민은 다시 증가했다.

평화협정 체결 이후 해체된 FARC 잔존 세력을 영입하여 ELN 및 클랜 데 걸포는 세력을 확장해 나아갔다. 이들은 경제적 이권이 집중되는 지역을 둘러싸고 갈등 관계를 형성했다. 폭력은 자본 축적과 지배 영역 확장 수단으로 활용되었다. 그 결과 국내 실향민도 증가했으며 특히 무력분쟁 전개 과정에서 발생한 젠더박해는 여성 실향민 증가에 주요 원인으로 작용했다.

여성 실향민은 주로 남성 중심의 가부장적 문화로 인한 폭력, 박해 그리고 불평등 등 주로 남성과의 관계에서 파생되고 있다. 지난 무력분쟁 전개 과정에서 콜롬비아의 젠더박해는 극단적인 형태로 나타났다. 여성의 몸은 지배와 통제의 상징적 도구로 활용되었으며, 토지 강탈을 위한 강제 이주 조장 도구로 이용되었다. 가정폭력, 학대, 성폭력 및 강제 임신은 여성의 강제 이주를 유발하는 주요 원인으로 작용했다. 이동 과정에서 경험하는 인신매매, 납치 및 강제 매춘은 여성 실향민의 이동과 정착이 되풀이되는 불안정한 삶으로 몰아넣었다. 콜롬비아 정부는 여성차별 폐지를 위한 다양한 노력을 기울여 왔다. 그럼에도 불구하고 여성 실향민에 대한 정책 추진 성과는 미진한 상태로 남아 있는 것이 사실이다.

가정폭력과 성폭력은 강제 이주 내내 전 과정에 걸쳐 되풀이되는 젠더박해이다. 국내외 다양한 처벌 규정에도 불구하고 성폭력과 가정폭력은 여전히 라틴아메리카 지역 젠더박해를 대표하고 있다. 가부장적이고 성차별적인 사회적 관행은 지속적인 고통을 수반하는 젠더박해 유지의 토대가 되고 있다. 전통적인 가부장적 사회문화 속에 작동하는 불평등은 젠더박해를 재생산하고 있으며 동일한 실향 상태임에도 불구하고 여성은 남성에 비해 차별과 배제될 가능성이 매우 높은 것이 현실이다.

# 제 4 장

# 브라질 흑인 여성 쓰레기 수집노동자와
# 새로운 시민성 논의의 가능성*

/

## 양은미

/

* 이 글은 *Journal of Global and Area Studies* 6권 2호에 실린 필자의 논문 「브라질 흑인 여성 쓰레기 수집노동자의 함의와 생태시민성」(2022)을 보완한 것이다

# 1 들어가며

"인식할 수 없는 위협을 '이해'하려면 과학자나 창작자의 증언 작업을 통해 그 위협을 감각적으로 '이해할 수 있는(apprehensible)' 것으로 만들 필요가 있다." 프린스턴환경연구소 교수 롭 닉슨의 말이다(롭 닉슨, 2020, 39). 여러 형태의 위협에 적용될 수 있겠지만 닉슨은 특히 환경 오염과 파괴를 '느린 폭력'의 한 형태로 정의하며 그 심각성을 이야기한다. 쓰레기는 가장 가시적인 형태의 오염원이기는 하나 우리가 이를 폭력, 나아가 심각한 위협으로 느끼고 있다고 하기에는 지나치게 많은 쓰레기를 일상적으로 생산해 내고 있다.

그나마 얼마 전부터 비교적 자주 눈에 띄는 반향을 일으키는 다큐멘터리가 우리의 무분별한 소비로 인한 온갖 쓰레기가 어디로 향하는지를 보여 주고 있다. 덕분에 전보다는 많은 이가 소위 '미니멀 라이프'를 추구하며 소비 습관을 점검하고 비워 내기를 시작했지만, 장기적이고 거시적인 계획을 바탕으로 이루어지지 않은 탓에 단기적으로는 오히려 쓰레기가 늘어나고 또 다른 소비를 불러오기도 한다. 2021년 방영된 국내 방송사의 환경 특집 다큐멘터리 「옷을 위한 지구는 없다」는 쓰레기의 위협을 이해하고 느낄 수 있는 형태로 보여 주었다. 지구에서 한 해 만들어지는 1,000억 벌의 옷 중 30퍼센트인 330억 벌이 버려진다는 통계로 시작되는 이 영상물은 우리 손을 떠난 후 끝이라고 생각했던 쓰레기가 사실은 지구 어딘가에서 다른 생명을 심각하게 위협하는 현실을 감각적으로 보여 준다(KBS, 2021).

이 쓰레기의 종착지는 대개 가난한 국가, 가난한 동네, 가난한 자들의 생활 터전이다. 어떤 위기가 있을 때 가장 피해를 보는 것도 이들이다. 이번 코로나19 바이러스가 가져온 위기도 그랬다. "코로나19 바이러스는 사회의 모순을 따라 확산된다"(안희경, 2020, 88). 이 표현은 지금까지 발생했던 모든 위기의 가장 심각한 피해자는 사회의 온갖 모순의 폐해를 떠안고 사는 소외 계층임을 잘 말해 준다. 소외 계층 혹은 가난한 이들은 산업화와 세계화의 혜택에서 고스란히 제외되고 그것이 양산한 양극화 체계에서 점점 더 가난해졌고 점점 더 구조적으로 소외됐다. 중심에서 소비하고 남은, 가진 자에게는 쓸모를 잃은 잉여물이 변두리에 있는 그들에게 떠안겨졌다. 이 글에서 말하고자 하는 쓰레기는 다양한 형태의 잉여물 중 일부이다. 이 쓰레기들로 인한 위기 역시 가난한 자에게 가장 먼저, 가장 직접적인 형태로 몰아쳤다.

그런 이유로 그간 환경 문제의 호소는 대부분 빈자에게서 출발해 왔고, 그 결과 환경 문제라는 테두리에서 빈자에 대한 접근은 그들을 피해자로 바라보는 시선에 국한돼 있었다. 그러나 지배계층이 주도한 신자유주의와 자본주의의 발전으로 인한 환경 오염의 피해를 빈자가 떠안았다는 것은 물론 필요한 인식이지만 이에 관한 논의는 이미 비교적 자주 이루어졌다. 현재 시점에서 쓰레기라는 화두와 소외 계층이라는 문제의 대상이자 주체의 연결은 그와는 다른 발상으로 이루어질 필요가 있다. 이것이 이 글의 문제의식이다.

그 둘을 연결하기 전에 빈부층, 소외 계층 등 다양한 이름으로 분류되는 이들이 처한 불평등, 폭력, 소외라는 현상을 생각해 보자. 이 현상들은 라틴아메리카를 비롯한 브라질의 만성적인 문제로 지적된다. 관련 연구와 이를 해결하려는 정부와 국제 기구, 국내 및 국제 NGO를 비롯한 각종 단체의 활동은 무수하다. 그런데도 그렇게 빈번히 다루는 라틴아메리카의 문제를 향한 우리의 문제의식은 여전히 피상적이다. 어떻게 해야 할까? 적어도 외부의 연구자는, 이를 해결하기 위해서 어떻게 할까 질문하기보다는 그 문제에 공감하기 위해서 어떻게 해야 할까를 먼저 묻는 것이 적절해 보인다. 소외와 불평등, 폭력이라는 문제를 해결 또는 이해하기 위해서는 본질을 파악해야 하는 것이 맞지만, 동시에 그것을 구체적으로 혹은 감각적으로 이해하려면 구체적인 양상들로부터 접근해 갈 필요가 있다.

이 글은 현대 브라질 흑인 여성이 처한 소외와 폭력의 현실을 쓰레기와 브라질의 여성 쓰레기 수거자 '까따도라(catadora)'를 매개로 이해하는 것을 목적으로 한다. 즉 쓰레기와 쓰레기 수거자, 흑인 여성, 소외와 폭력이라는 화두들의 연결을 시도한다. 이 화두의 연결 자체는 새롭지 않을 수 있다. 특히 그중 흑인, 여성, 빈곤이라는 조건은 그 개인을 불평등한 상황의 극치로 내몬다고 흔히들 여긴다. 가장 하찮은 직업 중 하나로 여겨지는 쓰레기 수거업에 종사하는 브라질 여성의 경우 실제로 대부분이 흑인 또는 혼혈이고 저학력 소유자이며 이들은 심각한 불평등과 인권 사각지대에 있다. 하지만 1990년대 이후 생산된 관련 보도와 그 외 자료들을 보면 이들이 항상 이 같은 억압 상황에 매몰되기만 하는 것은 아니다. 따라서 여기서는 제시한 주제를 이해하기 위해 첫째, 이들이 처한 현실을 객관적으로 제시하고, 둘째, 흑인 여성 쓰레기 수집노동자의 일상인 폭력과 소외의 현실에 대한 그들의 해석과 대처를 함께 조명하고자 한다. 그렇게 함으로써 실제 그들이 직면하는 소외와 폭력의 성질을 점검하고 현재의 맥락에 맞는 까따도르라는 직업의 정의와 이들의 시민성에 관한 논의의 방향을 전망해 보고자 한다.

## 2 브라질 쓰레기 수집노동자 현황과 사회의 시선

쓰레기 수거자 또는 폐기물 수집노동자를 뜻하는 까따도르 지 리슈(catador de lixo) 또는 까따도르 지 헤지두우스(catador de resíduos)는 노동 시장에서 비교적 신종 직업이다. 노숙인들이 생계 유지를 위해 산발적으로 폐지나 깡통 등을 주워 파는 활동에서 시작된 이 직업은 아직까지도 비공식 노동으로 분류되는 경향이 있어 관련 통계가 희박하거나, 분류의 오류 혹은 일관성의 결여로 정확한 숫자와 상황을 파악하기 어렵다. 또 이 직업군이 겪는 차별이나 폭력 사례에 대한 국가 전체, 성별 차이 등과 같은 세부적인 주제를 아우르는 조사 자료를 찾는 것은 더욱 어려워서, 이를 알기 위해서는 정부 산하 기관이나 NGO 단체 등이 주

혹은 시별로, 개별 주제를 조사한 자료에 의존해야 한다. 쓰레기 수집노동자(waste pickers)를 포함한 비공식 노동자와 관련한 광범위한 보고서를 주기적으로 발행하는 국제노동기구(ILO)에 따르면 브라질은 전 세계에서, 특히 개발도상국 및 저개발 국가 중 공식 통계 자료를 가장 체계적으로 보고하는 몇 안 되는 나라에 속한다(ILO and Coop, 2019, 1).

## 1) 브라질 쓰레기 수집노동자 현황

현재 전 세계 인구중 약 1,500만 명이 쓰레기 수거, 분리, 재활용 업종에 종사한다(WIEGO, 2013). 현재 국제 통계 및 자료에서 통용되는 영어 명칭 'waste pickers'는 2008년 제1회 세계 쓰레기 수집노동자 컨퍼런스(World Conference of Waste Pickers)가 채택한 임시 명칭으로 "음식, 옷가지나 그 외 기본적인 일상적 필요를 해결하기 위해 쓰레기를 뒤지는 가난한 사람들부터 재활용 가능 물품을 수집해 중간 업자나 기업에 판매하는 비공식 노동자, 노동조합, 협동조합 또는 협회와 연결된 조직화된 쓰레기 수집 및 분류자"를 아우른다(Dias & Samson, 2016, 재인용; ILO and WIEGO, 2017, 22). 브라질에서 일상적으로 이들을 부르는 이름은 catador/catadora de lixo(까따도르/까따도라 지 리슈), catador/catdora de material reciclável(까따도르/까따도라 지 마떼리아우 헤시끌라베우), catador/catadora de resíduos (sólidos)(까따도르/까따도라 지 헤지두우스(솔리두스))다. 수집하는 대상 물질에 따라 각각 '쓰레기 수집자', '재활용 물품 수집자', '(고형)폐기물 수집자'를 뜻하며, 엄밀히 말하면 뒤에 설명하는 통계상 분류에 따른 별개의 항목을 지칭한다. 그러나 일상에서는 그러한 구분 없이 '쓰레기'로 통칭하는 경향이 있고, 학술 연구나 보고서에서 주로 사용되는 것은 'resíduos' 특히 'resíduos sólidos'과 함께 물질의 재활용 가능성에 초점을 둔 'material reciclável'를 자주 사용한다.

2010년 브라질지리통계국(Instituto Brasileiro de Geografia e Estatística, IBGE) 통계[1]가 파악한 브라질 쓰레기 수집노동자 수는 171,533명이다. 그러나 이 숫자는 쓰레기 관련 직업 중 일부인 'Classificadores de resíduos(폐기물 분류자)'만을 집계한 것이라는 허점이 있다. 이를 지적한 다그니누와 조한셍(Dagnino and Johansen)은 상파울루대학교 대도시연구소(Centro de Estudos da Metrópole, CEM)의 데이터베이스를 기반으로 까따도르로 분류된 응답자는 398,348명이라고 집계했다. 이 수치는 연장선상에 있는 최소 세 개의 직업 코드 '9611-Coletores de lixo e material reciclável(쓰레기 및 재활용 물품 수집자)', '9612-Classificadores de resíduos(폐기물 분류자)', '9613-Varredores e afins (환경미화원)'를 일상에서 흔히 모두 아울러 부르는 '까따도르'(통계상 분류 코드 961-coletores de lixo) 범주에 포함시킨 결과다. 이 수치는 브라질 응용경제연구소(Instituto de Pesquisa Econômica Aplicada, IPEA)가 파악한 387,910명에 가장 근접한 수치다(Dagnino and Johansen, 2017, 115-116).[2] 한편 전국재활용품수집노동자운동(Movimento Nacional dos

---

1　매 10년 실시되는 IBGE 통계는 2020년 실시 예정이었으나 코로나19 팬데믹으로 연기되다 2년 미뤄진 2022년 8월 1일 드디어 조사를 개시했다.

2　IBGE가 2010년 조사에서 사용한 분류는 노동부의 Classificação Brasileira de Ocupações(CBO, 브라질 직업 분류)에 기반한 Classificação de Ocupações para

Catadores de Materiais Recicláveis, MNCR)이 파악한 숫자는 그 두 배가 넘는 80만 명에 이른다. 중요한 것은 통계에 잡히지 않은 사람들과 가족 단위로 일하는 경우가 많다는 점을 고려하면 실제 이 일을 하는 사람들의 수는 그보다 훨씬 많으며, 쓰레기의 증가와 함께 그 수와 중요성이 커지고 있다는 점이다. 이 글에서는 이러한 정식 명칭 및 세부 분류를 염두에 두되 브라질에서 쓰레기 관련 직업을 가진 사람들을 'catador/catadora de lixo'라고 부르는 현실을 반영해 '쓰레기 수집노동자'로 명칭을 통일하고, 후반부에서 다루는 흑인 여성 쓰레기 수집노동자가 겪는 소외와 폭력과 관련해서는 필요에 따라 '까따도라(스) 지 리슈'를 병행하기로 한다.

이들은 브라질 전체 자치 시의 89%인 4,961개 시에 걸쳐 분포하며, 비교적 미미한 비율 등으로 인해 통계에서 빠지거나 비중 있게 다뤄지지 않은 시를 포함한다면 사실상 전국에 분포한다고 보는 것이 합당하다. 브라질 전체 쓰레기 수집노동자 중 남동부에 약 42%가, 북동부에 약 30%가 활동하고 있으며, 수도가 위치한 중서부에는 8%, 아마존 산림이 분포한 북부에는 5.6%가 분포해 있다(Dagnino and Johansen, 2017, 117-118). IPEA의 보고서에 따르면 전체 쓰레기 수집노동자의 93%가 도시에서 활동한다(IPEA, 2012). 해당 직업군의 분포가 남동부와 북동부에서 가장 높은 수치를 보이는 것은 기본적으로 이 지역의 높은 도시화 및 산업화 정도, 과도한 인구 집중으로 설명할 수 있다. 상기하자

---

Pesquisas Domiciliares(COD, 가구조사를 위한 직업 분류)로 짧게 CBO Domiciliar(가구조사용 CBO)라고 부른다. 이 분류는 쓰레기 수집 노동을 다음과 같이 세부 분류한다: 96-Coletores de lixo e outras ocupações elementares → 961-Coletores de lixo → 9611-Coletores de lixo e material reciclável, 9612-Classificadores de resíduos, 9613-Varredores e afins(Brasil, 2010).

면 여기서 논점은 현대 쓰레기를 처리하는 노동자들에 관한 것이고, 현대 쓰레기는 도시의 문제라는 것이다.

[표1] 브라질 지역별 쓰레기 수집노동자 분포(2010)

| 지역 | 전체 쓰레기 수집노동자 수 | 분포 비율(%) | 전체 취업 인구 | 취업 인구 100명당 쓰레기 수집노동자 수 |
|---|---|---|---|---|
| 북부 | 22,292 | 5.60 | 6,262,318 | 355.97 |
| 북동부 | 119,349 | 29.96 | 20,854,301 | 572.30 |
| 남동부 | 166,161 | 41.71 | 38,111,800 | 435.98 |
| 남부 | 60,241 | 15.12 | 14,249,772 | 422.75 |
| 중서부 | 30,305 | 7.61 | 6,875,625 | 440.76 |
| 브라질 전체 | 398,348 | 100.00 | 86,353,816 | 461.30 |

출처: Censo de 2010/IBGE e microdados da amostra CEM(USP, 2016, 재인용: Dagnino and Johansen, 2017, 118).

쓰레기 수집노동자의 평균 연령은 39세로 60세 이상 고령 종사자 비율도 8%였다. 백인과 흑인/혼혈 종사자 비율은 각각 약 33%와 66%로 흑인/혼혈 종사자의 비율이 높을 것이라는 예상을 벗어나지 않는다. 전체 쓰레기 수집노동자의 문맹률은 20%를 넘는다. 쓰레기 수집노동자와 전체 취업 인구 간 문맹률 차이가 가장 큰 연령대는 20-29세, 30-39세로 전자의 문맹률이 약 4배 높은 것으로 나타났다. 이들 중 절반 이상 (53.66%)이 집안의 가장으로 생계를 책임지고 있는 것으로 나타났다. 평균소득은 전체 취업 인구 평균소득인 1,271헤알의 50%에 못 미치는 561헤알로 당시 최저 임금인 510헤알을 살짝 웃도는 수준이었다. 이중 연금 가입 및 기타 사회 보장 제도 수혜자는 6% 미만에 그쳤다. 이 범주에 속한 노동의 비공식성 정도(grau de informalidade)는 50.62이며,[3] 절반 이상이 노동 수첩(carteira de trabalho), 정기 급여, 소속 기관 등의 보호 장치가 전혀 없는 것으로 파악됐다(IBGE, 2010; USP, 2016, 재인용; Dagnino and Johansen, 2017, 119). 이들 가정의 부양비(dependency ratio)는 50%로, 즉 구성원 수의 50%가 유소년이며 이들 중 0-3세 영유아 전체의 22.7%만이 보육 시설에 다닌다(IPEA, 2012).

## 2) 처우 및 사회적 인식

2002년 브라질 노동부가 브라질 직업 분류(Classificação Brasileira de Ocupações, CBO)를 도입하면서 쓰레기 수집노동자는 정식 직업군에 포함되었다. 10년이 조금 넘는 짧은 역사지만 브라질과 유사하게 쓰레기 처리를 소외 계층의 개인 및 비공식 부문 노동에게 주로 의존하는 구조를 가진 다른 나라들에 비하면 브라질은 선구자적 행보를 걷고 있다고도 볼 수 있다. 그러나 예상할 수 있듯 아직 지자체에서의 법 이행 수준은 매우 낮으며, 위 통계에서 볼 수 있듯 전체 종사자의 50% 이상은 여전히 그들이 하는 일이 비공식적 노동으로 분류되는 현실에 처해 있다. 이 일이 띤 비공식성은 이들이 겪는 여러 형태의 불편, 차별, 소외, 폭력을 방치하거나 가중시킨다. 그러나 이들이 겪는 양식, 교육, 보건 위생, 사회 보장 편의 등 여러 물질적 차원의 부족과 그로 인한 낙인, 조롱, 차

---

3   비공식 부문의 여성 노동 문제를 다루는 국제 NGO인 WIEGO의 2016년 보고서에 따르면 다양한 범주에 걸쳐 일하는 쓰레기 수집노동자의 80%가 비공식 부문에 분포한다(Dias and Samson, 2016).

별, 폭력은 이 직업군의 비공식성에서만 비롯되는 문제가 아니다. 이들 중 다수가 흑인과 혼혈 인구라는 것과 이들의 주 생활 무대로 즉각 떠올려지는 거리와 쓰레기 매립지가 장소뿐 아니라 그곳에서 일하는 사람들을 향한 감정적이고 직관적인 혐오와 멸시의 시선을 만들어 내기 때문이다. 하지만 이들의 노동을 보다 적극적으로 공식화하는 것이 쓰레기와 그것을 만지는 직업에 대한 사회의 막연하고도 확고한 인식, 즉 모호함과 두려움, 혐오를 없애기 위해 가장 먼저, 꾸준히 이루어져야 할 일인 것은 분명하다.

ILO를 비롯한 기구들은 역사가 짧은 이 직업군에 대해 분포, 관련 통계, 종사자의 사회경제적 배경을 비롯해 이들이 직면한 문제들을 종합적으로 조사하는 보고서를 발행하고 있다. 이 자료들은 특히 쓰레기와 쓰레기 수거라는 직업은 물론 종사자들의 존재와 활동을 가시화하고 공론화하기 위한 밑바탕으로 쓰인다. ILO는 쓰레기 수거자 및 재활용 업종 종사자들이 직면한 가장 시급한 문제를 크게 네 가지로 분류했다. 첫째, 위험한 작업 환경과 직업 안전 보건 부족, 둘째, 중개업자와의 관계에서 취약한 위치와 낮은 이윤, 셋째, 시 폐기물 운영 시스템에서의 배제, 넷째, 사회적 낙인과 차별이다(ILO and WIEGO, 2017). 이들이 일하는 장소는 세부 카테고리에 따라 다양하나 주로 길거리, 쓰레기 하치장 혹은 매립지로 비위생적이고 안전 시설이 제대로 갖춰지지 않아 사고가 발생할 위험이 높고, 마약 거래와 장기 밀매를 위한 살인 등 각종 폭력과 범죄가 발생하는 곳이다. 또한, 쓰레기 및 폐기물 관련 산업 피라미드에서 가장 밑바닥에 있는 비공식 부문의 쓰레기 수집노동자들은 노동의 강도에 비례한 대가를 받지 못하고 중간업자 및 대기업으로부터 착취당하는 구조에 놓여 있다. 지역 사회에서 발생하는 폐기물의 처리에서 주도적 역할을 맡음에도 불구하고 공적인 폐기물 운영 시스템에는 관여할 수 없는 현실은 이들의 노동과 존재가 가진 비가시성과 비공식성이라는 한마디로 요약될 수 있다.

앞서 언급한 네 가지 문제도 마찬가지나 특히 사회적 낙인과 차별이라는 문제는 당사자들의 노력과 함께 시민사회 전반의 인식 변화가 절실한 문제다. 이들을 열등하게 보고 대하는 암묵적 시선과 행동은 차치하고라도 전 세계에서 이들을 대상으로 발생하는 범죄와 이를 방관하는 사회는 정도의 차이는 있을지언정 쓰레기 수집노동자를 향한 사회의 뿌리 깊은 혐오와 자기 정당화를 보여 준다. 브라질과 라틴아메리카를 포함해 많은 나라에서 쓰레기 관련 노동자는 거지, 노숙인과 동일시되며 나라에 따라 노예제의 역사와 맞물려 흑인, 혼혈과 동일시되기도 하며, 이들에 대한 비인간적 취급은 다시 한번 인종차별 문제와 연결됨을 부정할 수 없다. 이에 대해 사회가 더는 노골적으로 침묵할 수 없게 된 계기는 1992년 2월 카니발이 한창이던 콜롬비아 바랑끼야자유대학(Universidade Libre de Baranquilla)에서 버려진 캔, 종이 등의 쓰레기로 연명하던 노숙자들이 참혹하게 살해된 사건이었다. 이 대학 의과대 실험에 쓰일 장기 밀매를 위해 계획된 학살로 밝혀진 이 사건에는 학교 경비 요원들과 학교 운영 관계자가 가담한 것으로 알려졌다. 노숙자 11명의 끔찍한 죽음으로 그동안 끊임없이 발생했지만 쉬쉬해 왔던 노숙자 살해 및 실종 사건이 수면 위로 떠올랐다. 세계적으로 보도된 이 사건의 희생자들은 대부분 '쓰레기로 먹고사는 가난한 사람들', '노숙인'을 의미하는 'recicladores', 'indigentes', 'habitantes de calle', 'morador de rua', 'street scavenger', 'street dwellers'와 같은 말로 지칭됐고, 그중에는 '거지'를 뜻하는 'mendigo'를 사용한 기사도 있었다(Lozano, 1992.3.4). 사실 이들은 정식으로 쓰레기와 관련된 일을 하는 이들이 아니었다. 많은 나라에서 그렇듯 그때도 지금도 길거리 생활자들 다수에게 거리의 쓰레기는 그들이 돈을 벌 수 있는 얼마 안 되는 수단 중 하나이고, 이때 살해된 이들 역시 그렇게 생계를 유지하고 있었다. 이 사건은 당시 콜롬비아에서 일상화된 폭력, 특히 가난한 유색 인구를 대상으로 공공연하게 자행되던 폭력의 단면에 불과하다.

이 일은 콜롬비아는 물론 라틴아메리카와 전 세계에서 쓰레기로 생계를 유지하는 개인 및 관련 민간 단체들이 관련 활동의 정식 직업군 인정과 사회의 인식을 바꾸기 위한 연대와 노력을 펼치는 기폭제가 됐다. 매년 세계 쓰레기 수집노동자가 연대하여 국제 쓰레기 수집노동자의 날(International Waste Pickers Day)[4]을 기념하고 있다. 브라질에서도 1990년대 이후 쓰레기 수집노동자들의 자발적인 결집과 권리 찾기 움직임이 활발하게 진행되고 있다. 1999년에 제1회 폐지수집자전국모임을 계기로 MNCR이 발족했다. 이어 2001년에는 브라질리아에서 제1회 전국재활용물품수집자결의회(Congresso Nacional de Catadores de Materiais Recicláveis)가, 2003년에는 제1회 라틴아메리카 재활용물품수집자결의회(Congresso Latino-Americano de Catadores de Materiais Recicláveis)가 브라질 히우그랑지두술 주 까시아스두술 시에서 열렸다

---

4　포르투갈어권에서의 기념일 명칭은 Dia Mundial dos Catadores e das Catadoras de Materiais Recicláveis, 스페인어권에서는 Dia Mundial del Reciclador y de la Recicladora이다.

(MNCR 웹사이트).[5] 2008년 3월 1일에는 콜롬비아 보고타에서 제1회 세계 쓰레기 수집노동자 컨퍼런스가 열렸다(UN Habitat, 2010, 146).[6]

### 3) 법 제정 및 제도적 노력의 한계

브라질은 세계에서 쓰레기 재활용률이 가장 낮은 축에 속한다. 수집된 전체 폐기물 중 약 2%만이 재활용되며, 브라질 전체 인구의 40% 정도만이 분리수거를 체계적으로 실시하고 있다. 사회 전체에 재활용의 필요성과 방법에 대한 인식이 매우 저조하며 여러 이해 당사자들 간 소통의 결핍으로 이를 해결하기 위한 국가 차원의 여러 노력이 결실을 보지 못하는 경우가 많다. 이렇게 브라질과 같이 공식적인 쓰레기 처리 시스템이 제대로 구축되지 않은 나라나 도시일수록 비공식 쓰레기 수집노동자의 역할이 크다. 이들은 쓰레기를 수거하고 분류하고 재활용하는 일련의 과정에서 필수적인 역할을 한다(ILO and COOP, 2019, 1). 많은 나라에서 쓰레기 수집노동자는 시의 지원을 거의 혹은 전혀 받지 않고 고형 쓰레기 수집을 담당하는 유일한 노동자다. 개발도상국의 경우 현재 쓰레기 수집의 50-100%를 쓰레기 수집노동자가 책임진다(WIEGO 웹사이트).[7] IPEA에 따르면 브라질에서는 이 수치가 거의 90%에 이른다

5  https://www.mncr.org.br/

6  라틴아메리카에서는 아르헨티나, 칠레, 페루, 브라질, 볼리비아, 멕시코, 푸에르토리코, 코스타리카, 과테말라, 에콰도르, 파라과이, 베네수엘라, 니카라과, 콜롬비아에서 다양한 쓰레기 수집노동자들의 풀뿌리 조직이 참여했다(UN Habitat, 2010, 146). http://mirror.unhabitat.org/pmss/listItemDetails.aspx?publicationID=2918

7  https://www.wiego.org/waste-pickers

(IPEA, 2012).

그런 현실을 반영해 많은 연구는 쓰레기 수거업 종사자의 삶의 여건과 사회 인식을 보다 개선하기 위해 더욱 현실적이고 구체적인 문제들에 집중하기 시작했다. 브라질은 2010년 8월 법률 12.305를 통해 국가 고형 폐기물 정책(Política Nacional de Resíduos Sólidos, PNRS)을 마련했다. 재활용 물품 수집노동자들을 고형 쓰레기 처리에 있어 필수 불가결한 행위자로 인정하는 것이 골자이다. 이 법은 재사용 및 재활용 가능 쓰레기 수집노동자의 사회적 포용과 경제적 해방을 위한 개방형 쓰레기 매립지(lixão)의 제거 및 회복 방안을 결정(모색)할 것을 촉구하고 있으나, 정작 시 당국들의 법 이행 노력은 미미한 수준이다(ONU Brasil, 2021). 법 자체가 쓰레기 수집노동자들의 현실을 제대로 반영하지 못한 일방통행이라는 시선도 있다. 예를 들어, 이 법의 목표 중 하나인 비위생적이고 위험한 개방형 쓰레기 매립지의 전면 폐쇄[8]는 가장 큰 논쟁거리다. 실제 그곳을 터전으로 생활하는 쓰레기 수집노동자들과 정부 간 소통을 통해 충분한 대안이 마련되지 않는 한 그 같은 조치는 오히려 그들을 더 큰 생존의 위협과 비참한 생활에 놓이게 할 수 있고, 실제로 그런 사례가 많기 때문이다. 앞서 말한 노동부가 CBO 구축을 통해 이 직업을 정식 직업 분류표에 포함한 것 말고도, 2003년에는 쓰레기 수집노동자 사회 포용을 위한 부처 간 위원회(Comitê Interministerial de Insclusão Social dos Catadores de Lixo)를 만들어 '재활용 물품 수집노동

---

8  2014년까지 모든 개방형 쓰레기 매립지를 폐쇄하고 위생형 매립지(aterro sanitário)로 대체할 것을 촉구했지만 애초에 우려했던 것처럼 목표는 지켜지지 못했고, 기한은 2024년까지로 연기됐다.

자(catadores de materiais recicláveis)'를 정식 명칭으로 정하는 등 쓰레기 수집을 공식 노동으로 정착시키려는 노력을 간과할 수는 없다. 문제는 법과 제도적 진보와 현실적인 개선 간에는 여전히 큰 괴리가 있다는 것이다. 이들의 임금 수준, 중간 업자 및 기업과의 협상 능력, 더욱이 사회적 시선은 크게 바뀌지 않았다(Bortoli, 2009, 106).

활동 지역, 국가의 더딘 법적·제도적 변화에만 의존하지 않고 쓰레기 수집노동 환경 개선과 직업에 대한 인식 변화를 촉구하기 위해 쓰레기 수집노동자들은 스스로 결집해 조직을 구성함으로써 스스로를 보호하고 권리를 찾기 시작했다. 그 대표적인 방식은 협동조합 결성이다. 쓰레기 수집노동자 조합은 라틴아메리카 국가에서 특히 두드러진 현상이다. 조합의 결성은 기본적으로 노동자들 자신의 의지와 추진력에 달린 일이지만 정치적 맥락도 크게 작용한다. 룰라 정부는 노동부 산하에 연대경제국(Secretaria Nacional de Economia Solidária, SENAES)을 설치해 협동조합과 사회 연대 운동이 활성화되도록 독려했다(ILO and WIEGO, 2017, 21). 국가위생정보시스템(Sistema Nacional de Informações sobre o Saneamento, SNIS)에 따르면 브라질에는 총 1,153개의 고형 폐기물 조합이 있다(OCB/MT, 2020). 아직은 협동조합을 중심으로 활동하는 쓰레기 수집노동자의 비율은 10%를 살짝 웃도는 저조한 수치지만 점점 증가하는 추세다.

## 3 까따도라스 지 리슈:
### 흑인-여성-쓰레기의 결합이 낳은 다중의 폭력

   흔히 떠올리는 것처럼 학력이 낮은 젊은 흑인 및 혼혈 남성이 이 일을 한다. 통계 조사 결과도 쓰레기 수집노동자의 성비는 여성보다 남성이 훨씬 높음을 말해 준다. 2010년 통계에 따르면 성비는 219.63으로 여성 100명당 약 219명이 남성이다(IBGE, 2010 and USP, 2016, 재인용; Dagnino and Johansen, 2017). 달리 말해 여성의 비율은 전체의 31.1%, 3분의 1에 약간 못 미치는 정도이다. 전체 취업 인구에서 성비가 136.39인 것과 비교했을 때도 이 직종에서 남성 비율은 눈에 띄게 두드러진다. 조사 결과 모든 주에서 남성 종사자 숫자가 앞섰지만, 주마다 이 비율은 다르다. 아마조나스(Amazonas) 주에서는 전체의 40%가, 히우그랑지두노르치(Rio Grande do Norte) 주에서는 17%, 호라이마(Roraima) 주에서는 15%가 여성이다. 그러나 여자를 포함해 실제 쓰레기를 소득원으로 삼는 인구는 통계에 잡힌 숫자를 훨씬 웃도는 것으로 보인다. IPEA는 함께 생활하는 가족 구성원까지 포함하면 어림잡아 브라질의 140만 명 이상이 쓰레기로 생계를 유지한다고 추정한다. 실제로는 통계에 잡힌 수치보다 훨씬 많은 여성이 쓰레기 수집으로 생계를 꾸리고 있을 가능성이 크다는 의미다. 관련 연구 중에는 공식 통계에서보다 여성 종사자의 비율을 높게 추정하는, 나아가 남자의 비율보다 훨씬 높은 수치를 전제로한 것들이 많다. 대표적으로 호에페우 외(2013)의 연구는 이 범주 노동자 중에는 여자가 압도적으로 많으며, 이 중 85%가 49세까지의 재생산 연령대에 있다고 한다(Hoefel, M. G. et al., 2013). 중요한 것은 남성 위주로 시작된 이 직업군에서 여성의 참여가 해당 직종에서의 여성, 특히 흑인 여성에 대한 차별과 폭력을 연구하기에 충분히 유의미한 비중으로 성장했다는 것이며, 주로 질적 연구를 중심으로 관련 논의가 점차 활발해지고 있다.

### 1) 쓰레기와 쓰레기 수집노동자의 동일시에서 오는 혐오

우리말 사전에 수록된 쓰레기의 사전적 정의는 "1. 비로 쓸어 낸 먼지나 티끌, 또는 못 쓰게 되어 내다 버릴 물건이나 내다 버린 물건을 통틀어 이르는 말; 2. 도덕적, 사상적으로 타락하거나 부패하여 쓰지 못할 사람을 낮잡아 이르는 말"(표준국어대사전)이다. 포르투갈어 사전은 'lixo'를 "1. 가정, 산업 및 상업 활동 등으로 발생하는 폐기물로 쓸모가 없어 버려지는 것; 4. 가치나 쓸모가 없는 모든 것; 6. 도덕적 또는 신체적 자질이 없는 사람"으로 정의한다(MICHAELIS).[9] 언어마다 비슷한 쓰레기의 이와 같은 정의는 관련 일을 하는 사람들에게도 그대로 투영됐다. "쓰레기가 소모품, 불결함, 더러움, 더 이상 필요하지 않은 것, 장소를 추하고 역한 냄새가 나고 오염되게 하는 것을 뜻한다는 시각은 이 직업에 종사하는 사람들에게 (이들을 특징짓는) 형용사로서 전이된다"는 멩지스의 관찰은 정확하다(Mendes, 2009, 17).

그런 일을 선택한 사람들은 누구이며 왜 그 일을 선택해야만 했을

---

9  원문은 다음과 같다. "1. Resíduos provenientes de atividades domésticas, industriais, comerciais etc. que não prestam e são jogados for a 4. Qualquer coisa sem valor ou utilidade 6. Pessoa sem qualidades morais ou físicas."

까. 이 일을 하는 사람들의 인구학적 특징은 앞서 언급했다. 그들이 다른 일 말고 쓰레기를 선택해야 했던 이유는 무엇일까 하는 의문은 순진한 것일 수 있다. 사실상 그들에게는 다른 선택이 주어지지 않았기 때문이다. [표 2]를 통해 그들 대부분이 대안이 부재한 상황에서 이 일을 시작했고, 경력 연수 누적에도 불구하고 여전히 다른 선택지를 찾지 못했음을 알 수 있다. 이들은 신자유주의와 자본주의의 양극화 현상이 빚어낸 대표적 집단이다. 실직, 노동의 유연성은 21세기를 특징짓는 현상 중 일부이다. 실직자의 증가는 21세기 시스템이 생산한 쓰레기, 잔여물로 살아남아야 했던 사람들의 증가를 의미했기 때문이다(Rosa, 2014, 94). 신자유주의의 무한 경쟁에서 도태되거나 애초에 경쟁에 끼어들 수 없었던 사회경제적 약자들이 지식과 금전이라는 마중물 없이 매달릴 수 있었던 얼마 안 되는 노동 중 하나가 쓰레기를 뒤져 쓸 만한 것을 파는 것이었다. 쓰레기 수집자는 노숙자와 동일시되고, 앞에서 말한 것처럼 실제로 여러 범주의 쓰레기 관련 노동자가 구걸이 아닌 정당한 일을 찾는 과정에서 거리의 폐지나 깡통을 주워 팔게 되면서 이 일에 뛰어든다. 이 글에서 주로 다루는 쓰레기 수집노동자는 길거리(rua)에 노숙하며 산발적으로 쓰레기를 뒤져 파는 사람들이 아니라 주로 개방형 쓰레기 매립지(lixão)를 거점으로 활동하며 여러 갈래의 쓰레기 관련 일에 종사하는 사람들이다. 일반인에게 길거리와 쓰레기 매립지는 둘 다 비위생적이고 폭력에 노출돼 있다는 점에서 별 차이가 없겠지만, 이들에게 쓰레기 매립지는 길거리보다 훨씬 더 좋은 조건을 가진 장소이다. 이 일을 선택한 많은 쓰레기 수집노동자는 인도와 도로에서 동냥과 하찮은 물건팔이라는 불확실한 수단에 의지하는 것보다는 좀 더 비위생적이고 불쾌

할 수 있지만 적어도 하나의 'ponto', 즉 일종의 울타리가 있는 공간이라는 점에서 최소한의 소속감과 안정감을 주는 쓰레기 매립지에서 살고 일하는 것이 낫다고 말한다(Lisboa, 2013).

**[표 2] 쓰레기 수집노동 경력 대 직업 선택 이유**

| 경력 | 대안의 부재 | 거주지와 인접 | 노동의 유연성 | 친구/가족과의 동반 작업 | 기타 |
|---|---|---|---|---|---|
| 1년 미만 | 72 | 3 | 7 | 14 | 35 |
| 2년 미만 | 70 | 10 | 0 | 15 | 15 |
| 2–3년 | 62 | 15 | 8 | 23 | 19 |
| 3–5년 | 66 | 6 | 0 | 19 | 31 |
| 5년 이상 | 74 | 9 | 7 | 24 | 13 |
| 10년 이상 | 47 | 6 | 3 | 56 | 19 |
| 20년 이상 | 71 | 14 | 29 | 43 | 0 |

출처: UFRGS(2010).

이들 대다수에게는 다른 수입원이 없고, 한철에만 쓰레기 수집 일을 하는 것도 아니다. 대다수 종사자에게 이 일은 마지막 탈출구다. 경제적으로는 이들이 노동 시장에 참여할 수 있게 해주는 유일한 직업이지만, 사회적으로 이들은 가시적이고 공공연하게 소외되고, 또 그중 많은 경우가 낙인과 물리적인 폭력의 대상이다. 여러 신체적 및 사회적 여건들이 결합할수록 편견과 차별의 강도는 더 높아진다. 이들의 낮은 경제적 및 사회적 지위, 즉 '쓰레기로 먹고사는 처지'라는 딱지가 흑인 또는 혼혈 여성이라는 조건과 만나면 편견과 차별의 강도는 더해진다.

## 2) 흑인 여성 쓰레기 수집노동자를 대상으로 한 차별과 폭력

2011년 PNAD의 보고에 따르면 전체 쓰레기 수집노동자의 20.5%가 문맹으로 자기 이름조차 제대로 못 쓰는 경우가 많다. 그중 25세 이상의 경우 24.5%가 겨우 초등교육을 이수한 정도의 낮은 학력 보유자이며, 25세 이상 노동자의 11% 정도만이 중등교육을 받은 적이 있다고 답했다(Lisboa, 2013).

남성 쓰레기 수집노동자 비율이 높은 것과는 별개로 ILO와 WIEGO의 보고서는 이 일에 참여하는 이주자, 난민, 실직자, 여성, 어린이, 장애인, 민족/인종 및 종교 등 여러 차원에 걸친 소수 그룹의 높은 비중에 주목한다(ILO and WIEGO, 2017). 요지는 이들이 쓰레기 수집이라는 노동의 성격과 관계없이 이미 오랫동안 사회적 낙인과 편견, 차별의 대상이었다는 사실이다. 이 글에서 초점을 맞추고자 하는 흑인 여성의 경우도 그렇다. 앞서 봤듯 남자든 여자든 쓰레기 수집노동자는 대개 극빈층에 속한다. 빈곤과 사회적 소외라는 상황은 높은 확률로 가정폭력과 연결된다(Almeida, 2021). IPEA의 연구는 경제 활동 인구에 속하는 여성을 상대로 한 폭력 지수가 52.2%로 노동 시장에 참여하지 않는 여성이 겪는 폭력 지수(24.9%)의 사실상 두 배라고 보고한다(IPEA, 2019).

브라질에서 쓰레기 수집을 포함한 비공식 노동에 종사하는 여성이 겪는 폭력 실태에 대해서는 양적 조사보다는 주로 질적 연구가 이뤄져 왔다. 이는 특히 여성을 남성에 비해 열등한 존재로 상정하고 나타나는 차별과 폭력이 객관적이고 물리적인 차원과 함께 여러 형태의 주관적이고 심리적인 형태로 표출되기 때문이다(Pereira, 2013, 145). 이는 샤우

이가 "사회의 위에서부터 아래로 내려오는 가시적이고 비가시적인 메커니즘의 집합체로서 사회를 수직적으로 통일하고 사회적 관계의 내부를 통해 확산된다"고 규정한 폭력의 성질과 통한다(Chauí, 1980, 60). 이들이 겪는 폭력은 가정에서, 특히 배우자에 의해 발행하는 확률이 압도적으로 높다. 폭력의 형태는 크게 신체적 폭력, 성적 폭력, 심리적 폭력으로 구분할 수 있다. 쓰레기 수집노동자를 포함한 최빈곤층 여성의 상당수가 그중 일부 혹은 모든 형태의 폭력을 경험한 적이 있다. 브라질의 쓰레기 매립지에서 일하는 여성 노동자들을 대상으로 진행된 일련의 연구는 상당수가 가정폭력을 경험했으며 가해자는 대부분 배우자였음을 보여 준다. 상뚜스 외(Santos et al., 2021)는 연방특구 노동생산 재활용 조합(Cooperativa de Reciclagem Trabalho e Produção do Distrito Federal) 소속의 여자 노동자 20명을 대상으로 폭력과 심리적 고통의 관계에 관한 질적 연구를 진행했다. 전체 참여자의 절반이 초등교육을 마치지 못했고, 95%가 흑인 또는 혼혈이었다. 75%가 폭력을 경험한 적이 있다고 응답했으며, 그중 67%는 폭력의 가해자가 동거 남성 혹은 법률상 남편이었다. 폭력의 형태는 욕, 구타, 모욕과 폄하하는 말, 신체에 화상을 입히는 일, 집을 팔아 버리겠다는 위협, 집 밖으로 내쫓기, 자녀 강탈 등 다양했다. 여성에 대한 통제를 유지하기 위한 이 같은 다양한 형태의 폭력은 당연하게도 실제로 이들에게 심리적 불안과 장애를 유발한 것으로 나타났다(Santos et al., 2021).

브라질에서 여성을 보호하기 위한 공공정책이 도입되기 시작한 것은 1988년 헌법을 기점으로 해서다. 2004년에는 법률 10778/03을 제정함으로써 여성에 대한 폭력 발생 시 통합보건시스템(Sistema Único de

Saúde)에 통지해 폭력 실태를 측정하고 폭력이 발생하는 상황, 피해자 및 가해자의 신상 정보를 파악해 정책 마련과 정부 역할 수립의 바탕이 되도록 했다(Almeida, 2021). 2006년 제정된 흔히 마리아 다 뻬냐(Maria da Penha) 법이라 불리는 법률 11,340은 가정 내에서 여성이 겪는 공격에 대한 처벌의 강화를 골자로 한다. 문제는 법과 제도상의 진전에도 불구하고 폭력을 당했을 때 많은 여성이 여전히 도움을 청할 대상과 방법이 명확하지 않거나, 법의 도움을 받은 이후의 결과에 회의를 품고 포기하는 경우가 많다는 것이다. 법을 통해 가정폭력의 피해에서 더 자유로워진 사례도 있으나, 저소득층 여성의 경우 그 효과는 일시적일 때가 많다. 배우자로부터의 격리가 근본적으로 이루어질 수 없는 상황에서의 폭력 신고는 이후 더 큰 보복을 부르는 경우가 많기 때문이다. 그런 이유로 교회 등 종교 시설에 더 의지하는 여성들도 많은 것으로 나타났지만, 이 역시 적극적 해결 방법은 될 수 없다. 종교 시설에서 줄 수 있는 도움은 대부분 국가의 법과 제도 혹은 관련한 복지 시스템을 활용하도록 하는 실질적 도움보다는 종교적 가르침에 기반한 정서적 위로가 지배적이라는 한계가 있다. 따라서 상황의 적극적 해결보다는 오히려 피해 여성이 폭력 상황을 수동적으로 받아들이게 하는 결과를 낳는다는 점에서 근본적인 해결책이 될 수 없다(Almeida, 2021). 따라서 가정폭력의 상황에 종속되는 것을 수용하지 않기로 결심한 여성들에게 가능한 최후의 선택은 결국 가정이라는 울타리에서 자신이, 자녀가 있는 경우 함께 떠나거나 폭력의 가해자를 나가게 하는 것이다. 젠더폭력의 관점에서 2013년 깡뿌스두스고이따까지스(Campos dos Goytacazes) 시에 위치한 CODIN 매립지에서 일하는 노동자들을 대상으로 진행한 알메이다의 연구에서는 조사에 응한 여자 노동자의 43%가 가정폭력 때문에 집을 나왔다고 답했다(Almeida, 2015).

실제로 가정폭력은 이전에 다른 직업이 없었거나 다른 종류의 노동을 하던 여성들이 매립지를 근거로 쓰레기 수집노동자로 일하게 된 강력한 동기 중 하나로 작용한다. 가정폭력으로부터 자신과 자녀를 지키고, 경제적으로 자립해 자녀를 양육해야 한다는 절실함이 이들을 쓰레기 매립지로 이끈다. 그런 환경에서 자녀들은 자연스럽게 쓰레기를 분류하는 일을 돕고, 그 일이 성인이 된 후로도 직업이 되는 경우가 많다. 빠라이바(Paraíba) 주 깡삐나그랑지(Campina Grande) 시에 위치한 쓰레기 매립지에서 활동하는 여성 쓰레기 수집노동자를 대상으로 한 뻬레이라(2013)의 연구도 이를 뒷받침한다. 20명의 여성 응답자의 연령은 14-60세로 이들 중 많은 수가 어렸을 때부터 부모를 돕기 위해 쓰레기를 줍는 일을 했다고 응답했다. 이들 대부분은 남성과 마찬가지로 집안의 생계를 책임지는 가장 역할을 하고 있었다. 소득의 경우, 남성 노동자가 주 40-60헤알을 받는 것에 비해 여성 노동자는 30-40헤알을 받는다고 응답했다. 낮은 소득으로 인해 수집량을 늘려 소득을 늘리기 위해 집안의 어린 자녀를 일에 대동한다고 답한 응답자가 전체의 75%였다(Pereira, 2013, 165-167). 호자(2014)가 상파울루 주 프랑까(Franca) 시의 재활용 물품 수집노동자 조합(Cooperativa de Catadores de Materiais Recicláveis de Franca e Região, COOPERFRAN)의 조합원 31명 중 여자 노동자 21명(80%)을 대상으로 진행한 연구도 비슷한 상황을 보여 준다. 조사 참여자 중 24%만이 배우자(동거인 혹은 남편)가 있었으며, 76%는 혼자 생계를 책임지며 자녀를 양육하고 있다고 답했다(Rosa, 2014, 99-

100). 물론 이들의 가정 환경은 다양하며 본인이 쓰레기 수집노동자로서 가장의 역할을 하게 된 것이 가정폭력과의 완전한 단절을 의미하지는 않는다. 흥미로운 것은 비위생적이고 외부의 폭력에 노출된, 사회적으로 혐오와 멸시의 대상이며 마치 없는 듯 여겨지는 장소이지만, 많은 여성 노동자에게는 이곳이 폭력과 복종에 굴하지 않고 자율성과 자존감을 찾을 수 있는 유일한 장소라는 것이다(Almeida, 2021, 9). 열악한 수준이지만 규칙적으로, 투자한 시간과 수집한 쓰레기의 양에 따라 지불받은 대가로 가정을 책임질 수 있다는 경험과 인식은 이들의 정체성에 큰 도전이 된다. 대부분 가난한 흑인 여성으로 살며 내재화된 열등감과 무력감이라는 타자의 시선이 아니라 자신과 세계를 향한 자신의 시선을 정체성을 구축하는 원천으로 삼게 됐다는 것은 상징적이고, 존재론적 전환의 계기로 작용한다.

이와 같은 맥락을 바탕으로 통계상 남성 쓰레기 수집노동자의 수가 훨씬 많음에도 불구하고 협동조합 단위로 살펴봤을 때는 여성의 비율이 더 높은 이유를 짐작할 수 있다(IPEA, 2012). IPEA의 보고는 남자들에 비해 여자들이 협동조합 단위로 조직돼 활동하는 것을 선호하고 이 주제에 더 민감하게 반응하며, 협동조합에서 리더십을 맡은 여성들의 비율도 더 높다는 사실을 보여 준다(Lisboa, 2013). MNCR 홈페이지에 수록된 자료에 따르면 쓰레기 수집노동자 협동조합과 협회에 가입된 여성 노동자의 비율은 전체의 70%에 이른다(MNCR 웹사이트). 협동조합, 협회와 같은 조직은 비슷한 상황에 있는 노동자들 간의 연대를 가능하게 한다. 여성 노동자들은 그 같은 연대를 통해 폭력에의 노출을 줄이고 그에 대항하는 정신적 및 실질적 지원을 받을 수 있으며, 여러 형태의 교육을 통해 스스로 대응 능력을 갖출 수 있다. 쓰레기의 처리 및 분류와 같은 직업 교육, 그것이 경제와 환경·생태에 미치는 영향에 관한 교육은 이들의 직업 의식과 시민 의식을 고양하는 역할을 한다. 또한 조직에 소속됨으로써 다른 조직들과의 연대를 통해 중개상 및 대기업, 시 당국 및 정부와의 협상 능력을 증진시킬 수 있다는 강점이 있다.

## 4 브라질 흑인 여성 정체성 구축의 아이콘 까롤리나와 에스따미라

브라질의 여성 쓰레기 수집노동자, 즉 까따도라 지 리슈와 모든 비참한 배경을 공유하면서도 대안을 주지 않는 사회에 의해 자기들의 정체성이 일방적으로 규정되는 것을 거부한 두 여성, 까롤리나 마리아 지 제주스(Carolina Maria de Jesus, 1914-1977)와 에스따미라 고메스 지 소우자(Estamira Gomes de Souza, 1941-2011)의 이야기가 있다. 이들이 구축해 낸 정체성에는 흑인/혼혈 여성, 가난, 쓰레기로 먹고사는 사람, 편모라는 일련의 객관적 상황에 사회에 대한 비판 의식을 가지고 저항하는 투사(lutadora), 흑인 여성의 모델이라는 건설적 자질이 따라붙는다. 실제로 그런 타이틀을 가지고 살아 낸 두 흑인 여인 까롤리나와 에스따미라의 이야기는 그들을 끊임없이 피지배계층의 틀 속에 규정하려는 제도적, 사회적 폭력에 맞선 까따도라의 이야기이자, 그럼에도 이들이 주는 도전을 신자유주의의 틀 속에서 소비하는 것 이상의 반응을 하지 못한, 또는 하지 않은 이 사회의 한계, 즉 사회적 소외와 폭력의 분위기를 말해 준다.

## 1) 까롤리나 마리아 지 제주스

까롤리나는 인터넷에서 검색하면 첫 페이지에 이미 포르투갈어, 스페인어, 영어로 된 각종 자료가 나열되고 연관 검색어도 다수일 만큼 세계적으로 잘 알려진 인물이다. 아직도 운영되고 있는 까롤리나의 인스타그램 계정 대문에는 "Carolina Maria de Jesus(1914-1977), Mulher Negra, Periférica e Escritora"(까롤리나 마리아 지 제주스, 흑인이자 변두리 여성, 그리고 작가)라는 짧은 프로필이 보인다.

까롤리나는 1914년 미나스제라이스의 사끄라멩뚜라는 작은 도시에서 태어났다. 아프리카에서 끌려온 흑인 노예의 마지막 세대였던 조부모와 부모 밑에서 노예 해방 이후에도 뿌리 깊게 자리 잡은 노예제의 뚜렷한 그늘 속에서 자랐다. 가난한 가정의 문맹 부모 밑에서 가정폭력에 시달리며 초등학교 2학년 과정만 겨우 마칠 수 있었다. 까롤리나는 1930년대에 상파울루로 이주해 치에떼강 가에 위치한 파벨라(favela) 까닝데(Canindé)에 자리 잡고, 저학력의 반문맹 흑인 여자로서 까따도라로 일하며 세 자녀를 홀로 키워야 하는 투쟁과도 같은 일상을 살아 내야 했다.

다른 쓰레기 수집노동자 여성의 여정과 별반 다를 것 없는 까롤리나의 일상은 겨우 2년의 배움으로 깨우친 읽기와 글쓰기를 통해 비슷한 상황에 있는 많은 흑인 여성과는 다른 방향을 향할 수 있었다. 어느 날 쓰레기 더미에서 찾아낸 빨간 공책에 1950-1960년대 굶주림과 폭력이 일상인 파벨라에서의 삶과 세상을 향한 시선을 일기 형식으로 기록해 나간 *Quarto de despejo: diário de uma favelada*(어느 파벨라 거주 여인의 일기)[10]
는 여러 면에서 당시 사회에 대한 도전이었다. 책에 담긴 기록을 탈식민
성과 차이라는 이론틀로 분석한 바스뚜스(Natacha Pereira Alves Bastos)
와 리마(Rogerio Mendes de Lima)의 연구는 까롤리나가 그것을 쓰면서
어쩌면 그렇게 거창한 저항을 의도하지 않았을 수도 있음을 인정하면
서 두 가지 방식으로 까롤리나의 시선을 사유한다. 한편으로는 피지
배자들의 기본적인 생존 조건을 부정하는 사회적으로 부과된 일상에
대한 피지배자들의 서사로서, 다른 한편으로는 반패권적 실천과 선언
과도 같은 대안을 가능하게 하는 현실에 대한 저항 행위로서 까롤리나
의 기록을 읽는 것이다(Bastos & Lima, 2020, 78). 바스뚜스와 리마는 그
녀의 흑인성이 브라질 사회에서 현실적으로 어떤 의미를 가졌는지에
주목한다.

> 까롤리나에게 흑인성(negritude)은 중요하지만 주요하지는 않은, 그러나 그녀
> 가 짊어진 투쟁과도 같은 삶에서 꾸준히 살아 있는 주제였다. 저자(까롤리나)에
> 의하면 굶주림, 비참함은 매일의 일상에 제동을 거는 주요한 투쟁이다.(Bastos
> & Lima, 2020, 81)

그 투쟁은 파벨라라는 공간에서 자신과 자신의 아이들을 온갖 종류
의 폭력으로부터 지키기 위한 투쟁이다. 책의 여러 곳에서 까롤리나는
사회가 부과한 흑인성에 함몰되지 않았고 오히려 자신의 흑인성에 자

---

10    영어권에서는 *The Child of the Dark*(E. P. Dutton, 1962, 미국)라는 제목으로 출판됐다.

부심을 느꼈음을 말하고 있지만, 동시에 브라질 사회에서 그 흑인성이란 것이 매우 강도 높은 굶주림과 사회의 멸시라는 형태로 그 일상을 관통하고 있었다는 것도 분명하다.

저녁 여덟 시 반 나는 이미 파벨라에서 썩은 진흙과 섞인 배설물의 냄새를 들이마시고 있었다. 내가 도시에 있을 때는 크리스탈 샹들리에와 벨벳 카펫, 새틴 쿠션이 있는 거실에 있는 것처럼 느껴진다. 파벨라에 있을 때는 마치 내가 쓸모없는, 쓰레기장에나 있어야 마땅한 물건처럼 느껴진다.(Jesus, 1992, 37)

까롤리나는 어린 시절 조국을 위해 중요한 일을 하고 싶다는 순진무구한 염원을 품으면서 자신의 흑인성 외에도, 여자라는 사실이 열등한 것일 수 있음을 처음으로 자각했다.

내가 어린 소녀였을 때 꿈은 남자가 돼 브라질을 지키는 것이었다. 브라질의 역사를 읽고 난 후 전쟁이라는 것이 있다는 것을 알게 됐고 거기 나온 조국의 수호자는 온통 남자 이름을 가졌기 때문이다. 그래서 나는 어머니에게 물었다.
"어머니, 저를 남자로 만들어 주시면 안 돼요?"
"무지개 밑으로 지나가면 너는 남자가 될게다."
그 후 나는 무지개가 뜨면 그리로 달려갔지만, 무지개는 멀어지기만 할 뿐이었다. 마치 국민과 멀리 떨어져 있는 정치인들처럼. 나는 지쳐 주저앉아 울기 시작했다. 하지만 국민은 지쳐서는 안 되고 울어서도 안 되며 브라질이 좀 더 좋은 곳이 되도록, 우리 아이들이 지금 우리가 겪고 있는 고통을 겪지 않도록 싸워야 한다. 나는 돌아가서 어머니에게 말했다.

"어머니, 무지개가 제게서 도망쳐요."(Jesus, 1992, 53-54)


　남성 우월주의, 국민의 바람이나 삶과는 무관한 정치인, 그러나 국가를 위해서는 불평 없이 국가의 부름에 응해야 하는 국민이라는 코드로 축약되는 브라질의 시대적 맥락은 어린 흑인 소녀의 일상을 당연하게 관통하고 있었다. 자꾸만 자신에게서 도망가는 무지개를 좇는 것은 좀 더 나은 브라질, 특히 과거의 제도적 노예이자 현재의 사회적 및 경제적 약자인 자신과 같은 사람도 중대사의 주체적 역할을 하게 되는 좋은 나라 브라질이라는 절대 오지 않을 유토피아를 꿈꾸는 모습에 대한 안타까움이 느껴진다.

　어린 시절 느꼈던 의아함과 좌절에 이어 대도시에서 어른으로서, 가장으로서 매 순간 직면해야 했던 굶주림은 마약, 갱단, 경찰 등이 연루된 싸움과 폭력만큼이나 비참함을 안겨 주었다. '쓰레기로 먹고사는 넝마주이'를 바라보는 시선이 주는 비참함에도 그 일을 해야 했던 것은 자신과 아이들이 그 비참함 속에서도 계속 살아 내야 했기 때문이다.


오늘은 비와 함께 아침이 밝았다. 나에게는 자애로운 날이다. 노예제가 폐지된 날이다. 우리가 노예 해방을 기념하는 날. (……) 밤 9시가 돼서야 우리는 뭔갈 먹을 수 있었다. 이렇게 1958년 5월 13일 나는 현재의 노예제에 맞서 싸웠다. 굶주림에 맞서!(Jesus, 1992, 30)


　실제로 까롤리나는 그들을 가둔 가난과 편견, 폭력을 당연하게 여기거나 굴복하지 않았다. 글쓰기는 그 같은 압제의 상황, 자신과 같은 사람들이 노예 해방 이후에도 자연스럽게 타자화되는 브라질 사회의 암묵적 공식을 '이상하게 여기고', 그것을 '문자화함으로써' 문제로 드러내는 까롤리나의 방식이었다.

> 나는 먹을 것이 없을 때 욕을 하는 대신 글을 쓰곤 했다. 불안할 때면 욕을 하거나 죽음으로 상황을 해결하려는 사람들이 있다. 나는 나의 일기를 썼다.(Jesus, 1992, 195)

상황에 압도되는 대신 까롤리나는 그 상황을 담담히 기록했다. 파벨라의 현실, 그곳에 사는 사람들이, 혼자 아이를 키우는 흑인 여성 쓰레기 수집노동자가 일상적으로 겪는 20세기의 억압적 상황은 의도했건 의도하지 않았건[11] 그 자체로 사회 고발과 흑인, 특히 쓰레기 수집노동자와 같은 비공식 노동으로 살아가는 흑인 여성들의 저항을 표상했다. 다만 책이 출판됐을 당시에는 파벨라에 사는 가난한 흑인 여성이 책을 쓸 수 있다는 사실과 그 순수한 적나라함이 좋게 받아들여지지만은 않았다. 신문 기자이자 작가로서 까롤리나의 전기를 집필한 파리아스(Tom Farias)는 까롤리나가 도시로 이주하면서 고통과 영광을 끌어안게 됐다고 표현한다(Farias, 2019). 책은 1쇄에 1만 부를 찍고 14개 언어로 번역, 출간되고 각종 언론에 소개될 만큼 주목받았다. 당대의 지식인은 맞춤법도 교정하지 않은 채 미사여구 없이 담백하고 솔직한 구어체로

---

11  *Quarto de despejo*는 당시 *Diário de São Paulo* 기자였던 아우달리우 당따스(Audálio Dantas)가 기사 소재를 찾기 위해 까닝데를 방문했을 때 우연히 까롤리나와 만나 그녀의 일기를 읽어 보게 되면서 책으로 출간됐다.

풀어낸 이 새로운 형태의 문학에 찬사를 보냈다. 하지만 자신이 속한 계층과 외곽에 사는 가난한 사람들이 겪는 불평등과 사회적 편견을 고발한 이 책을 정치인들과 엘리트 지배계층은 곱게 볼 수 없었다(Félix and Aquino, 2013, 224). 무엇인가를 쓰고, 더군다나 그것을 출판하는 공개적 행위는 지식인에게만 허용된 것이라는 공식에 도전한 대가였다. 더욱이 지배계층이 의도하거나 묵인하고 흑인 및 혼혈 피지배계층이 어쩔 수 없이 굴복한 그 현실을 정확히 그 현실 속에 있는 흑인 여성이 비판하는 것은 주제넘은 행동으로 받아들여졌을 것이다.

## 2) 에스따미라 고메스 지 소우자

에스따미라는 브라질 중서부의 고이아스 주에 있는 자라과(Jaraguá)라는 작은 시에서 태어났다. 가난한 흑인 여성, 가난, 혼자 자녀를 양육하는 엄마, 시골에서 대도시로 이주해 까따도라로 일하며 생계를 꾸려나갔다는 삶의 조건은 까롤리나와 크게 다르지 않다. 대중에게 알려지고 지식인과 사회 운동가들의 참고 인물이자 아프로브라질인을 비롯해 소외 계층이 내는 저항의 목소리에서 이정표가 된 것은 2004년 제작된 다큐멘터리 「Estamira」를 통해서다. 비교적 늦은 나이에, 생을 마감하기까지 약 6년이라는 시간 동안 그의 삶과 시선을 지배 계층이 그에게 허용한 물리적, 사회적 공간을 넘어 '진짜 세상'과 공유할 수 있었다. 살아 있는 동안 소통할 시간은 길지 않았지만, 에스따미라의 메시지는 1990년대부터 라틴아메리카에서 활발해진 탈식민 논의와 흐름을 같이하며 그 죽음과 함께 소멸하지 않을 수 있었다.

파벨라에 거주하는 또 다른 가난한 흑인 여인의 이야기를 세상에 풀어 놓을 수 있게 길을 터준 것은 이번에도 역시 브라질이 타자로 규정한 이들 바깥에서의 호기심과 부름이었다. 쓰레기와 그것이 생태에 미치는 영향에 대해 평소 걱정이 많았던 사진작가 마르꾸스 쁘라두(Marcos Prado)는 1994년 히우지자네이루 주의 두끼지까시아스(Doque de Caxias)에 위치한 세계 최대 규모의 개방형 쓰레기 매립지 자르징 그라마슈(Jardim Gramacho)를 찾아갔고 거기서 우연히 에스따미라를 만났다. 에스따미라는 흔쾌히 자신과 자신이 살고 일하는 곳에 관한 이야기를 들려줬다. 그들이 만난 것은 에스따미라가 까따도라로 일한 지 20년이 넘은 때였고, 폭력으로 얼룩진 두 번의 결혼에 실패한 후 혼자 세 자녀를 키울 때였다. 에스따미라는 열두 살에 조부에 의해 강제로 매춘을 하게 된 후 성인이 돼서도 그것이 돈을 버는 수단이 됐다. 매춘에서 벗어난 후에도 남성과 맺었던 그 같은 형태의 경험은 남편과의 관계에도 영향을 미쳤다(De Oliveira and Cavalcanti, 2017). 폭력적인 남편에 대한 경제적 의존과 굴종의 관계는 어쩌면 에스따미라가 상상할 수 있는 유일한 성인 남자 가족, 배우자와의 관계였을지 모른다.

어렸을 때부터 가정과 지역 공동체에서 겪은 온갖 종류의 폭력으로 인해 에스따미라는 남은 평생 정신 질환을 앓았다. 그런 그의 말들에서 보이는 쓰레기에 대한 확고한 철학은 그저 소비만 하고 그것이 만들어 내는 부산물에 대해서는 무관심한 이들에게 쓰레기에 대해 다시 생각할 기회를 준다.

여기 이것은 (쓰고) 남은 것들과 무심함을 쌓아 놓은 거야. 그냥 찌꺼기일 때도 있고. 또 때로는 무심함도 함께 오지. 인간에게 계시를 주신 분께서는 그에게 만물을 보존하는 법도 가르치셨어. 보존한다는 건 보호한다는 거야. (……) 궁상이라니, 아니지! 암, 규칙(섭리)이지! 아껴 쓰는 것은 멋진 일이거든. 왜냐하면 아껴 쓰는 사람은 가진 사람이야. 그래서 사람들은 자기들이 쓰는 것, 가진 것을 잘 신경 써야 해. 없이 사는 건 아주 고약하거든.(「Estamira」중 에스따미라의 말, 2005)

이 메시지로 대표되는 에스따미라의 말들은 종종 그가 매립지라는 제한된 공간에, 또 질병으로 인해 자신만의 세계에 갇혀 있는 듯 보였지만 그 바깥의 누구보다도 세상에 연결돼 있다는 근거로 인용되곤 한다(Félix and Aquino, 2013, 230). 비에이라(Marcos André Vieira)에게 이 메시지는 무엇보다 광기에 대해, 어쩌면 광기라기보다는 에스따미라가 가진 이성과의 친밀한 관계에 대한 가르침을 준다. 결국 쓰레기에 대한 에스따미라의 말을 정신 나간 소리라고 하기에는 그것은 우리가 쓰레기에 대해 알아야 할 모든 것이 아니냐는 말이다(Vieira, 2012). 불평등한 사회구조에 대해 쏟아 내는 에스따미라의 분노는 전혀 과하지 않다.

내 안에서 분노가 흘러 넘쳤지…… 보이지 않는 존재로 사는 것에…… 너무나 많은 위선과 너무나 많은 거짓말, 너무나 많은 악독함, 너무나 많은 말장난과 기만 때문에.(「Estamira」중 에스따미라의 말, 2005)

에스따미라는 국가가 학교라는 공간을 통해 끊임없이 재생산해 주입하는 것이 건설적인 창의성이라고는 전혀 없고 삶과는 무관한 것일 뿐 아니라 오히려 거짓과 위선으로 가득 찬 지식이라는 사실을 당사자들이 알기를 바랐다.

> 당신네들은 학교에서 아무것도 배우지 않아요. 그저 베끼기만 하지. 배운다는 건 실제 일어나는 일들을 통해 할 수 있는 건데 말이우. 나한테 두 살 된 손주가 하나 있는데 그 어린애도 그걸 안다우. 이제 두 살인데 아직은 학교에 가서 위선과 거짓말을 배우진 않았지.(「Estamira」 중 에스따미라의 말, 2005)

에스따미라가 말하는 위선과 거짓은 학교와 가정, 그 외 사회화를 담당하는 다양한 환경에서 마치 당연한 것처럼 학습되고 실천된다. 가정과 학교를 비롯해 다양한 경로로 이루어지는 교육을 통해 재생산되고 있는 브라질의 인종주의, 그 결과 브라질 사람의 집합적 무의식으로 작용하는 이른바 고착화된 인종 아비투스는 그러한 위선과 거짓이 서 있는 탄탄한 기반이기도 하다(김영철, 2020, 84). 그것을 일상적으로 겪어왔던 에스따미라에게 쓰레기 하치장이 단순히 돈을 벌기 위한 수단일 뿐 아니라 세상에서 가장 살기 좋은 장소였다(Félix and Aquino, 2013, 229)는 사실은 이상하지 않다. 쁘라두에 따르면 에스따미라는 자신이 쓰레기 매립지 바깥에 사는 사람들에게 기본적인 윤리 덕목을 전할 사명이 있다고 믿었다. 그녀가 볼 때 우리가 사는 이 사회가 기반한 실패한 가치들이야말로 진정한 쓰레기였기 때문이다(Blog Famosos Que Partiram, 2022).

### 3) 파벨라, 쓰레기 매립지, 흑인, 여성

이 둘은 가난한 흑인 여성이라는 신체적 특성과 그것에 찍힌 열등함의 낙인으로 인한 차별, 폭력과 함께 그들의 공통적인 배경인 쓰레기 매립지, 파벨라라는 공간이 가진 폭력에 둘러싸여 살았다. 파벨라는 여러 종류의 실질적이고 상징적인 폭력의 공간으로 인식된다. 1920년대 처음 퇴역 군인들이 도시 외곽에 모여 무허가 판자촌을 지은 것이 파벨라의 시초다. 사탕수수 주기의 쇠퇴와 함께 새로운 기회를 찾아 북동부 등지에서 도시로 사람들이 몰리고 1950년대 브라질의 도시화에 속도가 붙으면서 파벨라는 하나의 사회 현상으로 자리 잡고, 국가 인구 조사에서 주거지 종류의 정식 범주 중 하나가 됐다. 이어 1960년대에는 파벨라가 사회과학 연구의 중요한 용어가 됐다. 이렇게 된 것은 실제 그곳이 갖고 있었던 일련의 성격들 때문이기도 했지만, 더 큰 이유는 파벨라라는 새로운 형태의 공간에 대한 정책과 학술 연구를 용이하게 하기 위해 그 같은 특징들과 파벨라의 연결을 고착화한 지배 계층의 의도라고 해석할 수 있다. 이런 과정을 거쳐 파벨라는 21세기에 이루어진 많은 변화의 시도에도 불구하고 도시 속 혹은 도시 외곽에 위치한 가난한 자들의 격리된 주거 공간이라는 매우 폐쇄적이고 강력한 이미지로 굳어졌다. 1940년대와 1960년대에 집중적으로 생산되기 시작한 파벨라에 대한 학문적 사고에 거의 공통적으로 전제된 것은 파벨라를 문제로 보는 시각이었고 이는 도시 계획에서도 마찬가지였다(Valladares, 2008).

그런 틀에서 굳어진 파벨라라는 공간이 상징하는 폭력과 소외를 거기에 사는 가난한 흑인 여성이 겪고 있다는 사실은 전혀 새로운 것이 아니었지만 당사자들인 까롤리나와 에스따미라의 글과 목소리로 고발됐다는 이유로, 또 그들의 이야기가 지배 계층이 소비하는 인쇄물과 미디어를 통해 소개됐다는 것 자체로 그 주제는 새롭게 조명받을 기회를 얻었다. 그러나 그 같은 관심과 찬사가 가졌던 한계는 씁쓸하다. 펠릭스와 아끼누의 표현처럼 까롤리나는 그토록 그를 칭송했던 당대의 사회에 의해 소비되었다(Félix and Aquino, 2013, 227). 그의 첫 책은 비판과 질투 어린 시선일지언정 많은 관심을 받았지만 까롤리나의 '기이함'을 소비한 당시 브라질 사회의 호기심은 금세 식었다. 그 뒤로도 몇 권의 책을 더 출판했지만 첫 번째 책만큼의 인기를 얻지 못했고 죽기 전 마지막으로 남긴 자서전적 기록을 출판한 것은 브라질이 아닌 외국 출판사였다.

그들을 '발견해' 그들의 관찰이 세상과 소통될 수 있도록 물꼬를 열고 길을 터 준 아우달리우 당따스와 마르꾸스 쁘라두, 자르징 그라마슈와 그곳에 사는 사람들을 주인공으로 초대해 예술 프로젝트를 실행한 빅 무니스(Vik Muniz)[12] 같은 사람들의 의도는 바통을 이어받은 사회의 의도와 같지 않았다.[13] 그들의 이야기를 세상에 실어다 나른 미디어와

---

12 「Lixo Extraordinário」(2010)는 사진작가이자 예술가인 빅 무니스가 자르징 그라마슈 까따도르들이 참여하고, 쓰레기를 소재로 그들의 초상화를 제작하는 과정을 담은 다큐멘터리 영화이다. 약 2년 동안 진행된 이 프로젝트는 무니스가 처음 의도한 것보다 훨씬 더 역동적으로 까따도르와 소통하며 그들의 이야기를 담아냈고, 그들을 단순히 대상이 아닌 주체로서 프로젝트에 참여하게 했다.

13 마르꾸스 쁘라두는 에스따미라가 지병인 당뇨병 합병증으로 히우지자네이루의 한 병원에서 죽었을 때 그토록 에스따미라의 이야기를 이슈화하여 소비해 놓고 그 고통과 죽음의 순간에 그녀를 방치한 당국의 무관심과 공공 보건 의료의 실태에 분노했다(G1, 2011.7.28). "고맙군요, 나의 친애하는 브라질리아와 히우지자네이루의 정치인들이여, 우리 돈을 훔쳐 어딘지는 모르지만 꼭꼭 숨겨 두는 그대들(Obrigado meus políticos de Brasília, do Rio de Janeiro, que roubam nosso dinheiro e enfiam sei lá onde)"이라고 말한

사회가 이들을 소비하는 방식은 신자유주의와 자본주의라는 한계를 벗어나지 못했다.

그 둘의 이야기를 당시 사회가 원하는 방식으로 소비하려는 의도에도 불구하고, 또 어느 정도 그 의도가 성공한 것도 사실이지만, 그들의 증언과 기록이 갖는 의미가 없어진 것은 아니었다. 먼저, 파벨라 내부의 사람으로서, 가난한 흑인 여성으로서 전한 파벨라와 흑인으로서의 삶은 1990년대 완성돼 현재까지 강력하게 작용하고 있는 폭력과 소외의 공간으로서 파벨라에 대한 일방적 시선이 전하는 내용과 전혀 다르다. 분명 두 시선 모두 폭력과 소외, 비참함을 말한다. 그러나 전자는 그것을 방관하는 사회와 지배 계층의 파렴치함으로 인한 고통을 호소하면서도 한편으로는 그들의 우매함에 대한 안타까움마저 어린 비판을 담고 있다. 한편 후자는 파벨라와 쓰레기로 환원되는 흑인 소외계층을 사회 발전을 위해 해결해야 할 문제, 대상으로 보는 일방적 태도가 지배적이다. 그곳에서 일어나는, 그들이 겪는 문제가 '우리'의 문제가 되기에 '그들'은 여전히 너무나 멀다. 그럼에도 불구하고 까롤리나가 죽은 1970년대와 에스따미라가 다시 파장을 일으키기까지의 간극은 결코 텅 비어 있다고 할 수 없다. 다행히 두 시선이 담고 있는 이 같은 본질적 차이는 기록되었고 그 간극의 시기에도 산발적이긴 하지만 꾸준히 재생산됐다. 그리고 지금은 새로운 시대적 맥락과 맞물려 여전히 브라질 사회에, 라틴아메리카에, 또 전 지구에 도전이 되고 있다. 역사로 남은 두 흑인 여성의 메시지는 현재를 해석하고 미래를 구상하기 위한 재료로서 여러

---

쁘라두의 회의에 찬 비난은 잘 알려져 있다.

언어의 옷을 입고 분명히 존재한다.


## 5 흑인 여성 쓰레기 수집노동자,
## 일상성의 소외에서 인정을 통한 새로운 시민성 건설

여기서 브라질 흑인들의 시민성에 대한 문제가 대두된다. 한 사회가 시민이라는 개념과 실체의 경계를 만들어 내는 방식은 무엇인가. 시민은 어떤 식으로든 국가가 행하는 선택과 배제라는 작업을 통해 정의된다. 그렇게 정립된 시민의 범주에서 누군가는 소외될 수밖에 없다. 20세기까지 많은 사회에서 상당히 노골적인 방식, 즉 법과 제도를 통해 소외를 공공연히 행하는 시민성의 범주를 만들어 왔다. 누가 소외되고 누가 소외시키고 있는가. 브라질, 그리고 라틴아메리카 사회에서 포용과 관용을 강조하는 분위기가 들어선 20세기 말 이후에는 좀 더 간접적인 방식으로, 그러나 전에 못지않게 강도 높은 소외가 이전 시대에서 소외되고 착취당했던 바로 그 대상에 대해 이루어져 왔다. 지식, 물질, 관계라는 자원을 소유하지 못해 자유 경쟁에 참여할 수 없는 이들은 대부분 흑인, 원주민, 혼혈 구성원이다. 누가 소외시키고 있느냐 하는 것은 순진한 질문일 수 있다. 우리가 더 사유해야 할 것은 소외가 행하는 파괴적인 힘이다. 앙리 르페브르는 현대인의 삶에서 일상과 소외의 관계를 현상학적인 눈으로 분석한다.

소외는 일상을 그 풍요로움에서부터 떼어 낸다. 그것은 일상을 경멸함으로써,

그리고 이데올로기의 헛된 광채 밑에 일상을 가림으로써 이 생산과 창조의 장을 감춘다. 특별한 소외는 자연과 물질과 직접 맞붙어 있는 노동의 구성적 관계들로부터 풍요로움을 도출해 내는 것을 금하면서 물질적 빈곤을 정신적 빈곤으로 바꾼다. 사회적 소외는 창조적 의식('현실' 속에서의 예술 창조의 기초까지도 포함하여야)을 수동적인 불행한 의식으로 바꿔 준다(르페브르, 1994, 74).

특히 흑인과 원주민, 혼혈 구성원은 브라질 인구에서 다수를 차지함에도 불구하고 그들의 언어, 문화, 일상, 세계관은 브라질의 정체성을 구축하는 데 유의미한 재료로 인정되지 않았다. 이 글에서 초점을 맞춘 쓰레기에서 생존과 자기 정체성 구축의 가능성을 찾은 가난한 흑인 여성, 쓰레기 매립지와 파벨라에 거주하는 이들의 일상은 더욱 그랬다. 그들의 존재가 비가시화됐기에 그들의 생각과 말은 공론의 영역에 등장할 수 없었고, 공론화될 만큼 쓸모 있는 생각을 할 수 있는 존재로 여겨지지 않았다. 1970년대에 그런 암묵적이고도 공공연한 법칙을 깨고 등장한 까롤리나가 받았던 찬사와 조롱, 상업적 이용이라는 혼재된 반응은 이를 잘 설명한다. 약 50년의 시간이 흐른 지금 까롤리나는 에스따미라와, 오늘날 브라질의 수많은 가난한 흑인 여성의 목소리를 대표하는 아이콘으로서뿐만 아니라 브라질 사회의 더 폭넓은 부분을 아우르는 문제에 대한 대안적 사유의 목소리로 다시 주목을 받고 있다. 왜 까롤리나와 에스따미라의 관찰과 문제의식이 다시 관심의 대상이 되고 있을까. 현재의 맥락은 과거와 어떻게 다르며, 새로운 맥락에서 진행되는 이 같은 관심과 논의는 어떤 방향을 향하고 있는가.

까롤리라 지 제주스는 당시 지식인 여성으로 취급되지 않았고 생의 말에는 미친 여자라는 꼬리표까지 붙었습니다. 그러나 지금 학계에서는 그녀에 관한 연구가 점점 더 많이 진행되고 있습니다. 우리 문학에서 비로소 까롤리나가 가져 마땅한 자리를 내어 주고 있는 것일까요?(Loures, 2019)

언론인 마리자 로우리스(Marisa Loures)가 *Carolina, uma Biografia*의 저자 파리아스와 인터뷰를 시작하며 던진 질문이다. 로우리스의 질문에 파리아스는 까롤리나의 글이 사유와 반추, 철학과 행동의 장소로서 파벨라를 보여 줄 것이라 답한다(Loures, 2019). 까롤리나의 글이 가진 그 같은 의미는 당시에도 마찬가지였다. 그리고 앞서 봤듯 그 의도는 일부 지식인들과만 공유됐다. 그녀가 죽은 1970년대를 지나 1990년대에 이르기까지 파벨라를 특정 단위로 상정하고 이에 걸맞은 지역(territory), 정체성(identity), 소명(commitment) 간의 숙명적 연결 고리를 기정사실화하는 이른바 파벨라와 그 거주민에 대한 낙인찍기는 계속 강화돼 갔다(Valladares, 2008, 1). 지금은 무엇이 다른가. 파벨라와 쓰레기 매립지를 여전히, 그리고 새롭게 까롤리나와 에스따미라로 대표되는 소외된 흑인 여성의 사유와 반추, 철학과 행동의 장소로 봐야 하는 이유는 무엇인가.

가장 두드러진 맥락은 쓰레기와 지속가능성에 대한 전 지구적 우려라는 시대적 관심이다. 그와 함께 환경과 생태에 민감한 새로운 시민 의식의 필요성이 대두됐다. 브라질에서 쓰레기 수집 및 분리 노동이라는 직업에 종사하는 사람들이 브라질 쓰레기의 90%를 처리한다는 사실을 거듭 상기하고 싶다. 쓰레기의 무분별한 생산과 처분이 한계에 달해 지구와 인간의 미래를 위협하는 지금 이 직업을 향한 인식의 기반은 분명 수정되어야 한다. 오랫동안 통용됐던 '쓰레기로 먹고사는 사람들(os que sobrevivem do lixo)'이라는 멸시적인 정의가 아니라 '우리가 만들어낸 쓰레기를 경영하는 전문직'이라는 정의에서 출발해야 한다. 특히 브라질과 같이 쓰레기 처리에서 공기관의 역할과 체계 구축이 미비한 나라에서 쓰레기 수집노동자들은 쓰레기를 어떻게 분류하고 처리해야 하는지 가장 전문적인 지식을 갖고 실천하는 주체이다. 그들은 보다 근원적으로 어떻게 쓰레기를 줄여야 하는지, 소비 습관에 있어서도 가장 건전한 가치를 가진 사람들이다. 그 누구도 환경 보호를 실천하기 위해 쓰레기 수집노동자가 되지는 않지만, 이 일을 함으로써 그 누구보다 환경 문제에 민감하게 되고 지속가능한 삶의 방식을 잘 실천하게 되며 전문적인 지식을 갖게 된다는 것을 부인할 수 있을까.

따라서 사회가 여전히 그들을 삶의 조건에 종속된 수동적인 존재로 바라보는 것은 매우 시대착오적이다. 쓰레기 수집 노동을 하면서 그들은 사회의 혐오라는 시선을 인지하면서도 일 자체에 대한 사명감을 갖는다. 또한 빈부, 인종을 막론하고 세계가 직면한 환경 위기라는 맥락은 그 같은 사명감에 더욱 힘을 실어 준다. 즉, 사회 전체의 윤리·도덕적 인식의 고양까지는 기대할 수 없더라도 정부는 그들을 이 시대의 위기에 가장 민감하고, 합당하게 선택하고 반응하며 살아가는 실천적 주체로 보고 그에 맞는 시민의 권리를 보장하기 위한 제도적 노력을 해야 마땅하다. 그런 제도적 노력은 사회의 인식을 성숙하게 하는 견인차 역할을 할 것이다.

이는 쓰레기, 쓰레기 수집노동자, 흑인 여성, 빈곤과 불평등, 소외,

그리고 그 외 광범위한 스펙트럼에 걸쳐 나타나는 사회정의의 부재에 관한 논의에 접근하는 방식이 변화될 필요성과도 직결된다. 우리 사회가 "경제 지표의 변화와 예측에는 매우 민감하지만 그 속에 살고 있는 사람들이 그 지표 속에서 어떤 선택을 내리는지에는 주목하지 않고 있다"는 케이트 피킷의 말은 그런 맥락에서 이해될 수 있다(안희경, 2020, 157). 가난한 흑인 또는 혼혈 여성, 쓰레기 수집노동자에 대한 논의도 단순히 그들을 폭력과 소외의 피해자로만 보는 시각, 특히 양적 해결을 추구하는 정부 정책을 위한 폭력과 소외의 정의에 입각한 일방적인 틀에서만 이뤄지는 것은 한계가 있다. 지금 필요한 것은 그들이 직접 선택할 수 있고 그들에게 더 넓은 선택의 폭이 주어져야 한다는 인식이다.

## 6 맺음말

남쪽의 다른 여러 나라가 그렇듯 가난과 불평등이 브라질의 만성적인 문제라는 것은 재고의 여지가 없는 사실이다. 조금 더 이 문제에 고민할 의향이 있는 사람이라면 또 다른 진실, 즉 그 같은 사회적 위치에서 비롯된 낙인과 편견이라는 시선의 폭력이 어쩌면 가난과 불평등 그 자체보다 벗어나기 힘들고, 결과적으로 그들을 그러한 위치에 가둬 버린다는 것을 고민의 출발점으로 삼았으면 한다. 시선의 폭력은 정교하게 사회화된 기반에 뿌리를 두고 있어 강력하게 가시화되며 매우 정확하게 그 대상을 향한다. 그리고 그 결과는 매우 성공적이다. 그 시선이 브라질의 소위 소외 계층이라 불리는 가난한 흑인과 혼혈, 원주민에 내재화되어 그들의 자아상과 세계상을 형성했고 이는 한 세대에 그치지 않았다.

이 글은 그중 하나인 브라질 북동부의 쓰레기 수거업 종사 여성의 사회적 위치와 그들이 겪는 일상적 소외와 폭력을 살펴보고, 라틴아메리카를 중심으로 한 탈식민 프로젝트와 환경 및 생태의 위기라는 새로운 맥락에서 그들이 찾은 시민성 회복의 가능성을 전망해 봤다. 서두에서 인용했듯 위기는 사회의 모순을 따라 확산되고, 브라질의 약자들은 이 위기 앞에 여러 의미로 쓰러졌다. 하지만 그들은 유의미한 질문을 던진다. 기존의 패러다임에 젖은 이들의 질문은 유의미한 답을 이끌어 낼 힘이 없는 경우가 많다. 질문 자체가 울타리를 넘어서지 못하기 때문이다. 이제는 사회적 모순의 희생자였던 그들이 던지는 의문에 귀를 기울일 때다. 까롤리나와 에스따미라가 사회를 향해 던졌던 질문이 지금 힘을 가질 수 있는 것은 바로 그런 맥락에서다.

# 제 5 장

# 라틴아메리카의 페미니스트 외교: 멕시코*

/

## 강경희

/

/

* 이 글은 2022년에 발행된 「페미니스트 외교의 특성에 관한 연구: 멕시코 사례를 중심으로」, 『라틴아메리카연구』 제35권 2호, 1-32쪽을 보완한 것이다.

최근 페미니스트 외교를 선언하는 국가들이 점차 증가하고 있다. 스웨덴이 2014년에 페미니스트 외교를 공식 선언한 후 캐나다(2017), 룩셈부르크(2019), 프랑스(2019), 멕시코(2020), 스페인(2021) 등 현재까지 총 여섯 개 국가가 페미니스트 외교 정책 또는 페미니스트 국제 원조 정책을 공식화했다. 미국연방 하원의회와 유럽의회도 2020년 9월과 12월에 각각 페미니스트 외교를 요구하는 법안을 제출했다(IWDA, 2021, 7). 영국 노동당은 2018년에 정당 차원에서 페미니스트 외교를 선언했고(Gill, 2019; Quispe, 2020, 28), 노르웨이는 명시적이지는 않으나 페미니스트 외교에 해당하는 외교 지침을 가지고 있다(Ministry of Foreign Affairs, 2021). 독일의 사회민주당·녹색당·자유민주당 연립정부는 2021년 11월에 페미니스트 외교를 공개적으로 약속했다(Gill-Atkinson and Pradela, 2021). 스웨덴이 페미니스트 외교를 선언할 당시에는 "구체적 실체가 없다", "낙인찍힌 용어가 포함되어 있다", "혼란을 유발하는 당혹스럽고 교활한 표현이다" 등과 같이 회의적 입장이 우세했다(López-Valerio, 2017). 그러나 현재까지 페미니스트 외교를 채택하는 국가들은 계속 증가하고 있으며, 이에 대한 국제적 관심도도 점차 높아지고 있다.

페미니스트 외교에 관한 연구는 주로 국가별 사례에 초점을 맞추고 있다(Telles, 2020; Ambassade De France Au Qatar, 2022; Quispe, 2020; Tokatlian, 2018; 김민정, 2020; 윤지소, 2021; 설규상, 2022). 아직은 페미니스트 외교 사례가 과소하고 축적된 연구도 많지 않아 해당 주제에 관한 이론적 수준의 일반화가 쉽지 않기 때문이다. 최근 들어 페미니스트 외교를 채택한 국가를 대상으로 비교 연구가 진행되기 시작했다(España Global, 2021; IWDA, 2020; Nehme, 2021; 이하린·장혜영, 2022). 이러한 선행 연구의 검토에서 이 글이 주목한 점은 페미니스트 외교를 분석할 때 비교적 높은 실행력을 갖춘 스웨덴이 모범 사례로 소개된다는 것이다. 이로 인해 멕시코와 같은 비서구권 국가의 페미니스트 외교에 관한 분석은 멕시코가 걸어온 역사적 특성이나 국내적 요인을 고려하기보다 스웨덴과 비교해 부족하거나 불완전한 부분을 지적하는 쪽으로 진행되는 경향이 있다(González Delgadillo, 2020; Lagunes, 2020; Olamendi, 2021).

멕시코는 세계에서 다섯 번째로, 그리고 라틴아메리카·카리브 지역에서는 최초로 페미니스트 외교를 채택한 국가이다. 젠더 인권에 있어 선진국으로 고려되는 스웨덴, 프랑스, 캐나다 등과 달리 멕시코는 여성살해 사건이나 여아 실종 사건이 빈번히 발생하는 젠더 인권 취약국으로 분류된다.[1] 올라멘디(Olamendi, 2021)[2]는 젠더 인권 취약국인 멕시코가 페미니스트 외교를 표방하는 것은 국내의 열악한 인권 현실을 오히려 왜곡할 수 있다고 우려한다. 라구네스(Lagunes, 2020)[3]도 멕시코의 젠더 인권 침해 상황과 페미니스트 외교 방침 간 불일치를 강조하며, 멕시코의 페미니스트 외교가 선언에 그칠 뿐 명확한 정의조차 내리지 못한다고 지적한다.

젠더 인권이 취약한 현실에도 멕시코 정부가 페미니스트 외교를 채택한 요인은 무엇일까? 멕시코의 페미니스트 외교는 서구와 비교해 어떠한 특징이 있을까? 바르세나(Bárcena, 2020)[4]의 바람대로 멕시코의 페미니스트 외교가 라틴아메리카·카리브 지역 및 비서구권을 선도하는 대표 모델이 될 수 있을까? 이러한 문제의식하에 이 글에서는 서구권 국가와 비교해 멕시코 페미니스트 외교가 갖는 특징과 멕시코 정부가 페

---

1  국제공인시스템(Secretariado Ejecutivo del Sistema Nacional de Seguridad Pública, SESNSP) 사무국에 따르면, 2020년 멕시코에서는 860건의 여성 살해 사건이 발생했고 멕시코 주가 132건으로 가장 높은 발생 빈도를 보였다. 같은 해 멕시코 911에 신고된 여성에 대한 폭력 건수 중 249,798건이 여성 대상 폭력 사건이었다(Reyes, 2021).

2  올라멘디(Patricia Olamendi)는 멕시코의 정의·인권연수원(Justice and Human Rights Training Institute) 대표이며 유엔인권이사회(United Nations Human Rights Council) 실무그룹 일원이다.

3  라구네스(Luis Lagunes Huerta)는 사회학자이자 페미니스트, 저널리스트이며 주멕시코 유엔여성기구(UN Women-Mexico) 시민사회자문위원회(Consejo Asesor de la Sociedad Civil)와 멕시코시티 차별방지근절위원회(Consejo para Prevenir y Erradicar la Discriminación de la Ciudad de México) 위원이다.

4  바르세나(Alicia Bárcena)는 멕시코의 대표적인 여성 정치인으로서 유엔 라틴아메리카·카리브경제위원회(ECLAC) 사무총장을 역임했고, 2023년 3월부터 멕시코 국립 외교아카데미인 마티아스로메로연구소(Instituto Matías Romero)를 이끌 예정이다.

미니스트 외교를 채택하게 된 요인을 살펴보고자 한다. 멕시코의 페미니스트 외교 채택에는 '상황적 요인'이 결정적이었다는 설명이 많다. 멕시코 정부는 2021년 베이징세계여성대회+25 세대평등포럼(Beijing+25 Generation Equality Forum) 주최국으로 선정되기 위한 수단으로(España Global, 2021, 30), 혹은 2021-2022년 유엔안전보장이사회 비상임이사국 진출을 위한 수단으로(González Delgadillo, 2020), 아니면 2024년 대선 승리를 위한 조기 캠페인의 일환으로 페미니스트 외교를 선포했다는 것이다(Lagunes, 2020).

그러나 '상황적 요인'에 대한 지나친 강조는 페미니스트 외교 채택에 영향을 미친 멕시코 여성과 페미니스트들을 '보이지 않게' 하고 멕시코의 페미니스트 외교 선언이 갖는 의미를 과소평가하는 경향이 있다. 이러한 점을 고려해 이 글은 상황적 요인보다 '내재적 요인'에 집중해 멕시코가 페미니스트 외교를 채택하게 된 요인을 살펴보고, 서구권 국가들과의 비교를 통해 멕시코 사례의 특징을 이해하고자 한다. 다시 말하면, 외교 분야에서 멕시코 여성의 대표성 확대, 멕시코 페미니스트 운동의 제도화 등 내재적 요인이 멕시코 정부가 페미니스트 외교를 채택하는 데 중요한 영향을 미쳤다는 점을 설명하고자 한다. 이 글의 구성은 다음과 같다. 우선, 페미니스트 외교에 관한 이론적 논의를 살펴본 후 멕시코 페미니스트 외교의 특징을 스웨덴 등 서구 국가들과 비교해 명확히 규명하고자 한다. 다음으로 멕시코의 페미니스트 외교의 채택 요인을 내재적 요인들을 통해 설명하고, 마지막으로 맺음말에서는 멕시코 페미니스트 외교 선언이 갖는 의미를 살펴보고자 한다.

## 2 페미니스트 외교의 개념과 이론적 논의

### 1) 페미니스트 외교의 개념

페미니스트 외교라는 개념을 처음 도입한 이는 2014년 스웨덴 전 외무장관인 마르고트 발스트룀(Margot Wallström)이다. 발스트룀에 따르면, 페미니스트 외교는 성폭력 근절, 여성의 경제적 해방, 여성과 여아의 교육, 남성과 남아의 교육, 여성 리더십 강화, 정치적 의사 결정 및 평화 협상과 평화 조약에 여성의 참여 확대 등을 내용으로 한다. 또한 페미니스트 외교는 개발 원조 정책의 일부로서 자금 조달을 통한 성평등 달성을 목표로 하는 대외적 관계를 의미하기도 한다(United Nations, 2022).

사전적 의미로 페미니스트 외교란 현 국제 체제를 분석하고 세계 속에서 한 국가가 존재하는 방법을 탐구할 때 '페미니스트적인 것'에 뿌리를 둔 정치 이론, 정치 철학 및 세계 페미니즘 운동의 의제와 관점을 따르는 것을 의미한다(López-Valerio, 2017). 일반적으로 페미니스트적인 것은 현상 유지보다 현상 타파를 지향하고, 권력과 무력의 비대칭적 관계를 시정하고자 하며, 안보 측면에서 패권국의 역할과 임무에 대해 의문을 제기하는 개념이다. 그러한 이유로 페미니스트 외교는 글로벌 패권국이 채택하기는 어려운 전략이라고 할 수 있다(Telles, 2020).

외교가 페미니스트적이라는 것은 두 가지 의미를 포함한다. 첫째, 페미니스트 외교는 힘의 논리가 지배하는 국제 정치 현실과 이를 반영한 (신)현실주의 국제 정치 관점을 비판하며 외교의 방향을 평화, 정의, 인권, 지속가능발전 등 도덕적·규범적 원칙으로 전환할 것을 주장한다. 둘째, 페미니스트 외교는 여성의 경험과 목소리가 거의 반영되지 않는 외교 영역에서 성차별과 폭력을 만들어 내는 위계적 권력 구조를 타파함으로써 여성과 여아의 기본권을 폭넓게 보장하는 것을 의미한다(López-Valerio, 2017).

페미니즘은 대체로 급진적인 방법으로 사회 변혁을 추구하는 사상이자 실천이지만, 때에 따라 법 개정이나 공공정책 등 개혁적 수단을 통해 여성의 권리와 자원을 확대하는 방식을 취하기도 한다. 페미니스트 외교는 개혁적 수단을 통해 외교 영역에서 성평등을 달성하고 외교 영역에서 성에 기반을 둔 고정 관념, 편견, 차별, 불평등, 폭력 등을 제거하는 것을 목표로 한다(Naves, 2020). 말하자면, 페미니스트 외교는 성평등 달성을 목표로 하지만, 과거와는 다른 접근법을 사용한다.

요약하면, 페미니스트 외교는 여성과 여아에 대한 권리 보장, 교육, 경제적 해방을 통해 당면한 문제를 해결하려는 새로운 유형의 공공정책 패러다임이며, 궁극적으로는 지속가능발전목표(SDGs) 중 5번 목표(성평등)를 달성하려는 것이다. 페미니스트 외교는 여성과 여아만을 위한 공공정책에 머물지 않고, 나아가 더 나은 세상과 더 강한 민주주의 확립에도 긍정적 영향을 미치고자 한다(United Nations, 2022). 즉, 페미니스트 외교는 여성뿐 아니라 남성을 위한 사회정의의 증진, 자원에 대한 접근에 있어 세계적 불평등 상황의 개선, 모든 형태의 폭력 제거, 환경 보호의 촉진, 부패 퇴치 등에 기여하는 것이며, 이를 통해 페미니스트 외교가 보편성을 확보하게 되는 것이다(Naves, 2020).

페미니스트 외교의 구상에 영향을 미친 학술적 논의로는 여성과 평화 연구, 페미니즘과 평화 연구, 페미니스트 안보 연구 등 페미니스트 국제정치학을 들 수 있다(Naves, 2020). 페미니스트 국제정치학의 목표는 국제 관계에서 여성과 페미니즘의 존재와 역할을 가시화하고 국제 정치 연구에 젠더 관점을 통합하는 것이다(Telles, 2020). 페미니스트 국제정치학 분야의 학술 연구가 발표되기 시작한 것은 1980년대 중반 이후의 일이다(López-Valerio, 2017). 냉전기에는 전쟁과 안보 연구에 집중했던 국제정치학자들이 탈냉전 후 새롭게 등장한 정치경제, 환경, 인권 등의 문제에 주목하기 시작했다. 그 가운데 페미니스트 국제정치학도 탈냉전기 급변하는 국제 정치 상황을 분석하기 위해 등장했다(황영주, 2013, 28).

페미니스트 국제정치학의 대표적인 연구자로는 티크너(J. Ann Tickner), 엔로(Cynthia Enloe), 엘시테인(Jean Bethke Elshtain), 실베스터(Christine Sylvester) 등이 있다(López-Valerio, 2017). 페미니스트 국제정치학의 토대를 만든 티크너는 헌팅턴(H. Morgenthau)의 (신)현실주의 권력 개념을 비판하고 이에 대한 재개념화를 시도했다. 티크너는 '남성의 세계'로 인식되는 국제 정치와 젠더화된 국가 안보 개념을 비판하며 '여성의 관점과 경험'을 통해 국제 정치와 국가 안보 개념을 재구성하고자 했다(황영주, 2013, 29-31). 엔로는 주류 국제정치학이 전쟁이나 국가를 중립적 개념으로 파악함으로써 여성의 비가시성과 배제를 초래했다고 비판하며, 페미니스트 국제정치학이 젠더라는 분석 단위를 활용해 전통적 국제 정치 개념들을 비판하고 재개념화하는 데 기여하게 될 것이라고 기대했다(López-Valerio, 2017). 페미니즘 안보 연구를 진행한 실베스터는 인종, 문화, 종족, 종교 등에 따른 특수 상황과 여성의 경험을 결합함으로써 안보에 대한 보편적 관점을 구성할 수 있다고 주장했다(황영주, 2013, 49). 이들에 의해 체계화된 페미니스트 국제정치학의 이론과 개념들은 2014년 이후 페미니스트 외교가 구상되고 내용을 갖춰 가는 데 지대한 영향을 미쳤다.

## 2) 여성의 권리에 관한 국제 사회의 논의와 제도화

페미니스트 국제정치학이 페미니스트 외교의 '구상'에 영향을 미쳤다면, 국제 사회에서 여성의 권리에 관한 논의와 제도화는 페미니스트 외교의 '선포'와 대외적 '확산'을 수월하게 했다. 실제로 스웨덴 등 페미니스트 외교를 선언한 국가들은 이 외교가 여성의 권리 향상과 성평등 달성을 목표로 확립된 국제 협약을 계승한다는 점을 강조한다(Nehme, 2021). 국제 사회에서 인권 보호를 위한 논의와 이를 이행하려는 개별 국가의 전통적 인권 정책은 더욱 발전된 형태인 페미니스트 외교에서 계승되었다. 인권 보호를 외교 정책의 도구로 삼는 것은 '조직된 위선'이라는 스티븐 크래스너(Stephen Krasner)의 비판에도 불구하고, 페미니스트 외교는 여성 인권의 보호를 전면에 내세우는 전략을 취한다(Telles, 2020).

유엔 차원의 인권 논의는 제2차 세계대전 종전 직후 시작되었다. 자유주의 페미니스트들은 유엔 및 지역 기구의 인권 규약 협의 과정에 적극적으로 개입하여 1945년 유엔헌장, 1948년 세계인권선언, 1950년 유럽 인권과 근원적 자유에 관한 협정, 1966년 시민적 및 정치적 권리에 관한 국제 규약, 1969년 미주인권협약, 1981년 유엔여성차별철폐

협약(Convention on the Elimination of All Forms of Discrimination Against Women, CEDAW), 1987년 아프리카 인권 및 국민권리위원회 등에 '여성과 여아의 권리 조항'을 포함시키는 성과를 보였다(허민숙, 2013, 103-104). 유엔총회가 1979년에 채택하고 1981년에 발효한 유엔여성차별철폐협약은 여성에 대한 모든 형태의 차별을 금지하는 것을 내용으로 하는 최초의 국제 인권 협약으로서 법적 구속력을 가졌다. 이 협약은 1990년대 이후 비엔나행동강령(1993), 국제인구개발회의(1994) 등으로 이어지는 여성 인권 의제의 기본틀을 제공했다(장은하 외, 2019, 26-32).

1993년 세계인권대회의 합의 결과 발표된 비엔나인권선언(Vienna Declaration and Programme of Action)은 '여성의 권리가 인권'임을 역사상 최초로 공식 인정했다는 데 의미가 있다(Telles, 2020). 또한 비엔나인권선언은 '여성에 대한 폭력은 인권 침해'라는 점을 분명히 하면서 문화적 차이, 관습, 관행 등에 따른 여성 인권의 침해를 비판했다(허민숙, 2013, 116). 1994년에 카이로에서 개최된 국제인구개발회의(International Conference on Population and Development, ICPD)는 인구 증가 억제보다 재생산 권리 등에서 여성 인권의 강화가 인구 문제의 주요 해결책이라고 인식했다는 점에서 이전 회의들과 차별화된다. 1994년 국제인구개발회의에서 도출된 카이로행동계획은 개별 여성이 자녀의 수와 터울을 결정할 권리, 만족스럽고 안전한 성생활을 누릴 권리 등 육체적·정신적·사회적 웰빙까지 재생산 권리에 포함했다(장은하 외, 2019, 41-42).

세계적 차원에서 여성의 교류와 협력이 본격화된 계기는 1975년 유엔 국제 여성의 해(International Women's Year)와 여성을 위한 10년 (Decade for Women, 1975-1985) 선언이었다. 1975년 제1차 세계여성대회(멕시코시티), 1980년 제2차 세계여성대회(코펜하겐), 1985년 제3차 세계여성대회(나이로비), 1995년 제4차 세계여성대회(베이징)를 거치면서 세계의 수많은 여성이 직접적인 교류와 협력을 진행할 수 있었다. 베이징선언과행동강령(Beijing Declaration and Platform for Action, 이하 베이징여성행동강령)은 유엔여성차별철폐협약, 국제인구개발회의, 세 차례 세계여성대회 등의 논의를 집대성한 것이었다(장은하 외, 2019, 46-53). 특히, 베이징여성행동강령에서 선포한 '성 주류화'는 남성이 과잉 대표된 외교 영역에서 여성 대표성에 대한 관심을 증대시켜 페미니스트 외교의 출현에 직접적인 영향을 미쳤다(Nehme, 2021).

2000년에 발표된 여성·평화·안보 유엔안전보장이사회 결의안 1325(UN Security Council Resolution 1325 on women, peace and security)는 여성과 분쟁에 관한 최초의 국제적 합의로서 페미니스트 외교를 선포한 국가들에 강한 영감을 주었다(Naves, 2020). 페미니스트 국제정치학 연구의 결실(황영주, 2013, 47)인 이 결의안 1325는 유엔안전보장이사회에서 만장일치로 채택되었다. 이 결의안은 전쟁이 여성에 미치는 과도한 피해를 인정했고, 분쟁의 예방과 해결 및 평화의 유지와 구축에 여성 참여를 확대하기 위한 국가 차원의 행동을 최초로 요구했다는 점에서 의의가 있다(장은하 외, 2019, 72).

유엔이 2000년에 발표한 새천년발전목표(Millennium Development Goals, MDGs)와 2015년에 발표한 지속가능발전목표(Sustainable Development Goals, SDGs)는 여성의 권리를 둘러싼 기존의 국제 사회

논의를 보편적인 글로벌 발전 목표에 통합했다는 점에서 특징적이다. MDGs는 1번(기아), 2번(교육), 4번(아동 사망률), 5번(모성 사망률)의 공통 목표에 젠더가 포함되었고, 3번(양성평등 및 여성 권한 강화)에 젠더가 독자 목표로 설정되어 있었다. 그러나 3번 관련 지표로 '2015년까지 모든 수준의 교육에서 성평등'만을 적시하고 있어 그동안 국제 사회 논의가 충분히 반영되지 못했다는 비판을 받았다(장은하 외, 2019, 47-58). 이와는 달리, SDGs 수립을 위한 논의에는 다양한 이해관계자들이 참여했으며 그들의 의견이 글로벌 여성 의제에 포괄적으로 포함되었다. 또한 SDGs 5번(성평등)에는 젠더가 독자 목표로 설정되어 있으며, SDGs 17개 목표 중 14개에 여성 의제가 공통 목표로 포함되었다.

2010년 유엔총회의 결의에 따라, 유엔에 분산되어 있던 여성 관련 기구들(DAW, INSTRAW, UNIFEM, OSAGI)[5]이 통합되어 유엔여성기구(UN Women)가 창설되었다. 유엔여성기구는 2010년에 MDGs와 베이징여성행동강령의 이행 상황을, 그리고 2015년에는 SDGs를 비롯한 개발과 성평등 의제의 이행 상황을 점검했다(장은하 외, 2019, 16).

2020년은 베이징여성행동강령 채택 25주년, 결의안 1325 채택 20주년, SDGs 수립 5주년이 되는 해였다. 유엔여성기구는 유엔 중심의 글

---

5  유엔에서 활동하던 여성 관련 기구들로는 여성발전과(Division for the Advancement of Women, DAW), 국제여성인재연수원(International Research and Training Institute for Advancement of Women, INSTRAW), 유엔여성개발기금(United Nations Development Fund for Women, UNIFEM), 젠더 문제 및 여성 발전에 대한 사무총장 특별보좌관실 (Office of the Special Adviser to the Secretary-General on Gender Issues and Advancement of Women, OSAGI) 등이 있었다.

로벌 여성 의제를 종합 점검하는 역할을 맡았다. 같은 해 유엔은 여성 권한 강화와 성평등 달성을 위한 가장 포괄적인 틀로서 세대평등포럼 (Generation Equality Forum)을 실시했다. 이 포럼은 성평등에 대한 긴급한 조치와 책임을 촉구하는 국제적 대화의 장으로서 여성 인권 운동과 페미니스트 연대, 그리고 변화를 위한 청년 리더십 행동이 포함되었다 (Nehme, 2021).

## 3 국가별 페미니스트 외교의 특징

### 1) 서구 국가들의 페미니스트 외교

#### (1) 스웨덴

스웨덴은 페미니스트 외교를 공식 선언한 세계 최초의 국가이다. 또한 스웨덴의 페미니스트 외교는 다른 국가들에 비해 비교적 젠더 관점을 충실히 반영하고 있다고 평가된다. 2014년 말에 스웨덴은 성평등을 외교 지침으로 삼으면서 페미니스트 외교를 선포했다. 당시 스웨덴 외무장관이었던 발스트룀은 뢰벤(Stefan Löfven) 총리가 이끄는 사민당 신임 정부의 외교 노선과 관련해 "스웨덴은 세계 최초로 페미니스트 외교를 채택하는 국가가 될 것이다"라고 밝히며 이전 정부의 외교 노선과 거리두기를 시도했다(López-Valerio, 2017). 스웨덴 정부가 페미니스트 외교를 선언하게 된 동기는 2014년에 집권당이 된 스웨덴 사민당이 대내적으로 성평등 국가로서 정체성을 공고히 하고, 대외적으로 그러한 자국의 정체성을 국제 사회에 투영함으로써 세계 페미니스트 강국임을 인정받는 것이었다(Tokatlian, 2018).

스웨덴의 페미니스트 외교는 여성 인권 존중(Respect for the human rights of women), 여성의 대표성(Representation), 성평등 달성을 위한 자원 배분(Resources)을 의미하는 이른바 '3R'에 초점을 맞추고 있다(United Nations, 2022). 첫째, 여성 인권 존중은 그동안 스웨덴 정부가 '여성의 권리'와 '인권'을 별개로 취급하여 인권 정책에서 여성 의제를 배제해 왔다는 진단에 대한 응답이었다. 둘째, 여성의 대표성은 거버넌스에서 평화 회담에 이르기까지 모든 영역과 모든 수준의 의사 결정에서 여성의 참여와 영향력을 확대하는 것이다. 셋째, 성평등 달성을 위한 자원 배분은 외교 정책 방향을 성평등 달성에 두고 이에 대한 특별 예산 할당 등 유연한 자원 재배분을 시행하는 것이다(Lagunes, 2020; Nehme, 2021).

2015-2018년 스웨덴 페미니스트 외교 3개년 계획([표 1])에 따르면, '성평등'은 스웨덴 외교 정책의 기본 목적이며 국제 사회와의 약속에 대한 이행 의무 및 평화·안보·지속가능발전이라는 보다 광범위한 목표를 달성하기 위한 전제 조건이다. 다시 말하면, 스웨덴의 페미니스트 외교는 성평등 증진이라는 구체적 성과 달성뿐 아니라 인간 안보 및 인간 발전의 목표 달성에도 기여해야 한다는 것이다(López-Valerio, 2017).

[표1] 2015-2018년 스웨덴 페미니스트 외교 3개년 계획

| | 전략적 목표(3년) | 2016년 우선순위 분야 | 2017년 중점 분야 |
|---|---|---|---|
| 1 | 인권의 완전한 향유 보장 | 인도적 긴급 상황에서 여성과 여아들의 권리 강화 | 난민 또는 이주 여성과 여아의 권리 강화 |
| 2 | 신체적, 정신적, 성적 폭력으로부터 여성과 여아들을 보호 | 분쟁 및 분쟁 후 상황에서 여성과 여아에 대한 성폭력 및 젠더 기반 폭력, 그러한 범죄에 대한 불처벌 등과의 투쟁 | 사적 및 가족 내 관계에서 여성과 여아에 대한 폭력 퇴치 |
| 3 | 분쟁 예방 및 해결, 분쟁 후 평화 구축에 참여 | 여성의 평화 프로세스 및 평화 유지 활동 주체로서의 참여 촉진 | 분쟁 예방에서 여성과 여아의 역할 증진 |
| 4 | 사회 전반에 걸친 정치 참여와 영향력 | 경제, 사회, 환경적 관점에서 지속가능한 발전을 위한 주체로서 여성과 여아들의 참여 촉진 | 민주적 공간의 축소와 여성과 여아의 이중 취약성에 대응하기 위한 전략으로 여성과 여아의 참여 촉진 |
| 5 | 경제적 권리와 권한 부여 | 여성과 여아의 경제적 권한 강화, 생산적 고용 및 양질의 일자리를 포함한 경제적 자원에 대한 접근 강화 | 차별금지법 개발을 포함하여 여성과 여아의 권한 부여 및 경제적 영향력 강화 |
| 6 | 성과 재생산 건강과 권리 | 여아와 청소년의 성과 재생산 권리 강화 | 모든 사람의 성과 재생산 권리 강화를 위한 활동 강화 |

출처: López-Valerio, 2017.

스웨덴 페미니스트 외교의 다섯 가지 우선순위는 법 존중, 성폭력 근절, 성 및 재생산 권리, 여성의 경제적·물질적 권한 부여, 지속가능한 발전이다. 스웨덴에서 성평등과 관련된 논쟁적인 주제 중 하나는 '성매매'를 여성에 대한 성폭력으로 인식하느냐의 여부였다. 스웨덴의 관련법은 여성과 여아의 성을 '구매하고 지배하는 상품'으로 간주하지 않는다는 '강력한 평등 원칙'을 명시하고 있다(Lagunes, 2020).

스웨덴 정부는 페미니스트 외교 선포 후 3년 동안 발스트룀 외교부

장관, 린데(Anne Linde) 유럽연합·무역부 장관, 뢰빈(Isabella Lövin) 국제개발협력·기후부 장관이자 부총리를 젠더 의제 수석 고문으로 선정했다(López-Valerio, 2017). 스웨덴은 여성 대사 비율이 2017년에 40%로 20년 전의 10%에 비해 큰 폭으로 증가했고, 2021년에는 48%로 증가해 세계에서 여성 대사 비율이 가장 높은 국가가 되었다. 2018년 8월에 스웨덴 정부는 페미니스트 외교의 교훈과 의미를 공유하기 위해『페미니스트 외교 핸드북(*Handbook Sweden's feminist foreign policy*)』을 만들었다. 이 소책자는 스웨덴어, 영어, 프랑스어, 포르투갈어로 번역되어 페미니스트 외교의 국제적 확산에 기여하고 있다(United Nations, 2022).

### (2) 캐나다

2015년에 취임한 캐나다의 트뤼도(Justin Trudeau) 총리는 역사상 가장 높은 수준의 '다양성 내각'을 표방하며 남녀 동수 내각을 구성했고, 여성을 외교·개발부장관으로 임명하면서 외교에서 여성의 대표성을 부여했다. 캐나다 정부는 스웨덴처럼 가부장적 젠더 권력 구조를 타파할 것을 약속하기보다는, 여성의 정치 참여를 의제의 우선순위에 포함하는 것을 선호했다. 페미니스트 외교에 대한 캐나다 정부의 접근법도 경제 및 안보 부문에서 성평등을 강조하는 경향이 강했다.

캐나다 정부의 페미니스트 외교는 2017년 페미니스트 국제원조정책(Feminist International Assistance Policy, FIAP) 선포와 함께 시작되었다(Naves, 2020). 캐나다의 페미니스트 외교는 개발 원조라는 협소한 부문에 초점을 맞추고 있다. 캐나다 정부에 따르면, 페미니스트 외교는 빈곤을 근절하고 평화롭고 포용적이며 번영하는 세상을 만드는 것이다. 그리고 이때 성평등 촉진과 여성과 여아에 대한 권한 부여는 페미니스트 외교의 목표 달성을 위해 효과적인 방법이라는 것이다(Thompson and Clement, 2019, 3).

캐나다의 페미니스트 국제원조정책은 여섯 개의 우선 실행 분야를 포함한다. 첫째, 성평등 및 여성과 여아에 대한 권한 부여(Gender equality and women's and girls' empowerment)는 성폭력 및 젠더 기반 폭력을 줄이고, 여성 단체와 여성운동을 강화하며, 여성과 여아에게 서비스를 제공할 수 있는 정부 역량을 개선하고, 젠더에 관한 분석을 촉진하는 것이다. 둘째, 인간의 존엄성(Human dignity)은 양질의 의료와 영양 및 교육에 대한 접근을 지원하고, 여성과 여아의 필요를 반영한 인도적 지원을 즉각적으로 제공하는 것이다. 셋째, 모두를 위한 성장(Growth that works for everyone)은 자원과 서비스에 대한 접근 및 통제 등에 관한 여성의 경제적 권한을 부여하고, 모두를 위한 성장을 촉진하기 위해 여성에게 경제적 기회와 자원 접근 권한을 지원하는 것이다. 이것은 여성과 여아가 삶을 스스로 통제하는 데 필요한 경제적 독립에 도움을 줄 것이다. 넷째, 환경 및 기후 행동(climate action)은 기후변화를 완화하거나 이에 적응하고, 여성의 리더십과 의사 결정을 촉진하며, 청정 에너지 분야에서 여성을 위한 경제적 기회를 창출하기 위한 정부의 계획 및 구상을 지원하는 것이다. 다섯째, 포용적 거버넌스(Inclusive governance)는 여성 인권을 증진하고, 법치주의를 발전시키며, 강력한 제도를 구축함으로써 성차별을 금지하기 위해 노력하고, 여성과 여아의 정치 참여를 장려한다는 것이다. 여섯째, 여성과 평화와 안보(Women, peace and security)는 평화 구축 및 분쟁 후 재건에 더 많은 여성의 참여를 지원하고 안보 분야에서 여성 대표성을 높이며, 평화유지군에 의한 폭력 및 성적 학대에 대해 무관용 원칙을 적용하는 것을 포함한다(España Global, 2021, 13-14; Thompson, Ahmed and Khokhar, 2021, 6).

### (3) 프랑스

프랑스는 2018년에 수립된 국제성평등전략(International Strategy on Gender Equality)을 보완해 페미니스트 외교로 발전시킨 국가이다. 국제성평등전략은 캐나다의 페미니스트 국제원조정책과 마찬가지로 해외 원조만을 다루고 있었으나, 페미니스트 외교로 선포 직후 다음과 같은 의미가 추가되었다. "(……) 성평등은 대통령의 최우선 과제이다. 성평등은 외교의 원칙이 될 것이며, 교차하는 주제(cross-cutting theme)가 될 것이다"(Thompson and Clement, 2019, 3-4). 프랑스는 베이징세계여성대회+25를 개최하던 2019년의 세계여성의날에 페미니스트 외교 채택을 공개적으로 선언했다(Thompson and Clement, 2019, 1). 또한 프랑스개발청(Agence Française de Développement, AFD)은 2019년에 1억 2천만 유로를 페미니스트 외교 관련 예산으로 배정하면서 이를 두고 페미니스트 외교라고 명명했다(Lagunes, 2020). 프랑스 페미니스트 외교의 목표는 모든 대외 활동에서 여성에 권한을 부여하고 성평등을 국제 의제의 중심에 두는 것이다. 2019년에 본격적으로 시작된 프랑스의 페미니스트 외교는 그 진행 상황의 모니터링을 의무화하는 '책임 기반 외교'라는 특징을 갖는다(Nehme, 2021).

프랑스의 페미니스트 외교는 다섯 개의 주제 항목과 세 가지 기본 원칙을 포함한다. 다섯 개의 주제 항목은 캐나다와 유사하게 성과 재생산 건강에 중점을 두고 있다. 첫 번째 주제는 포괄적인 가족 계획, 성과 재생산 건강에 대한 접근, 산모 사망률 감소를 포함한 여성과 여아를 위한 건강 관리이다. 두 번째 주제는 포괄적인 성교육에 대한 접근 및 개선을 포함한 교육에 대한 접근이며, 세 번째 주제는 법적 결혼 연령을 18세로 상향 조정하는 것이고, 네 번째 주제는 직업 훈련 및 교육의 기회, 다섯 번째 주제는 외딴 농촌 지역에 대한 접근성을 높이는 사회 기반 시설 개선이다.

프랑스 페미니스트 외교에 포함된 세 가지 기본 원칙은 포괄적 (comprehensive) 접근 원칙, 권리 기반(rights-based) 원칙, 젠더 기반 (gender-based) 원칙이다. 첫째, 포괄적 접근 원칙은 국가가 페미니스트 외교의 적용 범위를 개발(원조)에 제한하지 않고 더 광범위한 부문으로 확장하는 것이다. 포괄적 접근 원칙은 외교·국제개발부 내의 젠더 동수제를 포함해 외교의 우선순위에 젠더가 포함되어야 한다는 것을 명시적으로 강조한다. 둘째, 권리 기반 원칙은 인권 관련 원칙, 규범이나 규칙이 포함된 인도주의 및 발전 정책, 그리고 여성에 대한 폭력과 관련된 정책 결정 과정에의 참여 등을 말한다. 셋째, 젠더 기반 원칙은 성 주류화을 말하며 "성평등 관점이 정책 결정에 관여하는 행위자들에 의해 모든 수준과 단계의 모든 정책에 통합되도록" 시도하는 것이다(Thompson and Clement, 2019, 4).

프랑스 정부는 2022년까지 원조의 50%를 여아와 남아의 평등을 위한 프로젝트 개발에 할당하고, 유엔여성기구의 이니셔티브에 대한 지원을 강화하겠다는 계획을 세웠다. 프랑스는 성과 재생산 권리를 지지하는 "She decides" 이니셔티브에 대한 기부 대상을 1,000만 명 이상 증가시켰다. 베네수엘라 주재 프랑스 대사인 나달(Romain Nadal)은 "우리의 목표를 달성하기 위해, 그리고 우리의 노력을 강화하기 위해 미래를 향한 관점을 확고하게 확립했다. (……) 여성과 남성의 평등이 더 공정하고 발전된 사회의 공고화를 향한 근본적인 발판으로 세워져야 한다는 것을 우리 자신의 경험을 통해 잘 알고 있다"고 말했다(Nehme, 2021).[6]

## 2) 멕시코의 페미니스트 외교

2019년 9월, 제74차 유엔총회 본회의에서 에브라르드(Marcelo Ebrard) 외교부 장관은 멕시코 정부의 페미니스트 외교 채택 의향을 밝힌 바 있다. 같은 시기 뉴욕에서 개최된 '2030 지속가능발전 의제'를 위한 글로벌시티즌페스티벌(Global Citizen Festival)에서 멕시코의 델가도(Martha Delgado Peralta) 외교부 차관은 멕시코 정부가 성평등과 여성 권한 강화를 목표로 페미니스트 외교를 실시할 것이라고 밝혔다. 델가도 차관은 같은 시기 칠레에서 개최된 제14차 라틴아메리카·카리브지

---

6 세 국가 외에도 스위스와 스페인이 페미니스트 외교 정책을 제안했다. 스위스 연방 외교부(Federal Department of Foreign Affairs)는 외교부에서 여성과 남성의 평등한 기회를 확대하기 위해 다음 세 가지의 페미니스트 외교 목표를 밝혔다. 첫째, 핵심 직위와 고위 직위에서 여성 비율이 여전히 낮기 때문에 모든 직급에서 여성의 평등한 대표성을 옹호한다. 둘째, 외교부 조직의 목표는 외교관들의 직장 생활과 가정 생활에 있어 균형을 강화하는 것이다. 이는 전근 규율, 배우자들을 위한 조치, 노동 유연성, 출산 및 육아 지원 개선 등을 내용으로 한다. 셋째, 여성 외교관에 대한 네트워킹과 지원을 장려한다. 한편, 스페인의 페미니스트 외교는 국제적 수준에서 실질적이고 효과적인 성평등을 향해 나아가는 외교 정책을 지지하면서 스페인에 만연한 성별 격차를 좁히기 위한 노력을 강화할 필요가 있음을 강조한다. 스페인이 제안한 페미니스트 외교는 여성과 평화 및 안보의 연계, 여성과 여아에 대한 폭력 근절, 여성과 여아의 인권, 의사 결정 공간에 여성 참여, 여성을 위한 경제적 정의와 여성의 권한 강화에 중점을 두고 있다. 스페인 정부는 외교적 평등 정책을 확립하면서 지속가능발전, 양자 및 지역주의 외교, 다자 외교, 경제 외교, 공공 외교 등을 통한 국제 협력을 통해 페미니스트 외교를 달성할 것을 계획한다(Nehme, 2021).

역여성회의에 참여해 멕시코 정부의 페미니스트 외교 방침을 재차 밝혔다(EFENueva York, 2019).

2020년 1월 초, 멕시코 정부는 제31차 멕시코 대사·영사 연례 회의에서 페미니스트 외교 채택을 공식화했다. 멕시코 출신의 ECLAC 사무총장 바르세나는 「멕시코의 페미니스트 외교: 성평등을 위해 세계적으로 일하기(La Política Exterior Feminista de México: trabajando globalmente por la igualdad de género)」라는 연설을 통해 멕시코 정부의 새로운 외교 방침을 알렸다(Bárcena, 2020).

멕시코 페미니스트 외교의 목표는 "국가 외교 정책이 추구하는 일련의 원칙에 기반을 두며, 여성과 남성의 구조적 차이나 성 격차 및 불평등을 제거하여 정의롭고 번영하는 사회를 건설하고, 외교부의 내부와 외부에서 공히 일관성을 부여하는 것"이다(SRE, 2020, 4). 멕시코의 페미니스트 외교는 다음 다섯 개의 축으로 구성된다. 첫째는 '성 관점과 해외 페미니스트 의제를 더한 외교 정책(Política Exterior con perspectiva de género y agenda feminista exterior Plus)'이다. 멕시코는 모든 외교 영역에서 인권적 접근, 성 관점 부여, 교차성에 중점을 두며, 외교 분야에서 여성 참여 촉진과 다자간 포럼에서 성 관점 및 인권 의제 확대를 위한 구조적 변화를 추구한다(Reyes, 2021). 둘째, '동수외교부(Una Secretaría de Relaciones Exteriores(SRE) Paritaria)'는 노동 평등과 직업적 평등을 달성하기 위한 조직 개편과 남녀 동수 외교부를 지향한다(España Global, 2021, 18). 이 지침은 외교부 내 성평등과 해외 서비스에서의 성평등 모두에 해당되며 외교부 내의 성교육, 직장 내 성희롱, 성희롱 사례 교육 및 성희롱 감별 지침, 사무국 내 성폭력 방지 지침 등도 포함된다(Reyes,

2021). 셋째, '폭력이 없고 모두에게 안전한 외교부(Una SRE libre de violencia y segura para todas)'는 외교부 사무국 및 해외 공관에서 괴롭힘과 성폭력이 없는 근무 환경을 만드는 것이다. 넷째, '외교부에서 여성 인력의 가시화(Visibilización del capital femenino de la SRE)'는 외교부 여성 인력이 외교 분야에서 고위직에 오르고 외교에서 여성의 기여가 드러나도록 하는 것이다. 다섯째, '교차적 페미니스트 외교부(La SRE es feminista interseccional)'는 외교의 모든 입장, 전략, 조치들에 대한 교차적 접근의 도입을 의미한다(España Global, 2021, 18-19). 교차적 접근이 의미하는 바는 페미니스트 외교와 국내 정책이 상호 보완되도록 하는 것이며, 국제 기구의 지침에 따라 국내 인권을 존중하고 성평등과 여성 권한 강화를 촉진한다는 내용을 포함한다(Reyes, 2021).

멕시코 외교부는 페미니스트 외교 방침을 발표한 후 동수외교부(SRE paritaria)를 위한 멕시코 외교법(Ley del Servicio Exterior Mexicano) 개정에 착수했다. 개정된 외교법에는 외교부 구성원 간 평등 조건의 확립, 해외 파견 대사의 배우자로서의 역할 인정, 외교 원칙 매뉴얼에 유엔의 HeForShe 캠페인[7] 도입, 노동 평등 및 차별 금지와 관련된 멕시코 표준인 NMX-R-025-SCFI-2015 인증 포함, 공관 주변의 안전한 사방 경계 유지 등이 포함되었다(Delgado, 2020). 멕시코 페미니스트 외교의 실행 시기는 2020-2024년으로 관련 프로그램 모니터링 및 평가는 다자 의제·인권 담당 차관실의 인권·민주주의 사무실이 담당한다(España

---

7 HeForShe는 남성과 소년이 성평등 달성을 위한 변화의 주체가 될 수 있도록 하는 체계적인 접근 방식과 관련 플랫폼을 제공하는 사회 운동 캠페인으로서 유엔여성기구(UN Women)에 의해 추진되었다(UN Women, 2020).

Global, 2021, 17-18).

그동안 멕시코 정부가 시행한 페미니스트 외교 관련 조치들로는 2020년 1월에 페루 리마에서 열린 유엔기후변화협약 제25차 당사국총회(COP 25)에서 멕시코 대표단의 제안에 따라 젠더 및 기후변화에 관한 리마작업프로그램에 젠더 행동 계획을 포함한 것이었다. 멕시코는 교차성(intersectionality)과 젠더 평등 행동 계획을 추진하기 위한 목적으로 기후변화가 여성에게 미치는 차별적 영향을 가시화했으며, 지구온난화 방지 대책에 실질적 성평등을 포함한 프로그램을 주장한 국가 중 하나였다(Meléndez, 2021). 젠더에 관한 리마작업프로그램의 개정 작업에서 멕시코 대표단은 인권, 성평등, 교차성, 토착 여아와 여성에 대한 권리 강화를 주장했다(González Delgadillo, 2020).

또한 멕시코는 EU 및 유엔과 함께 스포트라이트 구상(Iniciativa Spotlight)을 적용했다(España Global, 2021, 21). 이 구상은 여성과 여아에 대한 폭력을 분석하고 이들의 권한 강화 및 성평등을 현실로 만들기 위해 자금을 투자하는 프로젝트 방식의 사업이다. 이 사업은 2019-2022년에 700만 달러의 예산을 통해 여성 살해 사건을 예방하고 근절하는 것을 목표로 수행되었다(ONU Mujeres México, 2019). 이 밖에도 멕시코 페미니스트 외교는 구조적·제도적·규제적 변화에 대한 합의를 이루고, 국가적 당면 문제의 실행 계획을 마련하기 위해 타국과 협력하고, 국가의 고위직에 오른 여성들에게 '유리 천장 깨기 메달'을 수여하고, 마티아스로메로연구소(Instituto de Matías Romero)[8]에서 성폭력 예방 교

---

8  마티아스로메로연구소는 1974년에 멕시코 외교부가 "외교, 국제 정치 및 멕시코 외

육을 실시하는 등의 조치가 포함되었다(Bárcena, 2020).

### 3) 서구와 멕시코 페미니스트 외교의 특징 비교

페미니스트 외교를 표방하는 국가들은 세계 성 격차 지수(Gender Gap Index, GGI)[9]에서 대체로 상위권에 분포한다. 2021년 세계경제포럼이 발표한 성 격차 지수를 보면 스웨덴이 5위, 프랑스가 16위, 캐나다가 24위, 멕시코가 34위를 차지했다(World Economic Forum, 2021). [표 2]를 보면, 멕시코의 성 격차 지수는 2020년부터 상당한 진전을 보였다. 그 이유는 멕시코의 모든 수준과 모든 지역의 선거에서 '젠더 동수제'를 적용한 결과 여성 의원 수가 대폭 증가했기 때문이다. 스웨덴을 포함해 프랑스, 캐나다, 멕시코 등은 '젠더 동수제'와 '동수 민주주의'를 채택하고 있거나 그에 해당하는 법과 제도를 구비하고 있다. 젠더 동수제와 동수 민주주의는 페미니즘 정치의 정당화와 밀접히 연관되어 있으므로 그 구체적 진행 과정에서 '페미니스트 외교의 정당화'로 수월하게 연결될 수 있을 것이다(Aguirrezabal, 2021).

---

교 정책 분야에서 학자 및 고급 기술 인력을 육성하기 위해" 설립한 기구이다.

9 성 격차 지수(GGI)는 경제(경제 참여와 기회), 교육(교육 성취), 보건(건강과 생존), 정치(정치적 권한)라는 네 개 영역을 통해 측정된다. GGI 평가지표를 살펴보면, '경제 참여와 기회'는 남녀의 노동 참여 비율, 동일 노동 임금 비교, 남녀의 임금, 남녀의 관리직 비율, 남녀의 전문직 비율로 평가되며, '교육 성취'는 남녀의 문맹률, 남녀의 초등교육 입학 비율, 남녀의 중등교육 입학 비율, 남녀 취학 비율로, '건강과 생존'은 남녀의 출생 성비, 남녀의 건강한 삶에 대한 기대로, '정치적 권한'은 여성 국회의원 비율, 정부 부처 내 여성 비율, 여성 지도자 비율로 평가된다.

[표 2] 국가별 성 격차 지수(GGI) 비교

|  | 스웨덴 | 프랑스 | 캐나다 | 멕시코 | 한국 | 일본 |
|---|---|---|---|---|---|---|
| 2021 | 5위 | 16위 | 24위 | 34위 | 102위 | 120위 |
| 2020 | 4위 | 15위 | 19위 | 25위 | 108위 | 121위 |
| 2018 | 3위 | 12위 | 16위 | 50위 | 115위 | 110위 |
| 2017 | 5위 | 11위 | 16위 | 81위 | 118위 | 114위 |

출처: World Economic Forum, 2017–2021.

[표 3] 평가 지표별 성 격차 지수(GGI) 비교(2021)

|  | 경제 참여와 기회 | 교육 성취 | 건강과 생존 | 정치적 권한 |
|---|---|---|---|---|
| 스웨덴 | 11위 | 61위 | 133위 | 9위 |
| 프랑스 | 58위 | 1위 | 86위 | 20위 |
| 캐나다 | 40위 | 1위 | 100위 | 29위 |
| 멕시코 | 122위 | 56위 | 58위 | 18위 |
| 한국 | 123위 | 104위 | 54위 | 68위 |

[표 3]을 살펴보면, 멕시코의 성 격차 지수가 2020년 이후 빠른 향상을 보인 이유는 상당 부분 '정치적 권한' 지표의 개선 때문이다. 멕시코는 '정치적 권한'에서 상위권을 차지했을 뿐 '경제 참여와 기회'에서는 하위권에 있고, '교육 성취'와 '건강과 생존'은 중위권에 머물러 있다.
출처: World Economic Forum, 2021.

평가 지표별 성 격차 지수의 불균형으로 인해 멕시코는 여러 가지 여성 억압의 축을 고려하며 교차성 분석이 심층적으로 이루어져야 한다. 멕시코의 교차성 분석에서는 '빈곤' 요인이 강조될 필요가 있다. 빈곤 요인은 라틴아메리카·카리브 지역 및 비서구권 사회를 분석하는 데에 핵심적 요인으로 나타난다. 이 때문에 멕시코의 '빈곤' 요인과 젠더 요인의 교차적 특성이 페미니스트 외교의 수행에서 어떠한 영향을 미치는가를 관찰하는 것은 다른 비서구권 국가들도 관심을 가질 수 있다.

스웨덴은 모든 영역에서 성 주류화를 잘 실천하고 있는 국가로서 1980년대 이후 세계에서 가장 낮은 성 격차 지수를 보여주는 이른바 '여성 인권 패권국'이다. 스웨덴은 외교 부문에서도 성평등 관점을 충실히 이행하려고 노력하고 있으므로 페미니스트 외교의 본질적 측면에 비교적 근접해 있는 국가라 할 수 있다(Telles, 2020). 스웨덴이 페미니스트 외교의 내용으로 표방하는 '3R(rights, resources, representation)'은 급진적이지는 않으나 유용하다고 평가된다(Thompson and Clement, 2019, 7). 스웨덴과 프랑스 페미니스트 외교의 공통점은 첫째로 국제 원조에 국한되지 않는다는 점, 둘째로 글로벌 외교 무대가 전통적인 원조와 지원의 대상이었던 과거 식민지 지역에 집중되어 있다는 점, 셋째로 단순한 개발원조에 그치는 것이 아니라 모든 외교 정책에서 페미니스트 접근 방식을 적용한다는 점이다(Thompson and Clement, 2019, 4).

이와는 달리 캐나다의 페미니스트 외교의 특징은 개발원조 분야의 외교 의제에 페미니스트 구상을 포함했다는 점에서 페미니스트 국제 원조 정책이라고 지칭된다(Naves, 2020). 캐나다 사례는 한 국가가 성평등에 거의 전적으로 집중해 개발원조 및 인도적 자금 지원을 수행하게 된 최초의 사례로서 의미가 있다. 스웨덴, 프랑스와 달리 캐나다는 가부장적 젠더 권력 구조의 타파를 약속하지 않으며, 대신에 경제적 측면에서 여성의 권한 부여에 더 큰 비중을 두고 있다(Nehme, 2021).

[표 4] 주요 국가별 페미니스트 외교의 특징

| | 구상 | 목표 | 목적 | 적용 | 이행 및 보고 |
|---|---|---|---|---|---|
| 스웨덴 (2014) | −3R(권리, 대표성, 자원) −인권, 교차성 −다자간 프레임워크 및 협정 | −성평등과 모든 여성과 여아의 완전한 인권 향유에 기여 | −6가지 주제 목표(권리, 폭력 방지, 정치참여, WPS, WEE, SRHR)[10] | −모든 외교에 걸쳐 국내 정책과 연계 | −연간 실행 계획이 포함된 다년 약정 −현재 3년 주기 (2019−2022년) |
| 프랑스 (2019) | −다자간 프레임워크과 협정 및 SDGs −인권, 교차성, 성주류화 | −여성과 여아의 성평등, 권한 부여 및 평등권 −성평등을 위한 프랑스의 행동 | −5가지 개입 영역(모범 사례 및 정책 옹호 개입, ODA 자금 조달, 커뮤니케이션 및 투명성, 시민사회 지원 및 결과 공유) | −국제 개발 정책의 내부 및 외부에 적용 −광범위한 외교 정책 공약 및 접근 방식에 대한 연결 | −기준선과 목표뿐 아니라 특정 결과, 지표, 관련 이해관계자 및 시간 제한 약속이 있는 책임 프레임워크 −5개년 전략 |
| 캐나다 (2017) | −사회 규범과 권력 관계의 변화 −인권, 교차성, 연구, 증거, 책임 −SDG 5 | −성평등 및 여성과 여아의 권한 부여를 통해 "빈곤을 근절하고 더 평화롭고 더 포용적이며 번영하는 세상을 건설함" | −6개 실천 영역(성평등, 인간 존엄성, 모두를 위한 성장, 환경 및 기후 행동, 포용적 거버넌스, 평화 및 안보) | −모든 외교 정책의 내부와 외부, 국내 정책에 연계 | −로컬 여성 인권 단체와의 협력 약속 −ODA의 95%가 성평등을 목표로 하거나 통합하는 목표 −ODA 책무법에 따라 의회에 연례 보고 |
| 멕시코 (2020) | −인권 −성 주류화 | −더 정의롭고 번영하는 사회를 건설하기 위해 구조적 차이, 성격차 및 불평등 제거 | −5가지 원칙(모든 외교 정책 전반에 걸쳐 페미니스트 접근 방식 주류화, 외무부의 모든 직급에서 성평등, 부처를 포함해 젠더 기반 폭력 퇴치, 평등의 가시화, 교차성) | −외교 정책의 모든 영역에 걸쳐 국내 정책과 연계 | −정책 이행 책임이 다자인권차관에게 있음 |

출처: IWDA(International Women's Development Agency) 03/20200에서 재구성.

10  WPS는 여성, 평화 그리고 안보(WPS: Women, Peace and Security)이고, WEE는 여성의 경제적 역량 강화(WEE: Women's economic empowerment)이며, SRHR은 성과 재생산 건강과 권리(SRHR: Sexual and reproductive health and rights)이다.

한편, 멕시코는 인도적 지원 정책이나 해외 개입 전통이 없는 국가이다. 대신에 멕시코는 젠더 문제에 관한 국제적 압력에 적극적으로 대처하려는 의도로 페미니스트 외교를 활용하고 있다. 테예스는 멕시코의 페미니스트 외교가 다음 두 가지 측면에서 긍정적인 의미가 있다고 주장한다. 첫째는 멕시코 사례가 '자유주의적 성격'의 페미니스트 외교라는 서구적 시각을 깨고 글로벌 남반구 여성의 목소리를 대변할 수 있다는 점이다. 둘째는 멕시코 사례를 통해 앵글로색슨의 언어가 아니라 스페인어를 통해 페미니스트 외교를 얘기할 수 있다는 것이다(España Global, 2021, 22-23).

페미니스트 외교가 공식화된 것은 비교적 최근의 일이고 현재까지는 소수의 국가만 이를 채택하고 있어서 그 특징이 분명히 드러나지는 않으나, 현재까지 발표된 페미니스트 외교의 내용을 보면 [표 4]에서 보는 바와 같이 국가별로 미묘한 차이를 보인다.

페미니스트 외교의 개념적 정의와 관련해 모든 국가에서 필수적으로 등장하는 단어가 교차성이다. 교차성이란 불평등을 구성하는 다양한 억압의 축(성, 계급, 민족, 성적 취향 등)으로 인해 배제되고 억압, 차별을 당하거나 특권을 갖게 되는 방식을 이해하고자 하는 방법론적 관점이다. 페미니스트 외교에서 교차성 분석이 갖는 의미는 초국가적 맥락에서 각국이 처한 위치의 범주에 따라 국가별로 억압의 축이 달라진다는 것이다. 이 때문에 국가별 페미니스트 외교의 구체적인 특징을 분석할 때는 이와 같은 교차성에 대한 심층적 고려가 필요하다.

멕시코를 사례로 들면, 멕시코에서 억압의 축이 서구 국가들과 동일하지 않기 때문에 멕시코 페미니스트 외교의 특징도 서구 국가들의 페미니스트 외교와는 분명한 차이가 있을 것이다. 이것을 강조하며 멕시코 정부는 자국의 페미니스트 외교가 글로벌 남반구나 라틴아메리카·카리브 지역의 국가들을 위해 대표적인 모델 역할을 할 수 있다는 점을 강조한다(González Delgadillo, 2020).

## 4 멕시코 페미니스트 외교의 채택 요인

멕시코 정부가 페미니스트 외교를 채택하는 데 있어 중요하게 작용했던 내재적 요인으로 이 글에서는 두 가지 측면을 살펴볼 것이다. 첫째는 외교 분야에서 멕시코 여성의 점진적이고 지속적인 충원이다. 멕시코 여성은 다른 국가들에 비해 비교적 이른 시기인 1930년대에 외교 분야로 진출하기 시작했고, 제2차 세계대전 종전 이전부터 국제 기구와 지역 기구에서 비중 있는 역할을 수행해 왔다. 비록 수적 비중은 적지만, 외교 분야에서 멕시코 여성들이 보여준 역량과 잠재력은 최근 페미니스트 외교의 결정에 긍정적 영향을 미쳤을 것이다.

둘째는 멕시코에서 제도화된 페미니스트 운동의 발전과 성과이다. 특히, 멕시코의 제도적 페미니스트들은 1993년 연방 선거 제도·절차법 115조 개정을 통해 젠더 할당제를 공식화하는 데 성공한 후, 2002년 여성의원 후보 30% 할당제, 2008년 젠더 할당제 비율 40 대 60으로 조정, 2014년 연방 상·하원의회, 주 의회, 지자체 선거 등 모든 수준에서의 젠더 동수제(헌법 41조) 확립까지 지속적인 노력을 전개해 왔다(INE). 이러한 노력의 성과가 2020년 페미니스트 외교 선언으로 이어졌을 것이다.

## 1) 외교 분야에서 멕시코 여성의 대표성 확대

세계적 수준에서 외교 분야의 여성 참여는 매우 점진적으로 진행되었다. 세계 근현대사에서 최초로 외교관에 임명된 여성은 1918년 헝가리의 슈비머(Rósza Bédy-Schwimmer)였다. 그는 베른(Bern) 주재 전권·특임대사로 임명되었으나, 그 결정에 대한 정치권의 불만이 커지자 해임되었다. 1918년에 오스트리아 정부는 영사관과 브라질 외교부를 여성에게 개방했다. 1920년부터 제2차 세계대전 종전까지 외교 분야에서 여성의 역할은 극히 미미했다. 다만, 러시아혁명 직후 격동의 1920년대에 러시아의 콜론타이(Alexandra Kollontai)가 역사상 최초로 정식 여성 대사로 임명되어 1923년에 노르웨이 주재 소련 대사를 지낸 것이 특징적이다. 이후 콜론타이는 스웨덴과 멕시코 대사를 역임했다. 프랑스의 경우, 1928년까지 여성은 대사관의 어떤 직책도 맡을 수 없었으나, 그 이후 외교관 시험에 응시할 수 있도록 하여 처음으로 외교부를 여성에게 개방했다. 그 결과 1930년에 보렐(Suzanne Borel)이 외교 업무 지원 담당 공무원으로 고용되었다. 그러나 이후 프랑스 여성에게 투표권이 부여되는 1944년까지 외교 분야에서 여성의 진출은 없었고, 제2차 세계대전 종전이 되어서야 여성들의 외교 분야 참여가 재개되었다. 한편, 1930년대에 덴마크와 노르웨이가 여성의 외교 업무 활동을 허용했다(García, 2019).

1920년대까지 멕시코 영사법은 여성을 서기, 통역사, 번역사, 속기사 등 사무 직원으로만 근무할 수 있도록 허용했을 뿐 해외 영사관에서 공무원으로 일할 수 없도록 했다. 그러나 1934년 제정된 멕시코 외교법은 여성이 외무 공무원이 되는 데 있어 법적 장애물을 제거했다(García, 2019). 멕시코에서 최초로 외교관에 임명된 여성은 기엔(Palma Guillén de Nicolau)이었다. 기엔은 카르데나스(Lázaro Cárdenas) 대통령 집권기인 1935년 2월부터 1936년 8월까지 특임·전권대사로 콜롬비아에 파견되었고, 제2차 세계대전 중에는 국제연맹의 멕시코 대표단으로 활동했다(Axotla, 2021).[11]

제2차 세계대전 종식 후 외교 분야에서 여성의 역할이 점차 증가했으나, 해외 공관 및 대사관에서 고위직 여성은 극소수에 불과했다. 이 시기 영국, 캐나다, 스웨덴, 일본 등이 여성의 해외 공관 근무를 허용했다. 1946년에 영국 여성은 외교관 경력 시험에 응시할 수 있었으나, 1972년까지 여성은 결혼할 경우 외교관직을 사임해야 했다. 1953년에는 에티오피아의 임루(Yodit Imru)가 자국 여성 최초로 대사에 임명되어 스칸디

---

11  기엔(1893-1975)은 멕시코시티에서 출생하여 사범학교(Escuela Normal para Maestros)에서 수학했고, 1918년에 멕시코국립대학교(Universidad Nacional de México, UNAM의 전신)의 Altos Estudio(1924년 이후 Facultad de Filosofía y Letras)에서 박사학위를 받았다. 이후 기엔은 외교관·영사 과정을 이수했고, 1935년 카르데나스 대통령에 의해 콜롬비아와 코펜하겐 주재 멕시코 전권대사로 임명됐다. 이로써 기엔은 멕시코 여성 최초로 특임대사직에 올랐다. 제2차 세계대전 초 기엔은 국제연맹에서 멕시코 대표단의 일원으로 참여했고, 쿠바 아바나에서 멕시코 자문단으로 일하기도 했다. 기엔은 바스콘셀로스(José Vasconcelos)가 멕시코 공공교육부 장관을 역임하던 시기, 이동식 도서관 설치 및 구축을 위해 협력하며 공공교육부 장학금을 받아 교육사회학을 전공했다. 1946년에 기엔은 멕시코 주재 스페인 대사였던 니콜라우(Luis Nicolau d'Olwer)와 결혼했다. 또한 기엔은 칠레 여류 시인이자 라틴아메리카 최초의 노벨문학상(1945) 수상자인 미스트랄(Gabriela Mistral)과 친분이 두터웠고, 함께 적극적인 문화 활동을 전개하며 미국과 유럽을 여행했다. 기엔은 마테오스(Adolfo López Mateos) 정부하에서도 밀라노 주재 멕시코 총영사(Cónsul General de México)로 임명되었다. 바스콘셀로스의 조력자이자 그의 사상을 추종한 기엔은 외교 분야의 고위직을 수행하면서도 문화의 전파에 관심이 있었다(Sánchez, 1993).

나비아 국가에 파견되었다. 라이베리아의 브룩스(Angie E. Brooks)도 여성 외교관으로서 업무를 수행했다(García, 2019). 스위스는 연방외교부가 1956년에 외교 서비스직에서 경쟁 체제를 도입하면서 외교관 직위를 여성에게 개방한 마지막 유럽 국가가 되었다(Nehme, 2021).

멕시코 정부는 기엔을 특임·전권대사로 임명한 지 17년 만인 1952년에 곤살레스(Amalia González Caballero de Castillo Ledón)를 스위스 주재 멕시코 대사로 임명했다. 곤살레스는 라틴아메리카 지역 여성들의 참정권 획득을 위해 투쟁하던 페미니스트였고, 참정권 확보 후 스위스, 핀란드, 오스트리아 대사 및 유엔 대사를 역임했다(García, 2019).[12] 1934년의

---

12  곤살레스(1898-1986)는 따마울리파스 주 출신의 작가로서 멕시코 최초의 여성 대사이다. 빅토리아 시 사범학교(Escuela Normal de Maestros)에서 전문 과정을 밟았고, 이후 수도로 와서 멕시코국립자치대학교(UNAM)의 철학·문학부(Facultad de Filosofía y Letras)에서 히스패닉 언어와 문학(Lengua y Literatura Hispánicas)으로 학사학위를 받았다. 또한 그는 국립음악원(Conservatorio Nacional de Música)에서 연극예술·낭송(Arte Teatral y Declamación) 학위를 받았다. 곤살레스는 1927년에 결혼하여 세 명의 자녀를 두었으며, 배우자는 이후 나야릿(Nayarit) 주 주지사를 역임했다. 1929년에 곤살레스는 의사들과 함께 전국아동보호협회(Asociación Nacional de Protección a la Infancia)를 창설했다. 같은 해 정부 부처인 멕시코시티부(DF부)의 민간활동국(Dirección de Acción Cívica del Departamento del Distrito Federal, Acción Social의 전신) 구성에 참여했다. 또한 곤살레스는 작가로서 1929년 당시 금기시되었던 '이혼'이라는 주제를 다룬 「Cuando las hojas caen(나뭇잎이 떨어질 때)」를 저술했다. 이는 곤살레스의 첫 작품으로서 아이를 가질 수 없어 이혼을 결심한 부부와 사회 관습에 따라 다시 아버지 집으로 돌아가 가족의 딸로 지내야 하는 여자의 이야기를 그렸다. 그의 또 다른 작품인 「La verdad escondida(숨겨진 진실)」은 부부 관계의 위선을 비판했고, 「Cubos de noria(관람차 버킷)」이라는 작품은 당시 대통령 카예스(Plutarco Elías Calles)를 주인공으로 설정해 절대 권력의 메커니즘을 다루었다. 곤살레스는 20대 후반의 나이에 멕시코의 초기 여성운동을 이끌며 멕시코 및 외국 작가의 시 작업에 관한 에세이를 쓰기도 했다. 곤살레스의 정치 활동도 1929년에 시작되었다. 1929년에 제도혁명당(PRI)의 전신인 민족혁명당(PNR) 창당 이후 당원으로 활동했고, 멕시코 여성의 참정권 획득을 위해 여성동

멕시코외교법 제정이 기엔의 외교 분야 진출에 도움을 주었다면, 1946-
1953년 멕시코 여성의 참정권 확보와 시민권 확대는 곤살레스의 외교

맹(Alianza de Mujeres) 창설을 주도하며 1953년 여성의 참정권 확보에 기여했다. 곤살
레스는 공공외교부 문화차관으로서 정부 각료가 된 첫 번째 여성이었다. 그는 1935년
에 멕시코의 외교 정책 원칙을 지원하고 전파하기 위한 목적으로 친민주주의미주여성
위원회(Comité Femenino Interamericano pro Democracia)를 구성했다. 또한 곤살레스는
미주기구(OAS)에 미주여성위원회(Comisión Interamericana de Mueres)를 구성한 이후
이 위원회를 이끌었고 미국, 도미니카공화국, 쿠바, 아르헨티나, 파라과이, 과테말라 등
의 컨퍼런스에 참여하거나 강의를 했다. 또한 그는 많은 문화 단체, 사회 단체, 정치 단
체 설립에도 참여했으며 그 과정에서 멕시코여성협회(Ateneo Mexicano de Mujeres)의
창립회장을 맡기도 했다. 이 기구는 1934년 설립된 멕시코 여성 단체로서 과학, 문학,
법, 예술, 정치 등 다양한 전문 분야 여성들이 참여했다. 곤살레스는 부에노스아이레스
에 거주하면서 세계여성사회(Sociedad Mundial de Mujeres) 회장을 지냈고 국제여성지
식노동자클럽(Club Internacional de Mujeres y Trabajadores Intelectuales)의 창립자였다.
1944년에는 멕시코문화세미나(Seminario de Cultura Mexicana)의 정식 회원이 되었고,
멕시코의 여러 도시에서 컨퍼런스를 열었다. 제2차 세계대전이 한창이던 1945년에 곤
살레스는 샌프란시스코 세계회의(Conferencia Mundial de San Francisco)에 참석하여 유
엔헌장에 남녀평등을 포함하는 데 기여했다. 곤살레스는 1946-1950년에 유엔인권위원
회(Comisión de Derechos Humanos) 대표로 참여했고, 평화와자유를위한여성국제연맹
(Women's International League for Peace and Freedom)의 일원이었다. 곤살레스는 OAS
에 미주여성위원회를 포함하는 데 기여했고, 이후 이 위원회를 이끌었다. 그는 1945년
2월에 유엔에서 멕시코 대표를 지내면서 차풀테펙헌장(Carta de Chapultepec)의 서명인
중 하나가 되었다. 곤살레스는 1946-1948년에 외교 분야의 공로로 여러 차례 훈장을 수
여받았다. 그는 1946-1952년에 《엑셀시오르(Excelsior)》라는 일간지에 자신의 정치 활동
을 연재하며 「Siluetas en fuga(달리는 실루엣)」이라는 저널리즘 칼럼을 집필했고, 최초
의 여성 잡지 중 하나인 《Hogar》의 발행인이 되었다. 1948년에는 제도혁명당의 직전 전
신인 멕시코혁명당(PRM)의 여성 부문(Sector Femenil) 대표로 임명되었고, 조국수호여
성조정위원회(Comité Coordinador Femenino para la Defensa de la Patria) 위원장직을 맡
았다. 곤살레스는 1948년에 OAS의 멕시코 대표로 참여했고, 1952년에는 멕시코여성연
맹(Alianza de Mujeres de México)을 이끌었다. 그는 1964년에 유엔국제공공행정자문위
원회의 일원이었으며, 1965년에는 국제원자력에너지기구(Organismo Internacional de
Energía Atómica, IAEA) 대표를 지냈으며, 1980년에는 관광부(Secretaria de Turismo) 고
문을 지냈다(Ortiz, 1993; Wikipedia).

활동을 원활하게 했다는 점을 강조할 필요가 있다.

그러나 외교 분야에서 멕시코 여성의 진입 장벽이 완전히 제거된 것은 아니었다. 1960년대 멕시코 외교부의 규정 개정 이전까지 여성의 외교 분야 진입을 가로막는 법적 제약이 여전히 존재하고 있었다(Axotla, 2021). 멕시코 외교부는 1822년에 설치되었으나, 외교 분야로의 여성 진입을 가로막는 법적 장벽은 1967년에 들어서야 완전히 제거되었다. 그 결과, 1946년 3월 멕시코 외교부에 입사한 알레그리아(Paula Alegría Garza)가 1962년에 덴마크 전권대사로 임명될 수 있었다. 이후 알레그리아는 유네스코에서 오랜 경력을 쌓았고, 멕시코 여성 최초로 경력대사가 되었다.[13] 다른 한편, 1947년 외교 업무를 시작한 테예스(María Emilia

---

13 알레그리아(1912-1970)는 멕시코 최초의 직업 대사로 여성의 참정권 확보를 위해 투쟁한 여성이다. 그는 1911년에 멕시코시티에서 출생하여 국립사범학교(Escuela Nacional de Maestros)에서 교직을 밟았고, 1929년에 18세의 나이로 졸업 후 학업을 계속하여 공공교육부에서 교육학 석사학위와 멕시코국립자치대학교(UNAM)에서 역사학(Ciencias Históricas) 박사학위를 받았다. 알레그리아는 26세에 록펠러재단 장학금을 받아 미국 뉴올리언스 주 툴레인대학교(Tulane University)에서 2년간 사회복지학(Trabajo Social)을 공부했다. 그는 귀국 후 자신이 공부한 지식을 실천에 옮겨 간호사와 사회복지사의 교육을 담당했다. 그는 36세에 보건부(Secretaría de Salud)의 보건위생학교(escuela de Salubridad e Higiene)에서 사회복지전공(cátedra de Trabajo Social) 교사직을 얻었다. 수업 교재 대부분이 영어로 쓰였기 때문에 스페인어 텍스트가 부족하다는 점을 반영해 1947년에 사회복지매뉴얼(Manual de Trabajo Social)을 만들었다. 알레그리아의 정치 활동과 참정권 투쟁은 1939년에 카마초(Manuel Ávila Camacho) 대통령 후보 선거 운동 기간에 민족혁명당(PNR)의 여성행동(Acción Femenil) 대표로 임명되면서 시작되었다. 이 조직에서 그는 멕시코 여성의 완전한 시민권 확보를 위한 투쟁을 시작했다. 1941년에 그는 노동사회복지부(Secretaría del Trabajo y Previsión Social)의 여성·미성년근로자 실태조사국장(Oficina Investigadora de la Situación de las Mujeres y Menores Trabajadores)으로 임명되었다. 공무원으로서 그는 사회노동자들의 노동계약을 담당했고, 노동자 여성을 위한 서비스를 처리하는 업무(보육원 등)를 담당했다. 그리고 멕시코에서 일하는 여성과 미성년자의 노동 조건에 대한 연구 활동을 수행했다. 1946년에 알레그리아는 멕시

Téllez)는 국제기구 사무총장(1964-1970)을 지냈고, 1970-1976년 외교부 초대 고위관리를 역임했다.[14] 현재 멕시코에서는 여성의 외교 분야 참여를 어렵게 하는 제도적 장애물이었던 국내법이 정비되고, 외교 업무와 가정생활의 병행을 막는 사회적 장애물도 거의 제거되었다(García, 2019). 멕시코 외교 분야에서 여성의 참여는 성평등을 위한 투쟁과 함께 점진적으로 확대되었고, 지난 40년 동안 법·제도적 변화도 뚜렷이 나타났다(Axotla, 2021).

1982년에 멕시코 외교법이 개정되면서 남성과 여성의 법적 평등이 명시적으로 인정되었고 성별 구분 없이 외교 분야에 참여할 수 있게 했다. 1982년에 개정된 외교법은 여성에게 외교 서비스직에 진입할 수 있는 기회를 부여했고, 승진과 관련해서도 남성과 동등한 법적 평등을 누

---

코 외교부에서 일을 시작했고, 1962년에는 최초의 직업 대사가 되었다. 외교관 경력 기간 그는 덴마크 정부로부터 왕실과의 탁월한 외교 공로를 인정받아 대십자(Gran Cruz) 훈장을 수여받았다. 그는 1966년 덴마크 주재 멕시코 대사로 재직 중 뇌졸중으로 4년 동안 혼수상태에 있다가 1970년에 사망했다(Cervantes, 2003).

14  테예스는 멕시코국립자치대학교(UNAM)의 직업 변호사였으며, 직업 외교관으로서 멕시코 대사라는 최고 직위에 올랐다. 테예스는 1959-1960년에 멕시코외교협회(Asociación del Servicio Exterior Mexicano, ASEM)의 세 번째 회장이자 최초의 여성 회장을 지냈다. 그는 에체베리아(Luis Echeverría Álvarez, 1970-1976) 정부에서 고위 공무원으로 일했고, 포르티요(Losé López Portillo y Pacheco, 1976-1982) 정부하에서 여성 최초로 외교부 차관을 역임했다. 1980년 1월에 테예스는 세네갈 정부가 수여하는 국가라이온 훈장(Orden Nacional del León)을 받았다. 1975년 5월에 연방 의회 상임위원회는 테예스에게 대십자(Gran Cruz) 등급의 이탈리아 정부 공로훈장을 받는 것을 수락했다. 또한 테예스는 브라질 정부가 수여한 훈장을 수락했다. 테예스는 학술적 연구도 수행하여 멕시코국립자치대학교(UNAM)의 『Revista de la Facultad de Derecho』 281호에 「La doctrina del reconocimiento en la teoría y en la práctica de los Estados(국가의 이론과 실천에서 인정의 교리)」와 「La clasificación de los delincuentes(범죄자들의 분류)」라는 논문을 발표했다(ASEM).

릴 수 있게 했다. 이 외교법의 여섯 번째 조항에는 부부가 외교 서비스를 수행할 때 같은 대사관이나 영사관에 임관할 수 없다고 명시했다. 이 경우 여성이 일시적 또는 장기적으로 경력을 중단해야 하는 일이 발생할 수 있다. 여성은 가사나 아이를 양육한다는 이유로 국가를 대표하는 외교 고위직에 임명되는 데 제약이 있을 수 있었고, 문화나 종교 혹은 이념 등의 이유로 여성의 외교 업무 수행을 허용하지 않는 국가들에는 여성 외교관을 파견할 수 없는 일들이 발생할 수 있었다(González, 2020).

1990년대 들어 외교 분야에서 성평등을 추구하려는 세계적 차원의 노력이 있었으나 현재까지도 큰 성공을 거두지 못하고 있다. 1995년 제4차 세계여성대회에서는 유엔 189개 회원국이 성평등과 여성 권한 강화를 위한 조치에 집중하기로 동의했다. 이후 전 세계 여러 국가에서 해외 공관에 근무하는 여성의 수가 증가했으나, 증가 속도는 국가별로 차이를 보였다(García, 2019). 멕시코 외교부의 여성 참여 관련 국가인권위원회 데이터에 따르면, 여성 대사의 경우 1992년 3명, 2013년 11명, 2014년 10명, 2015년 14명, 2016년 10명이었고, 멕시코 외교부에 대한 여성의 참여 비율은 20% 미만이었다(Telles, 2020). 2003년 들어 멕시코 외교부는 여성 공무원 비율이 46%로 가장 높은 정부 부처가 되었다. 그러나 2016년에 멕시코 대사와 영사 중 75%는 여전히 남성이었다(García, 2019). 멕시코에서 여성이 외교부 장관을 맡았던 사례는 1998-2000년 로사리오 그린(Rosario Green), 2006-2012년 파트리시아 에스피노사(Patricia Espinosa), 2015-2017년 클라우디아 루이스 마시에우(Claudia Ruíz Massieu) 등 세 차례에 불과했다(Telles, 2020).

델가도 현 멕시코 외교부 차관은 임신 등의 이유로 여성들이 외교 분야를 포함한 공적 영역에서 배제되는 경향이 아직도 존재한다고 지적한다. 델가도 차관은 외교 분야에서 이러한 배제 문제를 해결하고 여성이 고위직에 오를 수 있도록 하는 외교법 개정 작업이 연방 상원의회에서 진행 중이라고 밝혔다. 연방 상원의회에서 논의되는 외교법 개정안에는 여성에 대한 폭력을 근절하고 외교 분야에서 지배적인 성 격차를 줄이기 위해 성폭력과 괴롭힘 근절 및 성평등 정책을 포함할 것이라고 한다. 에브라르드 멕시코 외교부 장관은 외교부 내에 젠더동수관계부(Secretaría de Relaciones de Género Paritaria)를 설치할 것을 제안했다. 외무부 자체 데이터에 따르면 현재 멕시코의 80개 해외 공관 중 20%에서만 여성이 수장으로 일하고 있다(González, 2020).

멕시코 정부가 페미니스트 외교를 채택한 직후인 2020년 말 기준 멕시코 외교부에 근무하는 1,117명 중 여성은 31%에 불과했다. 더욱이 외교부에 근무하는 여성들은 주로 기술·행정부서에 배치되어 있었다. 멕시코에는 외국 및 국제 기구에서 국가를 대표해 일하는 여성 대사가 21명이 있다. 기존에 외교부 장관을 역임한 바 있는 3인의 여성 장관 외에도, 멕시코는 국제형사재판소 판사로 플로레스(María del Socorro Flores Liera)대사를 임명했다(Axotla, 2021). 바르세나는 2023년 3월 31일에 칠레 산티아고에 기반을 둔 유엔 기구인 ECLAC 사무총장 임기를 마친 후 멕시코 정부의 외교 아카데미인 마티아스로메로연구소를 이끌게 된다. 바르세나는 2008년 7월 1일부터 현재까지 ECLAC 사무총장직을 수행해왔다. 오브라도르(López Obrador) 멕시코 대통령은 2018년 취임 후 바르세나를 총리로 임명하고자 했으나, 그녀는 이 제안을 거부했다. 외교부에서 가장 영향력 있는 관리 중 한 명인 바르세나는 지역의 불평등, 기후변화, 새로운 외교 모델에 대한 성찰 등을 그녀의 주요 성과로 남기고 있다.

또한 멕시코 외교부는 15명의 외교부 인사를 신규 임명했다. 그중 야당인 제도혁명당(PRI)의 소노라 주 전 여성 주지사인 파브로비치(Claudia Pavlovich)가 바르셀로나 주재 멕시코 영사로 임명되었다는 점이 두드러진다. 제도혁명당 출신이며 캄페체 주 전 주지사인 아이사(Carlos Miguel Aysa)는 도미니카공화국 주재 멕시코 대사관으로 파견되었고, 유명한 여성 작가인 에스키벨(Laura Esquivel)은 브라질 대사로 임명되었으며, 앙기아노(Amparo Anguiano)는 루마니아 대사로, 펜사도(Norma Pensado)는 덴마크 대사로 임명되었다. 사라고사(Carolina Zaragoza)는 아일랜드 주재 멕시코 대사관에 파견되었고, 외교부의 G20, MIKTA,[15] 유럽국가정치문제 조정관인 빅토리아(Maria Victoria Romero)가 아제르바이잔 주재 멕시코 대사관에 파견되었다(EFE, 2022).

지난 100여 년 동안 세계 여러 지역의 여성들은 정치적·법적·사회적 장벽의 제거 덕분에 국가의 공적 활동에 다양한 방식으로 참여해 왔으나, 외교 분야에서 성평등 달성은 아직도 요원한 상태이다(García, 2019). 이와 관련하여 이 글에서 소개하는 스웨덴, 캐나다, 프랑스, 멕시코 등이 비교적 높은 성과를 보이고 있다. 멕시코 여성은 세계적 차원에서는 좀 이른 시기인 20세기 초반부터 외교 분야에서 많은 활약을 펼쳤다. 그러나 멕시코 역사상 단 세 명의 여성만이 외교부 장관직을 맡았던

---

15  MIKTA는 멕시코, 인도네시아, 대한민국, 터키, 오스트레일리아가 참여하여 만든 국가 협의체이다.

것에서 알 수 있듯이, 아직도 멕시코의 외교 분야는 여성들에게 높은 진입 장벽을 갖고 있다. 그러나 지금 막 개시된 페미니스트 외교를 통해 향후 외교 분야에서 멕시코 여성의 수적 열세는 상당히 개선될 것으로 전망된다.

## 2) 멕시코 페미니스트 운동의 제도화

### (1) 멕시코 현대 페미니스트 운동의 출현

멕시코 페미니스트 운동의 기원에 대해서는 다양한 의견이 존재한다. 19세기 후반에 시작되었다는 주장, 멕시코혁명을 계기로 1920년대 시작되었다는 주장 등이 있지만, 1930년대 여성 참정권 운동을 주도한 여성권리단일전선(FUPDM, Frente Único Pro Derechos de la Mujer)의 이념을 계승했던 1970년대 페미니스트 운동이 그 시작이었다는 주장도 있다(Bartra·Mernández·Lau, 2002, 14). 현대 멕시코 페미니스트 운동은 역사적 페미니즘(feminismo histórico), 민중적 페미니즘(feminismo popular), 시민적 페미니즘(feminismo civil), 원주민 페미니즘(feminismo indígena) 등 다양한 노선을 통해 전개되었다. 역사적 페미니즘은 서구 페미니즘의 '보편적' 원칙을 그대로 수용하면서 1970년대 소그룹 형태의 페미니스트 운동을 주도했다. 민중적 페미니즘은 1980년대 멕시코의 민중 운동과 페미니스트 운동이 결합된 페미니즘 유형이다. 시민적 페미니즘은 NGOs 방식, 세계적인 성 주류화 정책의 도입, 신자유주의의 영향, 자율적 페미니즘과 제도적 페미니즘 간 긴장 등과 연관된다. 원주민 페미니즘은 농민 운동 및 원주민 운동과 페미니스트 운동이 결합된 형태로서 1994년 이후 사타피스타 봉기의 진행 과정에서 원주민 여성의 조직화를 이끌었다(Millán, 2011). 민중적 페미니즘, 시민적 페미니즘, 원주민 페미니즘은 멕시코의 고유한 경험과 역사를 반영한 페미니스트 운동 유형이라고 할 수 있다.

이 가운데 역사적 페미니즘은 서구 페미니즘의 영향을 받았다는 특징으로 인해 패권적 페미니즘(feminismo hegemónico)이라 불리기도 하고, 페미니스트 운동의 '제2의 물결'(Lamas, 2001, 97) 또는 새로운 흐름을 이끌었다는 점 때문에 신(新)페미니즘(이하 신페미니스트 운동)으로 불리기도 한다. 멕시코의 신페미니스트 운동은 성차별주의가 갖는 문화적 기원을 강조하며 문화 운동 방식을 통해 젠더 간 불평등을 극복하고 성평등을 확립하고자 한다. 멕시코 신페미니스트 운동의 출현 배경에는 수입 대체 산업화에 따른 여성의 노동 시장 진입 확대, 고등교육 및 대학 교육으로의 광범위한 여성 진입, 저렴하고 효율적인 피임법 발전 등이 있다(Bartra·Mernández·Lau, 2002, 15). 멕시코 신페미니스트 운동의 직접적인 출현 배경으로는 '1968년 학생 운동'에 참여하고 학생 시위대에 대한 정부의 학살을 목격한 여대생들이 1970년대 이후 정치 의식화를 경험한 것을 들 수 있다. 이 여대생들은 1970년대 들어 시작된 정부의 정치적 개방이 '남성을 위한 정치 개방'이었을 뿐이라고 평가하며 여성들의 독자적인 정치 세력화의 길을 모색했다(Arizpe, 2002, 64-65).

멕시코에서 1968년 학생 운동이 발발했을 때는 여성이 투표권을 부여받은 지 15년 정도 지났을 때였다. 따라서 여성들의 정치 경험은 아직 초기 단계에 있었으며, 1955-1970년 여성 연방 상원의원은 4명, 연방 하원의원은 45명에 불과했다. 이러한 점을 반영해 멕시코 신페미니스트들은 사회적 및 문화적 권리를 넘어 정치적 차원의 권리를 주장하기 시작했다. 신페미니스트들은 주로 멕시코시티의 중산층 가정 출신으로 구성되어 있었고 마르크스주의 이념을 지향하며 여성의 의식화(autoconciencia) 운동을 조직했다. 신페미니스트 단체들은 미국의 페미니스트들과 유사하게 "개인적인 것은 정치적인 것!"이라는 모토를 사용했으며 대학에서의 동료애와 우정, 가족 관계, 주거 지역 등에 활동의 기반을 두었다(Bartra·Mernández·Lau, 2002, 16-18).

멕시코의 신페미니스트 운동가들은 이중 노동, 성희롱과 성폭력, 강간, 낙태, 급여 차이, 섹슈얼리티 등 여성을 괴롭히는 문제에 대해 논의를 심화하고 그 해결책을 모색하는 방식의 소그룹 운동을 진행했다. 신페미니스트들은 소그룹 활동을 통해 자신만의 개인적 경험이라 생각했던 것들을 다른 여성들과 공유하기 시작했다. 이들의 소그룹 활동은 서로의 경험을 공유하는 가운데 치유의 기능을 가진 조직 양식이었다. 신페미니스트 활동가들은 소그룹 활동을 통해 여성 억압에 관해 깊이 있는 대화를 나누며 자기 내면에 잠재해 있는 억압의 요소를 끌어내어 이에 대해 합당한 '가시성'을 부여했다(Torres, 2019).

1970-1976년에 멕시코에서 6개의 신페미니스트 단체가 출현했다. 1971년에 여성연대행동(Mujeres en Acción Solidaria, MAS)과 1973년에는 전국여성운동(Movimiento Nacional de Mujeres, MNM)이 결성되었다. 1974년에 결성된 여성해방운동(Mujeres de Liberación de la Mujer, MLM)은 라레부엘따단체(Colectivo La Revuelta, 1975)와 멕시코페미니스트운동(Movimiento Feminista Mexicano, MFM, 1976)을 조직했다. 노

동혁명당(Partido Revolucionario del Trabajo, PRT) 내에서는 여성단체 (Colectivo de Mujeres, 1976)가 결성되었다. 또한 1968년에 결성된 기독교 성향의 단체이며 모렐로스주 꾸에르나바까에 본부를 둔 라틴아메리카소통·교류·인간발전(Comunicación, Intercambio y Desarrollo Humano en América Latina, CIDHAL)은 민중 부문 여성들을 대상으로 계속 활동하고 있었다. MNM과 CIDHAL을 제외하면, 그 밖의 단체들은 모두 자본주의 체제에 의문을 제기하며 사회주의 이념을 수용하고 있었다 (Bartra·Mernández·Lau, 2002, 19-20).

1975년 들어 멕시코시티에서 유엔 세계 여성의 해 선포와 제1차 세계여성대회 개최가 임박하자 멕시코의 신페미니스트들은 이를 멕시코 정부의 유화책으로 규정하고 격렬한 반대 시위를 전개했다(Cardaci, 2002, 86). 제1차 세계여성대회가 열리자 멕시코의 신페미니스트들은 이에 대한 '항의 대회'를 개최했다. 항의 대회는 이틀 동안 진행되면서 평등, 폭력, 섹슈얼리티 등 다양한 주제를 둘러싼 토론이 이루어졌다. 당시 멕시코의 자율적 페미니스트들은 정부의 제도적 및 공식적 입장과 억압적 자본주의 발전을 거부하며, 페미니스트 단체의 정체성을 끊임없이 투쟁하는 운동 단체로 정의했다(Torres, 2019, 207-212).

그러나 세계여성대회의 보이콧 결정으로 인해 멕시코 신페미니스트들은 세계 페미니스트 운동과의 네트워크나 연대 형성에서 주도적 역할을 하지 못했다. 이에 따라 신페미니스트 운동의 조직적 발전 기회도 놓쳤다는 판단하에 신페미니스트 활동가들은 기존의 소그룹 운동 양식을 지양하고 조직적 연대와 확장의 길을 모색했다. 그 결과 1976년에 페미니스트여성연맹(Coalición de Mujeres Feministas)과 1979년 전국여성해방 권리전선(Frente Nacional por la Liberación y los Derechos de las Mujeres, FINALIDIM)이 창설되었다. 페미니스트여성연맹의 활동 목표는 자발적 모성의 확보, 성폭력과의 투쟁, 성적 자기 결정권 보장 등이며 자발적 모성에 관한 최초의 법안을 의회에 제출했다. 이어서 이 법안을 다시 제출한 FINALIDIM은 페미니스트, 레즈비언, 노동조합 여성 지도자, 좌파 정당 여성 지도자 등으로 구성된 최초의 페미니스트 단일 조직이었다. 두 단체가 제출한 자발적 모성에 관한 법안은 결국 가톨릭교회와 우파 정치 세력의 압력으로 상정되지 못했고, 그 후 페미니스트여성연맹은 해체되었고 FINALIDIM은 분열되었다(FLACSO, 2008).

이후 신페미니스트들은 자율적페미니스트단체협의회(Coordinadora de Grupos Autónomos Feministas)를 조직해 네 차례의 회합을 개최했으나 별다른 성과를 거두지 못했다. 1990년대 초에 이 협의회는 자유롭고 자발적인 모성, 여성에 대한 폭력 근절, 성적 자기 결정권이라는 세 가지 원칙을 활동 목표로 세웠으나, 페미니스트들의 결집에는 이르지 못했고, 이후 신페미니스트 운동은 급격히 쇠퇴했다. 종합하면, 멕시코의 신페미니스트 운동은 극단적 행동주의를 통해 단체 구성원들의 소속감을 공유하고 페미니스트 신념을 외부 세계에 알리는 데 기여했으나, 다른 사회 운동들과의 정치적 연대를 이루는 데는 이르지 못했다(Espinosa, 1998, 176). 다른 사회 운동과의 연대가 어려웠던 가장 큰 이유는 신페미니스트들이 강조하는 '낙태'와 '동성애'를 둘러싼 쟁점 때문이었다. 멕시코 정부와 정당들은 가톨릭교회와의 대립을 원하지 않았으므로 두 쟁점을 논의하기를 꺼렸고, 페미니스트들도 이 의제를 공개적으로 논의할 만큼 준비되지 않았다(Lamas, 2000). 또한 멕시코의 신페미니스트들은 정부의 정치 과정이나 정당 활동으로부터 스스로를 분리하려는 경향이 강했고, 단체 내부의 다양한 의견을 인정하는 민주적 문화를 확립하지 못함으로써 세대교체에서도 어려움에 직면하게 되었다(Lamas, 2002, 74-76).

### (2) 멕시코 페미니스트 운동의 제도화

멕시코 페미니스트 운동의 역사는 자율성 유지 입장과 제도화 주장 간 경쟁의 역사였다. 신페미니스트 운동 진영 내에서도 멕시코 정부와의 관계는 늘 논쟁거리였다. 1980년대 말까지 멕시코 페미니스트 단체들의 지배적인 입장은 자율성의 가치를 고수하는 것이었다. 국가 기관과 연관된 모든 형태의 접촉이나 협력은 이들 페미니스트들에게 배신 행위로 간주되거나 위험한 행동으로 인식되었다. 또한 1980년대는 신페미니스트 운동을 하는 중산층 여성들과 도시 민중 운동이나 노동자 운동 등 민중 운동을 전개하는 여성들 간 대립이 특징적이었다 (Bartra·Mernández·Lau, 2002, 16). 양측의 대립은 민중 부문 여성들이 멕시코 페미니스트 운동의 새로운 주체로 등장하면서 시작되었다. 일군의 페미니스트들이 기존의 페미니스트 운동과 민중 부문 여성운동의 결합을 시도하며 민중적 페미니스트 운동을 시작했다.

멕시코에서 민중적 페미니스트 운동의 기원은 1970년대 정부의 조합주의적 통제에 대한 반발로 조직된 자율적 민중 조직들이 생활 공간 및 공공 서비스의 확보와 물질적 결핍의 개선을 주장하며 투쟁한 데에 기인한다(FLACSO, 2008). 1968년 학생 운동에 무자비한 탄압으로 일관하는 정부에 실망한 멕시코의 사회 운동가들은 경제 모델과 착취 관계의 전복이라는 경제적 사안을 넘어 조합주의 정치 체계, 수직적 사회구조, 권위주의적 가족 관계 해체라는 포괄적인 사안들을 주장하기 시작했다. 당시 멕시코 사회 운동가들은 조합주의적 국가-정당 체계뿐 아니라 자본주의 체제 자체를 반대하며, 평등하고 자유로운 인간 관계의 형성을 위한 반(反)문화 운동을 전개했다. 이러한 분위기 속에서 1970년대에 멕시코 신페미니스트 운동가들이 주장했던 주요 쟁점들이 노동조합 운동, 농민 운동, 학생 운동, 도시 민중 운동 등을 수행하던 좌파 세력들에게 서서히 흡수되었다(Espinosa, 2002, 159-160).

신페미니스트들과 마찬가지로 민중적 페미니스트들도 도시 중산층 기반의 고학력 여성들이었지만, 신페미니스트들보다 좌파적 정치 성향이 더 강한 여성들이 많았다(Lamas, 2001, 100). 이에 따라 민중적 페미니스트들은 신페미니스트들이 주장하는 젠더적 요구에 계급적 요구를 결합했다. 민중적 페미니스트들은 1980년대 신페미니스트들 내에서 소수 의견으로 등장한 후 페미니스트 운동에서 '여성' 주체의 의미와 투쟁 방식을 둘러싸고 견해 차이를 보이면서 분리되어 나왔다(Millán, 2011, 20). 민중적 페미니스트들은 '민중 부문 여성' 주체를 강조하며 지역 기반으로 활동하는 가톨릭교회 기초 공동체의 여성운동과 결합했다(Vuorisalo, 2011, 58). 민중적 페미니스트 운동은 페미니스트, 해방신학자, NGO 활동가 간의 연대 활동 방식으로 진행되었다. 민중적 페미니스트들이 강조하는 주요 활동 영역은 일반 보건, 재생산 건강, 젠더 기반 폭력, 사회적 소통, 교육, 노동 등이었다. 이에 대해 자율적 페미니스트들은 민중적 페미니스트들이 낙태, 성폭력 근절, 성적 지향 존중 등 서구 페미니즘과 신페미니즘이 주장하는 주요 의제를 포함하지 않는다고 비판했다.

1982년에 시작된 외채 위기로 인해 빈곤층이 생존 위기에 직면하자, 멕시코의 페미니스트들은 민간 단체나 NGO를 통해 구제 활동을 벌이면서 국제 기구 지원금으로 그 비용을 충당했다. 국제 기구의 지원금은 페미니스트들의 활동비가 아니라 민중 부문 여성을 위한 빈곤 및 교육 프로젝트 수행을 위해 사용되었다(Lamas, 2002, 75). 이 프로젝트를 수행하기 위해 페미니스트들과 민중 부문 여성들이 빈번하게 접촉하게 되었고, 이는 민중적 페미니즘 형성을 촉진하는 주요 요인이 되었다. 좌파 이념과 페미니즘의 결합으로 구축된 민중적 페미니즘은 멕시코 좌파의 고질적인 분파주의와 신페미니스트들의 소그룹 활동이라는 폐쇄적 실천 방식을 극복하면서 새로운 형태의 사회 운동 형태를 만들어 냈다(Espinosa, 2002, 162-163).

1981년 11월에 멕시코시티에서 개최된 제1차 전국여성대회에서는 빈민촌, 노동조합, 농촌 공동체, 민중 조직, 정당, 비정부 기구, 교회 기초 공동체 등에서 500명 정도의 여성들이 참여했다. 이 여성들은 가사 노동, 여성의 임금노동과 이중 노동, 가족과 섹슈얼리티, 여성의 정치 참여 등과 같은 젠더 문제에 관해 활발한 논의를 진행했다(FLACSO, 2008). 민중적 페미니스트들은 전통적 사회 운동가들에게는 기존에 부재한 젠더 관점의 제고를 요청했고, 페미니스트 운동가들에게는 여성 노동자, 주부, 원주민 여성, 여성 농민 등 다양한 주체가 겪고 있는 노동, 농지, 소비, 주택, 도시 공공 서비스 등과 같은 포괄적 요구를 수용할 것을 강조했다(Verea, 1998, 30). 특히, 1985년에 대지진이 발생함에 따라 수백만 명의 인구가 거주지를 잃고 기본 필수품의 부족에 시달리는 일이 발생했다. 피해를 입은 여성들은 각종 위원회와 주민 자치 센터를 이끌면서 당면한 문제를 주도적으로 해결하는 과정에서 스스로 시민적 주체가 될 수 있음을 입증했다. 1980년대 말에 들어 마낄라 여성 노동자, 서비스업 여성 노동자, 여교사, 주민 자치 여성, 여성 농민 등 민중 부문 여성들이 주도하는 지역 회의나 전국 회의가 20개 이상에 이르렀다 (Espinosa, 2002, 163).

민중적 페미니스트들은 그동안 정부가 소홀히 다뤘던 영역들을 비판하며 정부에 대해 직접적 지원을 요청하는 일을 진행했다. 특히, 인구의 절반을 차지하는 여성이 진정한 평등을 누릴 수 있도록 보장하라는 요구와 함께, 성폭력 피해 여성에 대한 지원을 요청했다. 이러한 가운데 페미니스트 운동의 '제도화'가 시작되었고 '시민적 페미니스트'라 불리는 부류가 등장했다. 이 부류의 페미니스트들은 1980년대 이후 비영리 활동을 위한 법인격의 시민 단체인 NGO를 구성하는 방식으로 페미니스트 운동의 제도화를 이끌었다. 제도화된 페미니스트 운동은 시민 단체를 통해 제도화된 페미니스트 운동을 진행한다는 의미에서 '시민적 페미니스트 운동'이라 할 수 있지만, 민중 부문 여성들의 이해를 대변한다는 측면에서 '민중적 페미니스트 운동'이라고도 할 수 있다. 이러한 측면에서 멕시코 페미니스트 운동의 제도화는 자연 발생적인 과정이었다기보다는 정부 등 외부의 재정적 지원을 받기 위한 목적하에 의도적으로 진행된 과정이었다고 말할 수 있다.

또한 민중적 페미니스트들은 민중 부문 여성의 빈곤 근절을 위해 국제 기구에 기금을 청구하는 방식으로 활동을 전개했다. 포드(Ford)나 맥아더(McArthur)와 같은 미국 자선 재단들은 미국 페미니스트 운동의 제도화는 물론 라틴아메리카, 중동, 아프리카, 인도 등 해외에 자금을 지원하며 해당 국가 페미니스트 운동의 제도화를 견인했다. 이러한 경향과 함께 기존의 페미니스트 NGO 자원 활동가들은 점차 전문화된 유급 노동 형태로 일하게 되었다(Watkins, 2019, 281-291). 멕시코의 민중적 페미니스트들은 국제 기구 기금을 지원받고 약속한 사업을 진행하는 과정에서 자국의 민중 부문 여성들과 신뢰감과 연대감을 형성할 수 있었다. 예컨대, 1985년에 멕시코시티에서 대지진이 발생하자, 민중적 페미니스트들은 도시의 빈곤층 여성이 처한 상황을 분석하여 외국 기관들로부터 재정적 지원을 받을 수 있도록 하는 협상자 역할을 수행했다. 이러한 가운데 민중적 페미니스트들은 민중 부문 여성들이 페미니즘 관점을 자연스럽게 받아들일 수 있도록 노력했다(Lamas, 2001, 103-105).

대표적인 민중적 페미니스트 운동은 전국도시민중운동조정회(Coordinadora Nacional del Movimiento Urbano Popular, CONAMUP)의 주도로 이루어졌다. 1983년 11월에 CONAMUP 여성들은 제1차 전국도시민중여성운동대회를 개최해 스스로 의제를 선택하고 공적인 영역에서 개인적 차원의 문제를 논의했다. 1984년 3월에 이 여성들은 수백명의 여성 주민을 소집해 정부에 대해 기본 소비재 가격 동결을 요구하는 선언문을 발표했다. 1985년 유엔 세계 여성의 날 행사에서는 민중부문 여성들이 처음으로 참석해 기존 멕시코 페미니스트 운동의 내용과 성격을 변환할 것을 요구했다. 1986년에는 따스꼬에서 이듬해 개최될 제4차 라틴아메리카·카리브페미니스트대회의 준비를 위한 페미니스트그룹조정회(Coordinadora de Grupos Feministas)가 열렸다. 따스꼬 대회에는 라틴아메리카 지역에서 2,500여 명의 여성들이 참여한 가운데 민중적 페미니스트 운동 내부에 존재하는 다양한 이념적 경향을 논의할 수 있는 공간을 제공했다(FLACSO, 2008).

민중적 페미니스트들은 의회 민주주의보다 직접 민주주의와 참여 민주주의 실현을 목표로 하면서 주택, 소비, 서비스 등의 확보를 위한 자율적 운동 방식을 선호했다. 도시 민중 운동의 지도부는 대부분 남성이었지만 도시 공간을 구축하고 수호하고 점유하기 위한 주요 지지 기반이자 중심적 주체 세력은 여성이었다. 여성 주민의 공공 영역 참여는 이 여성들이 전통적 성역할을 극복하고 공동체에서 새로운 역할을 갖도록 함으로써 국가 차원에서도 능동적 정치 세력으로 인정받는 데 기여했다. 특히, 도시의 빈민촌에 거주하는 민중 부문 여성들은 국가 지원금의 주요 수령인이자 분배자였다. 민중 부문 여성들은 아침 학교 급식, 우유, 또르띠야, 민중 가게 등에 대한 지원 프로그램을 통해 식량과 생활 필수품을 빈민촌에 들여오는 역할을 담당했을 뿐 아니라, 가사노동의 사회화를 통해 어머니, 아내, 주부로서의 전통적 역할을 집단적 방식으로 해결하고자 했다. 대표적인 사례로는 아침 식사 담당자(desayunadores)와 민중 식당(cocinas populares) 계획을 들 수 있다. 몇몇 마을 여성들은 유아 발전 센터 등 교육 계획과 민중 도서관(bibliotecas populares) 등 문화 계획을 추진했다. 여성을 가정폭력으로부터의 보호하기 위한 공식 기관을 여성 단체 관할하에 두기도 했다. 이와 같은 모든 계획은 가족, 조직, 공동체에 대한 페미니즘적 성찰에 기반을 두었다. 여성 주민 단체들은 점차 섹슈얼리티, 커플 관계, 자녀 교육, 가사노동, 폭력, 지도부에서의 여성 대표성 등 젠더 문제를 논의했다(Espinosa, 1998, 182-183).

1980년대 중반 들어 민중적 페미니스트들과 정부 간에 밀접한 상호 관계가 형성되었다. 1986년에 페미니스트 단체들이 운영하는 성폭력피해자지원센터(Centro de Orientación y Apoyo a Personas Violadas, COAPEVI)가 시 정부의 재정 지원을 받으며 도로안전국(Secretaría de Protección y Vialidad) 산하로 들어갔다. 여 부서에서 여성 인력으로만 구성된 성범죄전문기관성폭력피해자지원치료센터(CTA-Centro de terapia de poyo a víctimas de violación)가 만들어졌다. 1990년대 초에는 성폭력에 대한 일련의 법 개혁이 성사되면서 성폭력 범죄자에 대한 처벌이 강화되었고, 피해자 진술의 비중이 강화되었다. 이러한 성과는 페미니스트 운동가, 여성 의원들, 언론 매체 여성들 간의 긴밀한 협력으로 가능했다.

1990년대 이후 민중적 페미니스트들은 정부의 공적 영역으로 진출했고, 다양한 정치적 지위에 오르게 되었다. 이 페미니스트들은 연방 상원의회와 연방 하원의회에 들어가 정부의 언어와 일상의 언어에 '젠더'라는 용어를 확산시켰다. 페미니스트들은 멕시코 민주주의를 공고화할 수 있는 새로운 접근 방법을 논의했다(Bartra·Mernández·Lau, 2002, 16). 한편, 멕시코 페미니스트 운동은 다양한 페미니스트 조류를 결합하는 확대여성운동(Movimiento amplio de mujeres, MAM)의 방식으로 진행되었다. 확대여성운동은 상설 기구 없이 운영되며 하위 단체들과의 위계적 관계도 형성하지도 않았다. 대신에 이 운동은 특정 사안이 발생할 때마다 한시적으로 활동을 하는 집단적 조직체의 성격을 가지고 있었다(Sánchez, 2006, 28). 예컨대 1985년 대지진, 1988년 대통령 선거, 1994년 사파티스타 봉기, 1997년 멕시코시티 최초의 야당 정부 출현 등 특정 사안의 발생하는 시기에 확대여성운동은 젠더적 요구가 국가의 민주적 과정에 포함되도록 압력을 가했다.

확대여성운동에는 다섯 개의 여성운동 부문이 참여했다. 첫째는 학자, 언론인, 작가, 정치인 등 중산층 여성들로 구성된 신페미니스트 활동가들로서 민주화 과정에서 여성의 성적 권리와 재생산 권리라 포함되는 데 기여했다. 둘째, 도시의 민중 부문 여성들로서 주로 생활 조건 개선, 서비스 제공, 주택 공급, 도로 포장, 우유 공급 등을 요구하며 물질적 조건과 관련된 젠더적 권리를 주장했다. 셋째, 농민-원주민 여성들로서 기존의 국제 기구나 정부의 농촌 발전 프로그램이 남성의 권익을 증대할 뿐이라며 공유지인 에히도(ejido)에 대한 여성 소유권, 농업 생산을 위한 여성의 신용 접근권, 과학기술과 농민 교육에 대한 여성 접근권 등을 주장했다. 넷째, 임금노동 여성들로서 여성의 노동 조건 개선, 여성을 위한 노동 시장 확대, 직장 내 성폭력 및 노동 시장에서 여성에 대한 차별의 법적 금지 등을 주장했다. 다섯째, 정당의 여성 정치인 및 정부의 여성 관료들로서 상이한 소속 정당 여성들 간 합의 달성, 젠더 의제가 정치 강령의 우선순위가 되도록 하는 것, 정당에 여성 할당제를 촉진하는 것, 대중 선거 후보자 명부에 여성을 포함하는 것 등이다(Sánchez, 2006, 26-28). 확대여성운동 내의 다양한 페미니즘 가운데 가장 영향력이 큰 관점은 민중적 페미니즘과 NGO들이었다.

그 외에 멕시코 페미니스트들의 중요한 요구는 무상 지원되는 자유로운 낙태를 위한 투쟁이었다. 멕시코는 1934년부터 낙태는 범죄로 취급되었다. 낙태의 비범죄화 과정에서 첫 번째 단계는 강간으로 인한 임신 중단을 보장하는 것이었다. 페미니스트 단체들은 산모의 건강이나 생명의 위험, 유전적 기형, 강간에 의한 임신의 경우에 형사 처벌의 면제를 주장했다. 선택된재생산정보그룹(Grupo Información en Reproducción Elegida, GIRE)은 멕시코시티 정부 당국의 지원을 받아서 "강간에 따른 낙태는 합법입니다"라는 캠페인을 전개했다. 2007년 멕시코시티 형법 개정으로 임신 12주 차까지 임신 중단이 합법화되었다. 낙태에 관한 멕시코시티 형법 개정은 멕시코시티 좌파 정부와 페미니스트 단체 간 우호적 결집으로 성공할 수 있었다. 이에 대해 우파 세력은 강력히 반발하며 "임신의 순간부터 생명이 보호되어야 한다"고 주장한다.

1990년대 들어 민중적 페미니스트 및 시민적 페미니스트의 확대에 따라 제도적 페미니즘이 강화되자, 멕시코 페미니스트들은 정부와 유익한 대화를 나눌 수 있는 정치 세력이 되었다. 제도적 페미니스트들은 영향력 있는 사회적 행위자가 되었고, 정부 기관과는 복잡하지만 거의 항상 유익한 대화를 이끌어 갔다. 제도화된 페미니스트들의 주요 활동은 입법 기관에서의 할당제(cuotas) 제도화 과정에 집중되었다. 1980년대 말 이후 할당제와 여성의 정치적 대표성 확대에 관한 논의가 진행되었다. 주로 여성 대표성 확립이라는 목표 달성을 위한 할당제 비율과 방법에 관해 논의되었다. 할당제와 관련해서는 민주주의와 여성 권익의 강화를 위해 여성 단체들이 대표성이 임계치까지 올라야 한다는 찬성론과, 생물학적 여성의 정치 참여가 반드시 젠더 의식의 보장으로 연결되지 않는다는 반대론이 있었다. 비록 할당제의 확대 과정은 논쟁적이었고 험난했지만, 2014년 멕시코의 페미니스트들은 연방, 주, 지자체 단위의 입법부 선거에서 '젠더 동수제'를 성사시켰다. 그 결과 현재 멕시코의 연방 상원의원에서 49.2%, 연방 하원의원에서 48.3%가 여성이 차지하는 큰 성과를 보였다.

멕시코 페미니스트 운동의 제도화 과정에서 21세기 첫 10년 동안 여성과남성의평등에관한일반법(Ley general de igualdad de mujeres y hombres)과 여성의폭력없는삶의접근에관한일반법(Ley general de acceso de las mujeres a una vida libre de violencia)이 제정되었다. 이 법들의 제정이 갖는 의미는 제도적 영역에서 젠더 관점이 수용되었다는 것, 그리고 담론 영역과 법적 형식 측면에서 성평등과 폭력 제거를 위한 투쟁이 최우선 과제로 고려되었다는 점이다(Torres, 2019, 207-212). 물론 아직까지도 제도와 현실 간의 괴리가 존재하지만, 지난 30여 년 동안 멕시코의 페미니스트들은 특히 제도적 차원에서 상당한 성과를 거두었다고 평가된다.

## 5 맺음말

이상에서 이 글은 내재적 요인에 집중해 멕시코가 페미니스트 외교를 채택하게 된 동기와 서구권 국가들과의 비교를 통한 멕시코 사례의 특징에 대해 살펴보았다. 외교 분야에서 멕시코 여성의 대표성 확대와 멕시코 페미니스트 운동의 제도화에 따른 정부와의 협상력 증대 등 내재적 요인을 고찰하는 것이 국내 정치 혹은 국제 정치 맥락과의 연계성을 강조하는 상황적 요인보다 페미니스트 외교 채택의 동기와 그 특징을 심층적으로 이해할 수 있게 해준다는 것이 이 글의 관점이다.

멕시코가 페미니스트 외교를 채택하게 된 요인을 요약해 보면 다음과 같다. 첫째, 멕시코 여성의 외교 분야 진출이 세계적 차원에서 보았을 때 비교적 일찍 시작되었다는 것이다. 여성으로는 최초로 대사를 역임했던 소련의 콜론타이가 노르웨이, 스웨덴, 멕시코 등에서 활동한 것이 1920년대 이후라는 점과 비교해 보면, 그로부터 불과 10여 년 후에 멕시코 최초의 여성 외교관인 기엔이 특임·전권 대사직을 맡아 활동했다.

둘째, 멕시코 여성들이 제2차 세계대전 직후부터 유엔 등 국제 기구와 지역 기구에서 인권 보호를 비롯해 다양한 역할을 수행해 왔다는 것이다. 기엔은 제2차 세계대전 중 국제연맹에서 멕시코 대표로 일했고, 곤살레스는 유엔헌장에 남녀평등 조항을 넣는 데 공헌했을 뿐 아니라 유엔, OAS, IAEA 등에서 멕시코 대표로 활동했다. 여성 최초로 경력대사를 지낸 알레그리아는 유네스코에서 오랫동안 일했고, 테예스는 국제기구 사무총장을, 최근 들어서는 바르세나가 ECLAC 사무총장을 지냈다.

셋째, 멕시코는 1934년 이후 지속적인 외교법 개정 작업을 진행하여 1967년에는 여성들의 외교 분야 진출을 가로막는 제도적 장벽을 제거했고, 1982년에는 외교 분야에서 여성과 남성의 법적 평등을 명시했다. 최근에는 1982년 외교법이 갖는 문제점을 시정하기 위해, 그리고 최근 페미니스트 외교 선언에 따른 새로운 현실에 대처하기 위해 다시 외교법 개정에 들어갔다.

넷째, 멕시코 정부가 적극적으로 젠더 동수제 등 페미니스트 정치와 페미니스트 외교를 주도하는 데에는 멕시코 페미니스트 운동의 기여가 컸다. 1970년대 이후 자율적 페미니스트들은 소그룹 활동을 통해 젠더 의식을 함양했고, 1980년대 중반 이후부터는 페미니스트 운동의 제도화를 통해 여성 인권 문제를 해결하고자 했다. 제도적 페미니스트들은 여성이 처한 폭력 상황을 국가가 해결할 것을 요구하는 과정에서 국가의 유력한 파트너로 자리매김했다. 이들은 이후 젠더 할당제, 젠더 동수제 등 페미니스트 정치와 최근 페미니스트 외교의 추진 과정에서도 압력 단체 또는 정부와의 협상 파트너 역할을 수행해 왔다.

서구 선진국에 비해 멕시코의 페미니스트 외교가 불완전하다거나 젠더 인권 현실과의 괴리를 보인다는 비판은 매우 타당해 보인다. 페미니스트 외교가 멕시코에서 빈번히 발생하는 여성 살해나 여아 실종 등 심각한 인권 침해 상황을 가리는 정치적 수단이 되어서는 안 된다. 다만, 이 글에서 주장하고자 하는 것은 비서구권 개발도상국의 페미니스트 외교가 서구 사회의 기준에 따라 강요되거나 이식되는 방식보다는 자국의 고유한 역사적 경험 속에서 내적 동력이 발현되어 추진되어야 한다는 점이다. 따라서 이 글은 멕시코 같은 젠더 인권 취약국이 어떻게 페미니스트 외교를 추진할 수 있는가에 의문을 제기하기보다는 젠더 인권 취약국임에도 멕시코가 어떻게 페미니스트 외교를 선택할 수 있었는가 하는 관점으로 멕시코 페미니스트 외교에 대해 고찰할 것을 제안한다.

# 제 6 장

# 과테말라 원주민 여성운동의 젠더화:
## 세푸르 자르코 사례를 통해 본 내전 시
## 성폭력에 대한 투쟁과 성과

/

김유경

/

# 1 들어가며

2010년 3월 4일부터 이틀간 과테말라시티대학에서 500명 이상이
참여한 가운데 '과테말라 여성인민법정'이 개최되었다. 방청석에는
110명의 피해 여성들이 원고로서 앉아 있었고 '명예 판사'로는 마야족
여성 후아나 멘데스, 페루의 구라데스 카나레스, 우간다의 티디 아팀,
2000년 12월에 열린 일본군 성노예 전범 여성국제법정의 참가자였던
아라카와 시호코가 임명되었다. 후아나 멘데스는 과테말라에서 치안
부대에 의해 구류된 여성들을 강간한 범죄에 대해 처음으로 유죄 판결
을 받아 낸 마야 원주민 여성이며 구라데스 카나레스는 페루 후지모리
정권에서 성폭력 피해를 입은 여성이고, 티디 아팀은 우간다 전시 성폭
력 문제 해결을 위해 활동한 여성이다. '과테말라 여성인민법정'은 각국
이 국제 인도법과 국제 인권법에 따라 무력 분쟁 기간과 그 이후의 불/
비처벌을 종식할 것을 권고하고, 특히 여성과 여아가 성폭력의 대상이

된다는 사실, 그리고 이런 식으로 자행된 성폭력이 어떤 경우에는 전쟁 종식 이후에도 지속된다는 것에 주목했던 유엔안전보장이사회 「결의안 1820」이 통과된 지 2년 만에 열렸다(심아정, 2020).

과테말라 여성들이 인민법정의 형식을 빌려 과테말라 내전 시기와 이후의 성폭력 가해에 대해 기소와 처벌을 요구한 것은 1996년 12월 29일 '과테말라 민족혁명연합(Unidad Revolucionaria Nacional Guatemalteca, URNG)'과 정부군 사이에 맺어진 평화 협정에서 가해자의 처벌과 배상을 강제할 수 있는 사법 제도가 보장되지 않았기 때문이다. 오히려 국가 권력이 만든 '국민화해법'에 의해 내전 중 발생한 정치 범죄에 대해 면책이 보장되었고, 성폭력에 대해서는 피해자에게 책임을 전가하는 사회적 인식이 만연했다. 형사 재판이 어려워지자 과테말라 여성운동가들은 인민법정의 형태로 내전 시 성폭력의 책임 소재를 누구에게 물을 것인지 스스로 결정하게 된 것이다. 이 법정의 최종 판결문은 내전 시기 과테말라 형법 및 국제법에 의거할 때 중요한 위반 행위가 자행되었음을 인정하고, 공무원 및 군과 경찰에 의해 자행된 행위의 책임이 정부에게 있다고 선고했다.

2010년 여성인민법정이 열린 지 1년 후 과테말라 동부 세푸르 자르코(Sepur Zarco) 지역에서 성폭력 피해 생존자 여성 15명이 지역 여성 단체와 유엔여성기구(UN Women)의 지원을 받아 과테말라 최고 법원에 가해자 처벌을 요구하는 소송을 제기했다. 22회의 청문회를 거쳐 2016년 3월 2일, 평화 협정이 체결된 지 20년 만에 처음으로 법원은 강간, 살인, 노예화로 인한 반인도적 범죄 혐의로 전직 군인 2명을 기소하고 여성 생존자들과 지역 사회에 18개의 배상 조치를 부여했다. 그 후

2018년에는 내전 시기 원주민 여성 36명을 성폭행한 혐의로 옛 시민자위대(PAC) 대원들이 체포되어 2022년 1월 재판을 받고 30년 형을 구형받았다. 26년이 지나서야 내전 시기 원주민 여성에 대한 성폭력 가해자의 직접적인 형사 재판이 이루어진 것이다. 과테말라 국내 법원이 국내법과 국제 형사법을 이용하여 분쟁 중 성노예 혐의를 고려한 것은 역사상 처음 있는 일이었다.

과테말라는 전체 인구 중 원주민 비중이 높은 국가이며 1960년부터 1996년까지의 내전에서 심각한 인권 탄압과 반인륜적 범죄를 경험한 국가이다. 내전의 피해자는 주로 원주민이었으며, 특히 원주민 여성들은 성폭력과 강제 낙태 등으로 인해 더욱 큰 피해를 입었다. 내전이 종식된 후의 평화 협정 이행에 따라 과거 반인권적인 범죄에 대한 조사가 진행되었으나 그동안 형사 재판을 통한 기소와 처벌, 공식적인 사죄와 배상은 제대로 이루어지지 않았다. 또한 당시의 성폭력 피해자들은 여전히 사회의 냉대와 차별에 고통받고 있다.

그러나 한편으로 많은 원주민 여성이 내전 시기부터 여성이기에 겪어야 했던 과거의 피해를 적극적으로 증언하고 관련자 처벌과 기소, 사과와 배상을 요구하는 활동을 계속해 오고 있다. 이러한 노력이 앞서 언급한 '과테말라 여성인민법정'과 '세푸르 자르코' 사례, 이외에도 많은 증언 기록과 운동 단체의 설립이다. 그리고 과테말라 여성, 특히 원주민 여성들의 노력은 원주민 운동 및 인권 운동 안과 밖에서 젠더 이슈를 부각시키며 과테말라 사회를 변화시키고 있다. 따라서 이 장에서는 과테말라 원주민 여성운동을 세푸르 자르코 사례를 중심으로 전시 성폭력 문제가 어떻게 젠더 이슈화되며 현재의 구조적 성폭력 문제에 대한 운동으로 이어지는지를 살펴보고자 한다. 이를 위해 먼저 과테말라 사회에 아직도 청산되지 않은 잔재를 남긴 내전에 대해 검토하고자 한다. 다음으로는 과테말라 전시 성폭력에 대한 원주민 여성운동의 성공 사례로 제시되는 세푸르 자르코 사례에 대해, 운동의 전개 과정과 이의 성공이 갖는 사회적 의미를 살펴볼 것이다. 마지막으로 현재 제기되고 있는 젠더 문제들에 대한 과테말라 여성운동의 과제와 방향을 제시하고자 한다.

## 2 과테말라 내전과 원주민 여성 성폭력의 젠더화

과테말라 내전은 진보적인 농업 개혁을 추진했던 아르벤스(Jacobo Arbenz Guzmán) 정부를 아르마스(Carlos Castillo Armas) 정부가 전복하며 시작되었다. 아르마스의 배후에는 유나이티드 프루트 사의 압력을 받은 미국 정부 및 CIA의 지원이 있었다. 중앙아메리카에 위치한 과테말라의 인구는 1,380만 명으로 남아메리카의 볼리비아와 더불어 라틴아메리카에서 가장 원주민 인구 비율이 높다. 그러나 과테말라에서는 아직도 원주민에 대한 폭력과 차별 의식이 뿌리 깊으며, 20세기 후반에 일어난 과테말라 내전은 원주민에 대한 경멸과 인종주의를 가장 극단적으로 드러낸 사건(정승희, 2013)이라 할 수 있다.

과테말라는 다른 대다수 라틴아메리카 국가의 역사와 마찬가지로 근대 국민국가가 형성된 19세기 이후 유나이티드 푸르트 사가 들어와 거대한 바나나 농장을 설립하면서 '바나나 공화국'이라 불렸던 제국주의의 배후지로 기능하게 되었다. 이 시기부터 마야 원주민을 비롯한 대다수의 과테말라 국민은 제국주의의 착취에 의한 극심한 고통을 감내해야만 했다(노용석, 2018). 이에 1944년 집권한 후안 호세 아레발로(Juan José Arévalo) 대통령은 1917년 멕시코 헌법을 부분적으로 모델로 삼은 진보적인 신헌법을 공포하고 노동자와 농민의 조직화를 권장하는 정책을 추진했다. 이 시기 임금이 80% 인상될 정도였으나 동시에 아레발로 정부는 20회가 넘는 군사 쿠데타를 겪어야 했다. 이후 1950년 중도-좌파 세력 연합의 아르벤스가 선거에서 대통령으로 당선되었다. 그는 과테말라를 반(半)식민지 경제의 의존적 국가에서 경제적으로 독립된 국가, 근대 자본주의 국가로 변화시키고 국민의 생활 수준을 높이기 위해 민간 부문을 강화하고 외국 자본을 규제했으며 농업 개혁 정책을 추진했다. 그러나 아르벤스 정부의 농업 개혁은 유나이티드 푸르트와 미국 정부의 완강한 반대에 직면했고 이들은 아르벤스 정부를 공산주의와 동일시하며 CIA를 통해 반정부군을 조직, 아르벤스 정부의 전복을 꾀했다. 쿠데타를 통해 집권한 반정부군의 수장인 아르마스는 농업 개혁을 무산시켰고 이로 인해 유나이티드 프루트의 토지 수용은 원상태로 복구되었다. 또한 공산주의자와 급진 민족주의자를 숙청하고 1955년 미국과의 상호 방위 협정을 체결했다(스키드모어·스미스·그린, 2014, 197-201).

1954년 아르마스 정부 이후 과테말라 국가는 군사화되었고 고도로 배타적이었다. 반공산주의 정치적 수사가 정당화되었다. 반민주적이고 억압적인 국가 통제가 체계적이고 의도적으로 이루어졌다는 것은 다음과 같은 사실들에 의해 입증된다. 첫째, 현상 유지에 도전하고자 하는 어

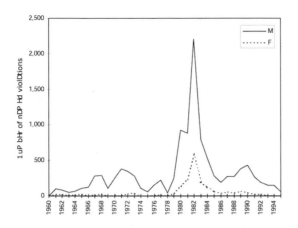

〈그림 1〉• 과테말라 내전 시기 정치적 학살과 여성 희생자(1960-1994년).
출처: Garrard-Burnett, 2000, 2.

떠한 방식의 정치적, 사회적 운동에 대해서도 정치적 공간을 폐쇄했다. 둘째, 여러 사회적인 배제 시스템을 장려했다. 셋째, 군부와 행정부의 이익을 위해 입법부 및 사법부 간 세력 균형을 축소시켰다. 마지막으로 가장 중요하게는 법을 대체하는 것으로서 억압 기제가 사용되었다는 것이다(Garrard-Burnet, 2000, 1).

1996년 내전 종식 이후 구성된 한시적 특별위원회인 '역사진실규명위원회(Comisision para de Esclarecimiento Historico, CHE)'에 따르면 내전 과정에 대해 기록된 폭력의 93%는 국가와 준군사 집단의 책임이다. 가장 극심한 폭력과 내전이 결합되어 있던 1978년부터 1982년까지 440개 마을이 과테말라 정부군에 의해 파괴되었고, 15만 명의 난민이 발생했다. 또한 10만 명에서 15만 명 사이의 인구가 죽거나 실종되었으며 626개 마을에서 약 20만 명에 이르는 인구가 학살되었다. 이 중 83%가 마야 원주민이라고 밝혀질 정도로 이 시기 산간 지대 원주민들,

그중에서도 마야 원주민들의 피해가 가장 컸고 희생자의 약 25%는 원주민 여성이었다.

과테말라의 내전은 36년간 지속되었고 이 기간은 매우 억압적인 통치가 행해졌다. 특히 '라 비올렌시아(La Violencia)'라고 불렸던 1978년부터 1985년까지가 가장 극심한 억압의 시기였고, 폭력의 유형과 심각성은 시간이 지남에 따라 다양하게 나타났다. 이러한 폭력에 대해 오랫동안 과테말라 군은 이 지역에서 게릴라 전사들만이 사망했다고 주장했지만 대규모 묘지에는 참수되고 절단된 여성과 어린이의 시신도 포함되어 있었다.

**[표1] 폭력의 연대기**

| | |
|---|---|
| 1962–1970 | 군사적 조치는 주로 과테말라시티, 남부 해안 지역, 동부의 라디노 거주 지역에서 이루어짐. |
| 1971–1977 | 억압은 더 선택적이고 지리적으로 분산됨. 주로 공동체와 노조 지도자, 교사, 교리 문답가, 학생이 억압의 대상이 됨. |
| 1978–1985 | 분쟁 중 가장 폭력적인 피의 시기. 군사적 조치는 수도와 남부 해안 지역뿐만 아니라 키체(El Quiché), 우에우에테낭고(Huehuetenango), 치말테낭고(Chimaltenango), 알타베라파스(Alta Verapaz), 그리고 바하베라파스(Baja Verapaz) 지역(주로 원주민 거주 지역)에 집중됨. |
| 1986–1996 | 선택적인 억압에 기초하여 주로 정부에 저항했던 지역의 공동체에 대해 이루어짐. |

원자료: 과테말라 역사진실규명위원회(CHE), 1999.
출처: Garrard-Burnett, 2000, 3.

한편, 원주민 여성 생존자는 가족과 지역 사회 내에서 살고 있다. 여성으로서 그들의 정체성은 자신들의 사회관계 내에서 성폭력 경험을 포함한 삶의 경험에 기반하는데, 이는 단지 신체적 상해의 분리된 경험이라기보다는 구조적이고 관계적인 것이다. 더욱이, 과테말라의 토착 공동체는 무력 분쟁 중에 자행된 젠더화되고 인종화된 대량 학살을 포함하여 수 세기의 식민지 폭력을 거치며 형성되어 왔다. 마야 여성에 대한 성폭력은 산발적이고 개인적이라기보다 체계적이고 집단적이었으며 과테말라의 사회 및 물리적 환경에서 원주민을 전반적으로 제거하는 것을 목표로 했다. 또한 국가의 대(對)게릴라 계획은 시민 순찰 시스템을 거치며 '공동체'를 잔학 행위에 연루시켰으며, 원주민 공동체 파괴를 획책한 이러한 행동은 오늘날까지 여성 생존자들이 지역 사회의 다른 사람들과 관련하여 진실을 말하는 것을 제한하고 있다(Crosby and Lykes, 2011, 472).

(……) 강간 후 그들은 지역 사회의 최하위 집단에 위치했습니다. 그들은 집단 학살의 생존자나 국가의 초토화 정책의 잔인함을 살아온 인간이 아니라 강간을 당했기 때문에 내부 공동체 구조와 질서와 권력을 깨뜨린 여성으로 여겨졌습니다(Crosby and Lykes, 2011, 472에서 재인용).

이렇듯 여성 원주민 생존자들에 대한 낙인찍기와 배척, 폭력의 위협은 그들의 트라우마가 공식적으로나 공개적으로 알려진 많은 여성 생존자가 이를 가족 또는 이웃에게 말하지 않는 이유이다. 따라서 원주민 여성의 경험과 정체성 형성을 그들의 특정한 문화적, 사회적, 역사적 맥락에 위치시키는 것이 중요하며, 나아가 '여성 공동체' 또는 '여성 전용 공간'이 안전하고 안정적이며 성폭력을 경험한 여성들을 치유할 수 있을 것이라는 인식과 '여성' 범주의 동질성에 대한 인식에 의문을 제기하는 것이 필요하다. 더욱이 토착 공동체 내에서뿐만 아니라 군부와 반란 진압 국가 간의 경쟁 관계는 폭력이 경험되는 방식과 그 의미가 만들어지는 방식에 영향을 미친다(Fulchiron, Paz and López, 2009; Crosby and Lykes, 2011, 473에서 재인용). 과테말라 원주민 여성들의 성폭력에 대한 증언들 또한 과테말라의 식민지 경험과 내전, 군사화의 맥락 속에서 젠더화되고 인종화된 구조를 뒷받침하는 증거와 실천으로 이해되어야 하는 것이다.

다른 한편, 내전 기간 중 젠더에 기반한 폭력은 역사적으로 전쟁의 테러 전술, 즉 사람들을 협박하고 통제하는 수단으로 사용되어 왔다. REMHI의 보고서는 정부군에 의해 자행된 강간, 고문, 신체 절단 행위가 "성욕을 통해 여성을 타락시키고, 국민으로서의 존엄성을 극도로 경멸하며 모범적인 테러 조치를 추가하기 위해 여성성의 내밀한 측면을 이용하는 방법"으로 사용되었다고 설명한다(Phillips, 2020, 28).[1] 이 당시의 성폭력이 젠더에 기반한 폭력이라는 점은 이들이 성 차이, 즉 생물학적 성별이 아니라 마야 원주민 사회에 내재된 남성성과 여성성을 이용해 여성과 일부 남성에 대한 성폭력을 활용했다는 것에서 알 수 있다. 정

---

1   원출처는 Memoria, *Verdad y Esperanza-versión Popularizada Del Informe REMHI: Guatemala, Nunca más*, Proyecto Interdiocesano de Recuperación de la Memoria Histórica, Oficina de Derechos Humanos del Arzobispado de Guatemala, 2003. p. 79이다. 역사적 기억의 회복을 위한 로마 가톨릭 대교구의 프로젝트(REMHI)는 "고통과 죽음의 역사를 재구성하고, 그 이유, 이유 및 방법을 이해"하려는 목적으로 시작되었다. 이 프로젝트는 코네데라(Juan Gerardi Conedera) 주교의 지도 아래 과테말라 대교구 인권 사무소(ODHAG)에 의해 실행되었으며 1998년 보고서가 발간되었다. 이 보고서는 52,427명의 인권 및 인도주의적 침해 피해자 기록을 포함하여 5,465건의 증언으로 구성되어 있다.

부군은 공개적인 집단 강간을 통해 남성적 공모 정신을 강화하고 권력과 권위를 남성적 특성으로 격찬했다. 남성에 대한 성적 공격도 이루어졌는데 이는 성적 공격의 대상인 남성을 여성화하려는 의도로 수행되었다. 성적 대상이 된 남성들은 위계적이고 가부장적인 통제를 유지하는 마야 원주민 공동체에서 여성화됨으로써 경멸의 대상이 되었다. 따라서 내전 기간 중 특히 원주민 공동체에서 이루어진 정부군의 성폭력은 여성과 일부 남성을 여성화하는 것이고 그들 사회의 질서를 깨트린 경멸의 대상으로 무력화하는 것이며 정부에 반기를 든 사람들을 여성화하는 행위였다.

이러한 행동이 체계적, 전술적으로 사용된 이유는 주로 반란군의 행방에 대한 고발을 통해 반군과 그들의 동맹 세력을 특정하고 찾아내기 위한 것이었다. 필립스는 크로스비와 라이키스의 연구(Crosby and Lykes, 2019)를 인용하여, PAC는 많은 경우 고문과 구타를 당했고 일부는 아내와 다른 여성들의 강간을 목격하도록 강요당함으로써 무력화되고 그들의 공동체를 배신하게 되었다고 지적했다. 많은 남성이 공동체 지도자로서 남성적이고 토착적인 권위를 상실했고 납치되어 PAC로 국가에 봉사하도록 강요받거나 실종되었다(Phillips, 2020, 32).

이에 대한 대표적인 예는 1982년 과테말라 북동부에 세워진 세푸르 자르코의 군사 전초 기지였다. 세푸르 자르코의 군사 전초 기지는 군대를 위해 지어진 '모델 마을' 중 하나였다. PAC는 토지 분쟁으로 누군가의 남편들을 마을에서 쫓아냈고 여성들은 홀로 남겨져 보호받지 못했다. 세푸르 자르코의 군사 기지로 끌려가 성적 및 가사 노예로 '봉사'할 것을 명령받은 여성들은 이후 세푸르 자르코 사건에 대한 인터뷰에 응한 열다섯 명 중 열두 명이었다. 세푸르 자르코의 여성들은 당시의 피해를 증언하고 진실 규명과 가해자의 처벌을 촉구하며 지속적으로 저항했고 마침내 의미 있는 성과를 얻을 수 있었다.

## 3 집단적 기억과 증언: 세푸르 자르코의 사례

분쟁이나 억압적 통치 기간 동안 자행된 성적 및 기타 형태의 젠더 기반 폭력에 대한 증거가 증가하고 있음에도 불구하고 이러한 범죄에 대해 가해자에게 책임을 묻는 과테말라 국내 사법 제도는 매우 취약하다. 그동안 성폭력은 분쟁 중에 저지른, 가해자가 책임을 져야 하는 다른 범죄와 동등한 별개의 범죄로 인식되지 않았다. 그러나 세푸르 자르코 사례는 과테말라 내전 중의 성폭력에 대한 인식과 처벌에 대한 기준을 바꾸는 분기점이 되었다. 세푸르 자르코 사례는 여성에 대한 성폭력 행위가 중대한 범죄에 해당한다는 점을 인정했다. 이는 국가의 무력 분쟁 상황에서 자행된 여성에 대한 성폭력 행위에 대해 전직 군인이 처음으로 유죄 판결을 받은 사례 중 하나였으며, 국내 및 국제법의 적용을 통해 무력 분쟁의 맥락에서 국제 범죄로서 성폭력을 국내 법원에서 기소한 최초의 사례 중 하나였다(UN Women, 2022, 2).

### 1) 세푸르 자르코 사건

1982년, 과테말라 정부와 다양한 좌파 반군 단체 간 갈등이 절정에 이르렀을 때, 과테말라 군대는 세푸르 자르코의 토착 공동체를 공격했다. 몇 달에 걸쳐 군인들은 그들이 오랜 기간 거주하고 일했던 토지에 대한 법적 소유권을 획득하려고 했던 마야 케치족(Maya Q'eqchi') 남성 지도자들을 억류했다. 이들이 거주하던 토지는 이미 수십 년 전에 불법적으로 대규모 사유지로 전환되었고 마야 케치족 지도자들의 토지 소유권 요구는 이 지역 지주들의 경제적 지위에 위협이 되었다. 불법으로 토지를 사유화한 지주들은 과테말라 정부군의 지원을 확보하기 위해 마야 케치족 지도자들이 반정부 게릴라들을 지원한다고 비난했다. 과테말라 정부군은 지주가 제공한 목록을 이용하여 토지 소유권을 주장하는 마야 케치족 남성들을 잡아 지주의 농장으로 데려갔고 그들은 구타와 고문을 당해 결국 죽거나 사라졌다. 다음으로 군대는 남성의 가족을 공격하여 집을 불태우고 농작물과 가축을 죽이고 남성의 배우자와 다른 여성 가족을 반복적으로 강간했다. 산으로 도망간 여성과 아이들이 있었지만 군인들은 이들을 추적하여 총을 쏘고 헬리콥터에서 폭탄을 투하했다. 여성과 아이들은 군인들에게 죽거나 추위와 굶주림으로 죽었다. 공동체의 나머지 여성들은 군부대 외곽으로 강제 이주 당했다. 몇 달 동안 이 여성들은 며칠에 한 번씩 번갈아 가며 군인들을 위해 요리와 빨래, 청소를 했으며 이는 모두 무보수로 이루어졌다. 노동 기간에 여성들은 반복적으로 강간당했고 때로는 집단 강간도 행해졌다. 강간은 자녀와 가족이 보는 앞에서도 수시로 자행되었고 군인들은 여성의 임신을 막기 위해 강제로 피임을 하게 하거나 강간 후 살해했다. 성적 학대는 이들에게 지속적인 영향을 미쳤다. 신체적, 정서적 피해뿐만 아니라 경제적으로도 심각한 손실이 초래되었다. 많은 집과 가축, 농작물이 파괴되고 불탔다. 군인들을 위한 빨래와 청소, 요리에 필요한 물품들도 이들이 부담해야 했다. 생존자 중 일부는 그들의 자녀나 가족을 산에 묻었지만 무덤이 어디에 있는지 기억하지 못하고 일부는 군인들이 찾을까 두려워 무덤조차 만들지 못했다. 여성들 중 일부는 농장으로 끌려간 자신의 아버지 또는 남편에게 무슨 일이 일어났는지 정확하게 알지 못했다. 또한 성노예가 되었던 여성들 대부분은 그들이 속한 공동체로부터 낙인과 극심한 수치심을 겪었다(UN Women, 2022, 4-5).

오랜 분쟁 동안 세푸르 자르코 사건과 유사한 사건들이 원주민 공동체를 중심으로 다수 발생했지만 분쟁이 끝난 이후에도 성노예, 성폭력 가해자들에 대한 기소와 처벌은 거의 이루어지지 않았다. 오히려 성폭력 피해자들은 그들 공동체 내에서 지속적으로 비난받고 정서적으로 고립되었으며 경제적으로 어려움을 겪고 있었다. 이들은 스스로를 고립시키고 침묵함으로써 과거의 아픔과 두려움을 잊고자 했으나 과테말라 내 여성 단체와 원주민 인권 단체, 국제 기구의 지원에 힘입어 오랜 침묵을 깨고 과거 자신들이 당했던 피해에 대해 증언하기 시작했다.[2]

## 2) 사회적 연대와 세푸르 자르코 피해 여성들의 집단적 증언

세푸르 자르코의 여성 성폭력 피해자들의 증언 이전에 마야 키체

---

2  세푸르 자르코 전시 성폭력 생존자들인 할머니들(las abuelas)의 상세한 진술 내용은 재판을 참관하고 이를 기록한 Burt, Jo-Marie(2019), "Gender Justice in Post-Conflict Guatemala: The Sepur Zarco Sexual Violence and Sexual Slavery Trial", *Critical Studies* 4, pp. 63-96의 논문을 참고할 것.

(Maya Quichè) 족 여성인 리고베르타 멘추[3] 등의 개별적인 활동이 있었다. 이들의 증언을 통해 과테말라 내전 시 참혹했던 원주민 공동체의 피해와 원주민 여성들에 대한 성폭력 범죄가 전 세계에 폭로되었고 원주민 인권 운동 또한 활발해졌다.

한편, 세푸르 자르코 성폭력 피해자들의 증언은 집단적으로 이루어졌으며 부분적이지만 국가의 책임과 가해자에 대한 처벌이 법적으로 인정되었다. 또한 그 과정에 있어서 피해자들에 대한 정서적, 사회적 치유와 가해자에 대한 법적 처벌이 조직적, 체계적으로 진행되었다. 특히, 과테말라 내전 시의 성폭력 범죄가 다른 범죄와 동등한 개별적인 반인도적 범죄였음을 공식화했다. 이는 세푸르 자르코 사건의 피해 여성들과 과테말라 국내 여성 단체 및 인권 단체, 국제 기구의 연대를 통해 가능했다.

물론 가장 중요한 것은 자신들이 받은 고통을 기억하고 사회적 편견과 집단적 비난에도 불구하고 진실과 정의를 위해 증언함으로써 성폭력의 정치적 기원을 폭로한 피해자와 희생자 가족들의 행동일 것이다. 그러나 이들의 행동은 갑자기 그리고 쉽게 결정된 것이 아니다.

수십 년 동안 원주민 여성들을 포함한 원주민, 반정부 단체라 여겨진 사람들에 대한 체계적인 성범죄의 가해자들은 거의 완전한 면책을 누렸다. 전후 과테말라의 제도화된 면책은 폭력과 성범죄 및 높은 여성 살

---

3　리고베르타 멘추(Rigoberta Menchú Tum)는 과테말라 키체 주 치멜 출생이며 마야 키체족 혈통이다. 1983년에 마야어로 증언하고 스페인어로 기록되어 출간된 『나, 리고베르타 멘추』에서 자신의 경험을 증언하며 과테말라 내전 당시 마야족에 대한 정부의 살인 및 폭력과 마야족 여성에 대한 성폭력을 폭로했다. 이후 원주민 인권 운동에 매진했으며 1992년 노벨상을 수상했다.

해율이 정당화되는데 일조했을 뿐만 아니라 내전 시 주요 가해자들에 대한 엄격한 법적 처벌이 제대로 이루어지지 못한 요인이 되었다.

이에 성폭력 가해자에 대한 소송을 제기하기 위해 피해자들은 자신의 죄책감과 수치심뿐만 아니라 그들이 겪은 폭력에 대해 여성을 비난하는 국가 및 지역 문화에 의해 조성된 수십 년간의 내부 및 외부의 침묵을 깨뜨려야 했다. 일반적으로 강간은 "존재하지 않는 것"이며 여성들은 성행위를 "원하고", "동의했다"고 인식되었고 이러한 국가적 패턴은 원주민 공동체 내에서 복제되고 강화되었다(UN Women, 2022, 16). 이는 생존자들에 대한 낙인과 배척을 강화했고 이로 인해 피해자들의 침묵은 지속될 수밖에 없었다. 침묵은 그들이 사회적 배척으로부터 자신들을 보호하기 위한 해결책이었다. 이러한 침묵이 깨질 수 있었던 것은 시민 단체들의 지원과 지지에 의해서였다.[4]

---

4  원주민 여성들의 전시 성폭력 문제와 관련해 활동한 또 다른 단체로 카클라(Grupo de Mujeres Mayas de Kaqla)를 들 수 있다. 1995년 코펜하겐 사회개발선언 이후 여러 국제 개발 기구들이 표방한 인권 주류화 접근이 과테말라 여성 단체들과 사회 단체에 영향을 주었고 카클라는 인권을 중심으로 한 원주민 여성들의 자치적 모임 성격을 갖는다고 볼 수 있다. 카클라는 분쟁 직후 수도에서 35명의 토착 여성들이 모인 비공식 모임에 뿌리를 두고 있다. 이 여성들 대부분은 혁명 운동에 적극적으로 참여했으며 정식 교육을 받았다. 비공식 모임에서 이 여성들은 내전 중의 자신의 개인적 경험과 이에 대한 사회의 반응에 대해 이야기했고 내전 후의 다양한 회복 프로그램이 원주민 여성의 현실을 충분히 반영하지 않는다는 것을 인식했다. 이에 그들은 원주민 여성으로서의 정체성과 권리에 대해 성찰할 수 있는 여러 토론 포럼을 조직했다. 이후 카클라는 참가자들의 토착적인 정체성과 권리의 획득을 목표로 하는 공식적인 조직으로 발전했다. 이들의 목적은 내면화된 억압의 해체를 통해 개인, 신체, 사회경제적 및 문화적 독립성을 육성함으로써 마야 원주민 여성과 토착민의 자율성을 강화하는 것이었다. 이는 주로 원주민 여성들의 개인적 치유와 이를 통한 사회적 치유, 나아가 내전으로 극심한 피해를 입은 토착 문화의 가치 회복을 우선시하는 것이었다. 활동은 주로 마야 문화를 기반으로 한 심리사회적 지원, 사회적 인식 제고를 위한 워크숍, 자기 옹호 훈련, 문화 행사, 지역 사회 봉사 프

2000년대 초반, '세계를 변화시키는 여성(Mujeres Transformando el Mundo: MTM)'과 '과테말라 여성 전국연합(Unión Nacional de Mujeres Guatemaltecas: UNAMG)'이 '지역 사회 연구 및 심리사회적 행동팀(Equipo de Estudios Comunitarios y Acción Psicosocial, ECAP)'과 함께 세푸르 자르코의 전시 성폭력 생존자들에 대한 심리사회적 지원을 제공하면서 세푸르 자르코의 전시 성폭력 가해자에 대한 증언과 고발이 시작되었다. UNAMG과 ECPA는 분쟁으로 영향을 받은 여성들에게 심리사회적 지원을 시작하면서 2003년에는 '변화를 위한 행위자 컨소시엄-정의를 찾는 여성(Consorcio Actoras de Cambio-Mujeres en Búsqueda de Justicia)'을 설립했다. 이 단체는 분쟁으로 황폐해진 지역 사회 구조를 복구하고 과테말라에서 진실을 말하고 책임을 규명하는 과정의 일부로 전쟁에서 살아남은 마야 원주민 여성의 증언을 들었다. 이들 조직이 추구한 전략에는 심리사회적 및 의학적 지원, 여성의 권리에 대한 교육, 역사적 기억의 회복, 사회적 민감화, 피해자에 대한 정의와 배상을 지원하는 정치적 옹호가 포함되었다(UN Women, 2022, 17). 세푸르 자르코의

로젝트 등이었다. 카클라의 활동은 분쟁 이후 설립되었고 많은 원주민 여성이 극심한 신체적, 성적 폭력을 경험했기 때문에 개인의 치유와 이를 통한 개인적, 사회적 변화에 집중되었다. 카클라와 같은 단체들이 인권 개념에 기반해 과테말라 내전 시 원주민 여성들의 개인적 경험을 사회화하고자 한 노력은 이후 전시 성폭력에 대한 법정 투쟁과 이를 위한 사회적 연대에 긍정적인 영향을 끼쳤다. 그럼에도 불구하고 이들의 활동은 여전히 개인의 고통을 치유하고 사회적으로 공유하며 원주민 공동체의 전통적인 가치 내에서 '피해자로서 비난받지 않고 그들의 경험을 드러내며 삶을 영위하는' 활동을 중심으로 하고 있었다. 카클라에 대한 내용은 Destrooper, Tine(2015), "Reconciling Discourses on Women's Rights: Learning from Guatemalan Indigenous Women's Groups", *Journal of Human Rights Practice* 7(2), pp. 223-245의 내용을 참고할 것.

원주민 여성 피해자들과 MTM, UNAMG, ECAP의 연대 활동은 점차 개인적 차원의 기억하기와 증언하기의 단계를 넘어 전시에 발생한 여성 성폭력에 대한 집단적 증언과 법적 처벌 및 보상을 위한 활동으로 확장되었다.

2010년 3월 이들 단체는 전쟁과 평시에 여성이 당한 성폭력을 가시화할 목적으로 '침묵과 면책을 깨는 동맹(Alianza Rompiendo el Silencio y la Impunidad)'을 설립했다. '동맹'은 다른 단체들과 협력하여 내전 중 여성에 대한 성폭력에 관한 최초의 양심재판소를 조직했다. 과테말라 여러 지역의 원주민 여성들은 전시 중 군대의 손에 의해 행해진 조직적인 성폭력에 대해 공개적으로 증언했다. '동맹'과 연대 단체들은 양심재판소의 조직과 이후 투쟁이 여성 생존자들에게 분수령이 된 순간이라고 지적한다. 이 과정은 그들에게 개인의 변화뿐만 아니라 사회적 변화에 대한 증언의 힘을 통찰할 수 있게 했고 법정에서 그들의 사건에 대한 정의를 추구하려는 결의를 강화시켜 주었다(Burt, 2019, 76).

'동맹'의 활동은 과테말라 내전 중 발생한 폭력과 관련해 아직 기소되거나 재판을 받지 않은 가해자에 대한 책임을 강조했다. 특히 '동맹'은 가해자에 대한 정당화를 깨고 법적 책임을 묻는 과정을 모의 재판으로 조직함으로써 과테말라 사법부에 전시 성폭력의 처벌이 가능한 종류와 법적 기준에 대한 사례를 제시하고 실제 기소가 이루어질 수 있는 동기를 부여하고자 했다. '동맹'은 전시에 행해진 원주민 여성들에 대한 성폭력이 조직적이며 지속적인 젠더 기반 폭력이었음을 강조하고 나아가 현재 과테말라에서 자행되는 여성에 대한 폭력 또한 전시 성폭력과 유사한 특징을 공유한다고 지적한다. 따라서 '동맹'은 과테말라 내전의 여성 성폭력 범죄를 다시 검토하는 것이 현재까지도 여성에 대해 저질러진 폭력 범죄의 근본적인 사회적, 구조적 원인의 일부를 해결하는 데도움이 될 것이라고 보고 있다(UN Women, 2022, 19-20).

한편, 이들의 활동은 전시 인권 침해 및 성폭력 등의 전쟁 범죄에 소극적이었던 과테말라 재판소에 국제적 압력을 가하는 계기가 되었다. 예를 들어 피해자들과 그들의 변호사들은 전시 성폭력 사건들을 과테말라 국내 재판소 대신 미주인권시스템(Inter-American System of Human Rights)에 제소했다. 미주인권재판소는 12건 이상의 판결을 통해 과테말라 정부가 인권을 심각하게 침해했다고 비난하고 국내 사법 제도에책임자에 대한 조사, 기소 및 처벌을 명령했다. 2009년과 2010년에 내려진 판결에서 과테말라 대법원 형사 재판부는 전시 인권 사건을 기소하기 위한 새로운 법적 틀을 확립했다(Burt, 2019, 74-75). 그동안 분쟁직후의 여성 권리 증진에 대한 많은 국제적 관심에도 불구하고 과테말라의 기존 젠더 정책 발전, 실행 및 모니터링에 대한 정부 기관의 대응력은 제한적이었다. 분쟁 이후의 일부 법적 변화가 존재했지만 과테말라여성들은 여전히 의사 결정 과정에 참여하는 데 제한을 받았고 경제적기회 또한 제한적이었다. 원주민 여성들에게는 특히 더욱 제한적이었고 그들은 높은 수준의 여성 살해와 구조적 폭력에 지속적으로 노출되어 있었다(Destrooper, 2015, 228).

세푸르 자르코 사례에서 특히 주목해야 할 부분은 여성 단체들과의연대 외에도 기소 및 재판 과정에서 다양한 분야의 전문가들이 여성 피해자들의 증언을 뒷받침하는 전문적 진술을 통해 판결에 중요한 영향을 끼쳤다는 점이다. 나아가 이들의 증언을 요청, 채택하고 신뢰한 과테말라 법원의 적극적이고 중요한 역할에도 주목할 필요가 있다.

먼저 과테말라 법인류재단(FAFG)의 법인류학자와 고고학자들은 법무장관실이 2011년과 2012년에 요청한 발굴 작업을 통해 그들이 작업 과정에서 발견한 물리적 증거들이 대량 학살 정황을 보여 준다고 증언했다. 2012년 FAFG의 조사관은 알타 베라파스(Alta Verapaz)의 세나우(Senahú)에 있는 이전 티나하스(Tinajas) 군사 기지의 무덤 13개에서 51구의 유해를 발견했다. 시신 중 일부는 엎드린 상태로 있었고 마체테나 도끼와 같은 크고 날카로운 물체에 의해 손상된 상처와 총상 등 심각한 외상 흔적이 있었다. 어떤 시신은 손목, 발목, 목에 밧줄이 묶여 있었다.

한편, 역사가 후안 카를로스 펠라에스 비야로보스는 세푸르 자르코 군사 기지가 위치한 폴로칙 밸리(Polochic Valley)에서 마야 원주민과 토지 소유자들 사이에 토지 분쟁이 있었음을 증언했다. 이 지역의 대다수 토지가 마야 케치족에 속했지만 사기와 폭력으로 인해 수년에 걸쳐 이들의 소유권이 사라졌고 1980년대 초 원주민 지도자들은 토지에 대한 소유권을 되찾기 위해 법적 투쟁을 모색하고 있었다. 이에 대해 케치족 공동체의 토지를 취득하게 된 현지 토지 소유자들이 군대에 공동체의 지도자를 제거할 것을 요청했다. 따라서 이 과정에서 자행된 공동체 내의 여성에 대한 성적 학대와 노예화가 갖는 본질적 성격은 토지 강탈의 역사적 과정에서 찾을 수 있다. 또한 과테말라 전 정부의 평화 협상가이자 군사 전문가인 헥토르 로사다 그라나도스는 1981년부터 1983년 사이를 중심으로 과테말라 무력 분쟁의 역사에 대해 증언했다. 그에 따르면 1982년 군사 정권은 반정부 게릴라에 대한 대량 학살과 척결을 목표로 했고 세푸르 자르코 사례 또한 당시의 지배 엘리트와 국가 이익이 긴밀하게 얽혀 있음을 반영한다. 역사적으로 공동체의 토지로 간주되었던 토지를 복구하기 위한 토지위원회의 노력은 지역 엘리트의 권력뿐만 아니라 국가 자체의 안정에 대한 도전으로 여겨졌다. 로사다 그라나다스는 세푸르 자르코 지역에 게릴라 주둔이 없음에도 불구하고 그들에 대한 국가 폭력을 정당화하기 위해 마야 케치족 공동체를 '내부의 적'으로 간주하고 폭력을 행사했다고 증언했다. 군은 민간인에 대한 절대적인 통제를 확립하기 위해 전략적으로, 그리고 테러를 유발하려는 의도로 폭력을 전개했다는 것이다.

다른 한편, 다수의 여성학자와 심리학자, 인류학자들은 당시의 성폭력이 여성 생존자와 가족, 그들의 공동체와 지역 사회에 미치는 영향에 대해 증언했다. 국립 법의학 인류학 연구소(INACIF)의 전문가들은 여성 생존자들이 고문 및 광범위한 성폭력과 관련한 신체적 질병과 심리적 트라우마를 가지게 되었다고 증언했다. 여성 생존자들은 개인 및 집단 정체성의 핵심을 구성하는 신체, 정신 및 섹슈얼리티에 대해 파괴적인 공격을 받았고 이후에도 지속적으로 육체적 고통과 모욕감, 죄책감과 함께 자신의 삶이 가치가 없다는 생각에 시달려 왔다는 것이다. 또한 남편, 자녀 또는 가족을 잃은 고통과 성폭력에 따르는 가정의 파괴는 공동체의 결속력과 문화적 전통을 파괴하는 데 일조했고 이 과정에서 원주민 여성에 대한 성적 및 가사 노예화는 그들의 남편이나 아들 등 원주민 남성의 행동을 처벌하고 공동체를 파괴하려는 전략의 일부로 실행되었다. 따라서 과테말라 내전 시 여성 원주민에 대한 성폭력은 인권 침해이자 전쟁 범죄이며 반인도적 범죄이며 피해자들의 사회적 죽음을 의도한 전략이라 맥락화되었다(Burt, 2019, 82-86).

다양한 전문가들의 증언과 주장은 과테말라 내전 시 마야 원주민 여성들에 대한 성폭력이 불공정한 토지 점유와 분쟁, 군사 정부의 이익에 근거한 폭력의 정당화 등 과테말라에 내재된 사회적 갈등과 별개의, 그리고 우연적인 사건들이 아님을 보여 준다. 이와 같은 증언들은 세푸르 자르코의 전시 성폭력 피해자들의 증언을 뒷받침하고 보완하며 이 문제가 개인적 차원, 또는 특정 지역적 차원의 문제가 아니라 역사적, 계급적, 인종적이며 젠더화된 문제로 다루어져야 함을 규정했다는 점에서 의미가 있다.

또한 세푸르 자르코 사례는 과거를 기억하고 증언하는 것에 그치는 것이 아니라 과거 청산과 피해자에 대한 사과 및 배상, 진정한 평화와 정의를 구현하기 위해서는 엄격한 법적 처벌과 피해자 배상을 위한 규범과 제도적 틀이 먼저 마련되어야 함을 보여 주었다. 이러한 의미에서 유엔의 후원하에 2007년 창설된 '과테말라 국제 면책 위원회(CICIG)'는 과테말라 법률 제도의 강화에 중요한 역할을 했다. 물론 CICIG의 활동은 전시 인권 침해가 아니라 조직 범죄 및 부패 사건에 초점이 맞추어져 있지만 법무부의 수사 능력을 제고하고 전반적인 자율성을 강화함으로써 전쟁 범죄를 기소하는 능력을 향상시키는 데 기여했다. 또한 조직 범죄 및 부패를 포함한 복잡한 사건에서 판사, 증인, 검사 및 변호사에게 더 큰 안전을 제공하기 위해 설립된 '고위험 법원' 창설에 대한 지원을 통해 사법 독립성을 강화할 수 있었다. 이러한 변화는 법적 제도와 법치주의에 대한 시민의 신뢰를 새롭게 불러일으켰고 창설 이래 거의 모든 인권 사건은 고위험 법원에서 판결이 이루어질 수 있었다.

그러나 세푸르 자르코 사례가 성공적으로 가해자들의 법적 처벌과 보상을 이루어 낼 수 있기까지 원주민 여성 피해자들의 증언과 사회 단체들, 다양한 전문가들 및 젠더 주류화 교육을 받은 검사와 판사들이 양심재판소의 형태를 통해 치밀하게 준비한 점도 간과할 수 없다. 많은 학자가 지적하듯이(Carey Jr. and Torres, 2010; Musalo and Bookey, 2013; Menjívar and Walsh, 2016; Walsh and Menjívar, 2016; Ruiz, 2018), 과테말라는 젠더 기반 폭력에 대한 불처벌이 만연해 있으며 이는 내전이 종식된 이후 여성 권리 보호에 대한 법 제정에도 불구하고 여성 성폭력과 성노예화, 여성혐오 범죄를 독립된 범주로 제시, 엄격하게 처벌할 수 있는 법적 근거가 마련되어 있지 않았다. 과테말라의 여성 관련 법의 현실은 내전 후 여성 성폭력에 대한 형사 처벌을 어렵게 만드는 요인이 되었을 뿐만 아니라 현재의 여성혐오에 기반한 성폭력, 살인 등의 형사 처벌을 무력화하는 장애로 작용한다. 내전 종식 후 평화 협정의 가장 기본적인 단계가 내전 시 이루어진 범죄에 대한 형사 기소 및 처벌, 나아가 피해에 대한 배상의 법적 인정이라고 할 때, 내전 시 다양한 형태의 여성 성폭력 및 성노예화 또한 전쟁 범죄의 범주로서 가해자에 대한 형사처벌과 피해자에 대한 적합한 배상은 가장 필수적인 단계라 할 수 있다.

그러나 대부분 내전 시의 여성을 대상으로 한 체계적인 성폭력 범죄는 하나의 독립적인 형사 처벌 대상으로 명확히 제시하는 법적 틀이 마련되어 있지 않았다. 또한 가해자를 처벌할 수 있는 기소-재판-심리-판결 과정에 대한 낮은 접근성과 오랜 기간 및 비용 등으로 인해 성과를 거두기가 어려웠던 것이 사실이다. 이와 같은 문제는 과테말라의 여성 피해자 특히, 스페인어를 하지 못하고 자체적인 커뮤니티의 규범의 영향을 더 크게 받았던 원주민 여성 피해자들에게도 적용된다. 세푸르 자르코 사례는 가해자들의 형사 처벌과 관련한 일련의 문제에 대비한 법적 근거와 함께 전략적 노력이 필요함을 보여 준다. 따라서 다음 절에서는 내전 이후 과테말라의 여성 폭력에 관한 법적 틀의 내용과 문제점, 이를 극복한 세푸르 자르코의 법적 투쟁 전략을 살펴볼 것이다.

## 4 여성 폭력의 범죄화와 세푸르 자르코 투쟁의 성과

### 1) 여성에 대한 폭력의 범죄화와 '2008년 법'

'젠더 폭력/여성 폭력(gender violence/violence against women)'은 여성에 대한 모든 폭력을 말한다. 1993년 유엔이 채택한 '여성폭력철폐선언(Declaration on the Elimination of Violence against Women)' 제1조는 여성에 대한 폭력을 '사적·공적 영역에서 일어나는 여성에 대한 신체적, 성적, 심리적 해악, 고통을 주거나 위협하는 강제와 자유의 일방적 박탈 등 성별 제도에 기초한 모든 폭력 행위로 정의한다. 1995년 제4차 베이징 세계여성대회에서는 여성 폭력에 대한 행동 강령을 채택했는데, 그에 따른 여성에 대한 폭력의 정의와 종류는 다음과 같다. ① 가족 내에서 일어나는 신체적, 성적, 심리적 폭력(구타, 성적 학대, 강간, 생식기 절단, 착취 등), ② 지역 사회에서 일어나는 신체적, 성적, 심리적 폭력(강간, 성희롱과 위협, 인신매매, 강제 매춘), ③ 국가에 의해 자행되거나 묵인되고 있는 신체적, 심리적, 성적 폭력, ④ 무력 분쟁 하에서 일어나는 여성 인권 침해(살상, 강간, 성적 노예화와 강제 임신), ⑤ 임신 관련

폭력(강제 불임, 강제 낙태, 피임제의 강제적 사용, 여아 영아 살해, 성별 태아 살해), ⑥ 특수 상황에 있는 여성에 대한 폭력(소수 민족, 토착민, 난민, 이주자, 장애자, 노인, 감금되어 있는 여성, 빈곤 여성에 대한 폭력)(정희진, 2003, 162-163). 우리가 여성 폭력에 대해 좀 더 광범위하게 정의할 때, 과테말라에서 내전 시 국가에 의해서 조직적으로 행해진 원주민 여성들에 대한 성폭력과 성노예화뿐만 아니라 보다 다양한 형태의 여성 폭력이 발생했고 현재에도 지속되고 있음은 주지의 사실이다.

젠더 기반 폭력을 퇴치하기 위해 고안된 법률 및 정책을 개발하기 위해 1995년 여성에 대한 폭력을 예방, 제재 및 근절하기 위한 미주 협약(Belém Do Para Convention)을 비준했지만 과테말라에서 여성에 대한 폭력을 다루는 법은 1996년 내전 종식 후 제정된 '가정 내 폭력을 예방, 처벌 및 근절하기 위한 법률(Ley para prevenir, sancionar, y erradicar la violencia intrafamiliar)'이 유일한 법이었다(Ruiz, 2018, 101). 따라서 전시 여성 성폭력 피해자들은 국가에 책임을 묻거나 개인적 경험을 증언하고 알리는 것을 넘어선 집단적, 법적 행동을 취하기 어려웠다. 1996년 법의 목적은 보호 조치를 통해 가족 내 폭력을 예방하는 것이지 가해자를 처벌하기 위한 것이 아니었고 전시 여성 폭력을 젠더 이슈로 다룰 수 있는 법적 틀을 제공할 수 없었다.

2008년에 이르러서야 과테말라 의회는 '여성에 대한 여성 살해 및 기타 형태의 폭력 방지법(Ley Contra Femicidio y otras Formas de Violencia Contra la Mujer, 이하 2008년 법)'[5]을 제정했다. '2008년 법'은 여

5   '과테말라 공화국 의회 법령 22-2008-여성에 대한 살해 및 기타 형태의 폭력 방지법

성에 대한 폭력 범죄를 여성혐오와 같은 이유로 특정 상황에서 공적 또는 사적 영역에서 행해지는 모든 신체적, 성적 또는 심리적 폭력으로 정의했다(Musalo and Bookey, 2013, 275). 이때 공적 영역은 일, 교육, 종교 또는 사회와 같은 지역 사회의 관계이며 사적 영역은 가정, 가족 및 파트너 관계로 규정된다. '2008년 법'에서 정의한 범죄가 발생하기 위해서는 피해자의 신체에 대한 경멸이나 여성혐오에 대한 성적 본능의 만족을 위해 피해자와 가해자 사이의 대인 관계를 요구하거나 폭력이 집단 의례의 틀 내에서 발생해야 한다(Aceña, 2022).

'2008년 법'은 1996년 법의 보호 조치를 통합하고 확장했다. 국립 통계청(Instituto Nacional de Estadística, INE)은 여성에 대한 폭력 상황을 처리하는 모든 기관에서 여성에 대한 폭력에 관한 통계 정보를 수집 및 분석하고 여성에 대한 폭력에 관한 국가정보시스템(Sistema Nacional de Información sobre Violencia contra la Mujer)을 만들어 게시하도록 했다. 또한 젠더 관점의 전문 서비스 모델을 통해 폭력 사건을 조사하고 해결하도록 기존 정부 기관을 강화하라고 요구했다. 새로운 기관을 신설하고 이미 존재하는 기관의 서비스 범위를 확장하여 폭력 생존자에게 추가 지원을 제공하고 이 법의 시행에 필요한 자금을 제공하는 정부의 책임을 성문화했다. 이외에도 과테말라 대법원에게 이 법에 근거해 범죄 행위를 판결하는 전문법원을 만들 권한을 부여했다. 전문법원은 남성

---

(Decreto 22-2008 del Congreso de la Rep blica de Guatemala, Ley Contra Femicidio y otras Formas de Violencia Contra la Mujer)'의 자세한 내용에 관해서는 http://www.oas.org/dil/esp/Ley_contra_el_Femicidio_y_otras_Formas_de_Violencia_Contra_la_Mujer_Guatemala.pdf를 참고할 것.

과 여성 사이의 불평등한 권력 역학에 주목하여 판사에게 여성의 권리에 대한 교육을 제공하고 여성의 권리 남용에 접근하는 역량을 강화할 수 있도록 했다. '2008년 법'에 따라 기소되는 사건은 특별히 훈련된 사법부 구성원이 심리한다. 사건이 특별 법원에 도달할지의 여부는 형사사건이 처음에 어떻게 분류되는지와 해당 지역을 관할하는 전문법원이 있는지의 여부에 따라 크게 달라진다(Ruiz, 2018, 102). '2008년 법'은 이전에 범죄로 인정되지 않은 일부 행위를 범죄화했지만 과테말라 형법에서 이미 범죄화한 행위도 포함하고 있기 때문에 성폭력의 경우 일반법원과 전문법원 모두에서 기소될 수 있다. 전문법원은 과테말라의 11개 부서에만 설치되어 있고 각각 1심 법원과 1개의 선고 재판소가 있다. 전문법원에서 처리된 사건의 최종 결과가 일반법원과 비교하여 큰 차이를 보이는 경우가 다수라는 점을 고려하면 전문법원의 확충은 여성에 대한 어떤 형태의 폭력이든 범죄화될 수 있게 하는 데 중요하다. 형사 사건은 1심 법원에서 시작되며 이 단계에서 판사는 체포 명령을 내리고 예비 조사를 감독하며 재판 근거에 대한 증거를 바탕으로 사건이 재판에 회부될지의 여부를 결정하고 선고 재판소의 3인 판사 패널이 심리한다(Ruiz, 2018, 109-110).

따라서 전문법원, 특히 1심 법원에 사건을 제기하는 단계가 중요하다고 볼 수 있는데, 이들 법원은 주로 도심에 위치하고 있기 때문에 농촌지역 여성에 대한 과테말라의 많은 폭력 사건은 일반법원에서 심리되는 경우가 대다수이다. 원주민 커뮤니티가 주로 농촌 지역에 위치하고 대다수 원주민 여성들은 이들 기관에서 공식적으로 사용하는 스페인어를 말하지 못하는 경우가 많기 때문에 '2008년 법' 자체가 가지고 있는 모호함과 INE 데이터의 신뢰성과 별개로 전시 여성 성폭력에 대한 형사 재판은 첫 단계부터 어려움에 봉착할 수밖에 없다. 한편 폭력에 대한 불만과 신고가 제기되어도 절차, 자원 그리고 여성에 대한 폭력에 관해 특별히 교육받지 않은 인적 문제, 남성 중심의 사회문화적 편견 등의 이유로 대다수의 가해자가 처벌받지 않거나 경미한 처벌만을 받기 때문에 '2008년 법'의 실효성은 크지 않다.

[표 2] 2008년 법에 따라 공무부에 접수된 모든 범죄(2008-2013)

|  | 2008 | 2009 | 2010 | 2011 | 2012 | 2013 |
|---|---|---|---|---|---|---|
| 2008년 법하에서의 불만 제기 | 12,431 | 30,280 | 34,638 | 39,277 | 40,948 | 51,525 |

출처: Ruiz, 2018, 107.

[표 3] 2008년 법에 따른 범죄 유형별 처벌(2011-2013)

| 범죄 유형 | 2011 | 2012 | 2013 |
|---|---|---|---|
| 여성혐오 범죄(femicide) | 15 | 18 | 41 |
| 여성에 대한 일반 폭력 | 227 | 265 | 346 |
| 신체적 폭력 | 7 | 56 | 421 |
| 성폭력 | 2 | 7 | 11 |
| 심리적 폭력 | 9 | 25 | 113 |
| 신체적, 심리적 폭행 | 2 | 4 | 25 |
| 경제적 폭력 | 2 | 2 | 6 |

| 기타 유형 및 조합 | 7 | 9 | 20 |
| --- | --- | --- | --- |
| 총 처벌 건수 | 271 | 386 | 983 |

출처: Ruiz, 2018, 107.

여성 폭력에 대한 불처벌 사례는 현재까지도 제기된 불만 또는 사건 접수의 90% 이상에 해당된다고 할 만큼 과테말라의 사법 시스템의 취약성을 보여 준다.

[표 2]의 불만 제기 건수와 [표 3]의 유형별 처벌 건수를 비교해 보면 2012년부터 큰 폭으로 처벌 건수가 증가하기는 하지만 불만 건수에 비해 현저히 낮은 수준임을 알 수 있다. 또한 범죄 유형에 따른 처벌을 보면 성폭력과 심리적 폭력, 경제적 폭력처럼 피해자 여성의 증언 이외의 확실한 증거 확보가 어렵거나 시일이 오래 걸릴 수 있는 사건들의 처벌은 매우 미비한 수준이다. 지금까지 언급한 법적 틀과 사법 시스템의 한계는 전시 성폭력 피해 여성들이 자신들의 사건을 기소하고 재판을 통해 가해자 처벌이 이루어지고 피해에 대한 배상을 받기까지의 여정이 얼마나 험난할지를 너무도 명확히 보여 준다.

반면 '2008년 법'은 의학적, 법적, 사회적, 심리적, 직업 훈련 및 언어 지원과 같은 통합적 지원을 피해자의 권리로 보장한다. 이와 같은 통합적 지원은 여성이 형사 재판의 전 과정에 완전히 참여하고 자신의 사건을 수행할 수 있는 능력에 차이를 만들기 때문에 매우 중요하다.

세푸르 자르코 투쟁은 여성에 대한 폭력의 범죄화에 대한 과테말라 사법 시스템의 취약함을 극복하는 동시에 법적으로 인정된 피해자의 권리를 충분히 활용하는 방식으로 과테말라 국내법과 국제 형사법을 이용하여 분쟁 중 성폭력 및 성노예화를 고려한 판결로 가해자를 처벌할 수 있었다.

## 2) 세푸르 자르코 사건의 성범죄 처벌-집단적 증언과 법적 조치 과정[6]

### (1) 2011년: 준비 단계

2011년 9월 30일, '동맹'의 지원으로 15명의 살아남은 여성 피해자들이 다른 범죄 중에서도 특히 성노예 및 가정노예 형태의 반인도적 범죄에 대해 아자발 푸에르토 바리오스 자치구의 마약 밀매 및 환경에 대한 범죄에 관한 1심 형사법원에 형사 고발함으로써 세푸르 자르코 사건에 대한 법적 절차가 시작되었다. MTM과 UNAMG이 이 사건의 민사 청구인으로 인정되었다. 이 사건은 과거 과테말라 내전 중에 자행된 사건을 포함해서 고문, 초법적 처형, 강제 실종과 관련된 사건을 담당하는 검찰청의 공공 인권 부서에 할당되었다.

### (2) 2011-2013년: 관련 조사 진행

2011년 말과 2012년 초에 과테말라 인권팀(Human Rights Unit)과 MTM의 요청에 따라 FAFG가 세톨로치 공동체의 유해 발굴 작업을 수행했고 7명의 유해가 발굴되었다. 확인된 유해 중에는 생존자 중 한 명

---

6  이 부분은 UN Women(2022), Documenting Good Practice on Accountability for Conflict-related Sexual Violence: The Sepur Zarco Case, Academic Paper, New York: UN Women, pp. 11-12를 발췌.

인 로사 티울의 남편인 세바스티안 콕도 있었다. 2012년과 2013년에 차빌 웃짜(Chabil Utzaj) 제당 공장 내 위치한 티나하스 농장에서 두 번 더 발굴이 수행되었으며 추가 유해가 발견되었다. 2012년 검찰과 민사 청구인의 요청에 따라 생존한 피해자들의 안전을 보장하고 보다 전문적인 국제법 재판관에게 사건을 맡기기 위해 과테말라시티의 '고위험 재판소'로 사건을 이관했다.

### (3) 2012년: 재판 전 증거 심리

2012년에 검사와 민사 청구인은 고위험 재판소의 미겔 앙헬 갈베스 판사 앞에서 재판 전 증거 심리에 참여했다. 2012년 9월, MTM과 검찰의 요청에 따라 이미 고령자였던 세푸르 자르코의 피해자와 소수의 다른 학대 피해자를 포함한 19명의 증인이 그들이 경험한 폭력에 대해 증언했다. 이 증언은 향후 증인이 출석하지 못할 위험이 있는 재판을 위해 녹음되었다.

### (4) 2014년: 체포 영장, 세푸르 자르코 피해자를 민사 청구인으로, 최초 청문회

2014년 6월 14일, 세푸르 자르코 군사 기지의 전 사령관이자 퇴역 중령인 에스틸머 프란시스코 레이예스 히론, 전 군사 국장이자 해당 지역 민간 순찰대 사령관인 에리베르토 발데스 마식 등 두 명의 용의자가 체포되었다. 몇몇 목격자들은 레이예스 히론이 세푸르 자르코 기지의 수장이자 그를 포함해 성폭력을 자행한 군인들을 위해 요리하도록 강요당한 기지로 여성들을 데려오라고 명령한 사람이라 확인했다. 한편, 세푸르 자르코의 여성 피해자들은 발데스 아식이 일부 여성들이 총구 앞에서 강간당하는 동안 현장에 있었고 군인들을 위해 요리를 하라고 명령했다고 증언했다.

이 단계의 중요한 측면은 MTM과 UNAMG뿐만 아니라 '잘록 유 콜렉티브(Jalok U Collective)'를 조직하고 결성한 피해자들도 재판에서 민사 청구인으로 인정하여 절차에 참여할 수 있도록 한 결정이었다. 이는 피해자들로 하여금 자신의 목소리를 사용하여 권리를 주장하고 정치적 권한을 강화할 수 있게 한 조치였다.

피고인 레이예스 히론과 발데스 아식에 대한 체포 영장이 집행되었고 세푸르 자르코 피해자들이 민사 청구인으로 인정되면서 검사와 민사 청구인이 미겔 앙헬 갈베스 판사에게 주장을 제시하는 초기 청문회가 열렸다. 1심 형사재판소는 피고인들이 성노예, 가정노예, 성폭력 등의 반인도적 범죄에 대해 재판받을 것을 결정했다. 피고인들은 예방 구금되었고 2014년 10월 중단 단계 심리 일정이 잡혔다.

### (5) 2014년: 중단 단계 심리

중간 단계 심리에서 갈베스 판사는 검사와 민사 청구인이 제안한 수정 사항 및 수집된 증거를 검토하고 피고인에 대한 혐의를 확인했다. 피고인들은 국내 범죄 혐의 외에도 과테말라 형법 378조에 따라 기소되었다. 과테말라 형법 378조에는 전쟁 범죄와 인도에 반하는 범죄를 모두 포함하는 '인도의 의무에 대한 범죄'라는 제목의 조항이 있는데, 레이예스 히론은 성폭력, 성노예, 가정노예 형태의 인도적 의무에 대한 범죄와 도밍가 콕과 그녀의 두 자녀 살해에 대한 범죄로 기소되었다. 발데스 아식은 과테말라 형법 201조 3항에 따라 강제 실종 및 성폭력 형태의 인도적 의무에 반하는 범죄로 기소되었다. 피고인들은 이후 여러 차례 이의를 제기했지만 모두 기각되었다.

### (6) 2016년: 재판 및 구두-공개 토론

세푸르 자르코 재판은 2016년 2월 1일 야스민 바리오스 아길라르 판사가 주재하고 파트리시아 이사벨 부스타멘테 가르시아 판사와 헤르비 이오나르도 시칼 게라 판사를 포함한 고위험 재판소의 3명의 판사 패널 앞에서 시작되었다. 법원은 마야 케치족 여성 생존자, 목격자, 공동체의 다른 구성원, 변호인 증인을 포함한 70명 이상의 증언과 수많은 전문가 증언을 들었다. 군사 문서 및 추가 증거 보고서도 법원에 제출되었다. 2016년 2월 26일 법원은 피고인의 모든 혐의에 대해 유죄를 선고하고 레이예스 히론에게 120년, 발데스 아식에게 240년을 선고했다. 한 주 후, 고위험 재판소의 동일한 패널은 배상에 대한 청문회를 열었고 두 피고인 모두에 대해 여러 조치를 명령했다. 1년 후 고위험 범죄 항소 법원은 피고인들의 항소를 기각하고 세푸르 자르코 판결을 만장일치로 지지했으며 2018년 9월에 최종 판결이 내려졌다.

형사 고발부터 최종 판결까지 세푸르 자르코 여성 피해자들이 재판의 전 과정을 수행하는 데 있어 중요한 역할을 한 것은 양심재판소 (Tribunal of Conscience)였다. 양심재판소는 일종의 공개 모의재판이라 할 수 있다.[7]

---

7  양심재판소는 2000년 일본 도쿄에서 열린 '일본군 성노예 전범 여성국제법정(2000

세푸르 자르코 사건을 심리한 고위험 재판소가 2009년에 설립되어 전시 여성 성폭력에 관한 전문적인 심리가 본격적으로 이루어지기 어렵다고 생각했기 때문에 '동맹'은 양심재판소에서의 모의 재판 과정을 통해 심리를 위한 사전 준비를 하는 것이 전략적으로 필요하다고 결정했다. '동맹'은 양심재판소를 준비하면서 피해자 여성들을 증언을 끌어낼 대상으로 보지 않고 모든 절차에 걸쳐 파트너 및 핵심 행위자로 간주했다. 파트너 및 재판의 핵심 행위자로서의 역할은 세푸르 자르코 재판 절차를 특징짓는 가장 중요한 부분이라 할 수 있다.

양심재판소를 준비하는 과정에서 '동맹'은 누가 증언할 것인지를 매우 신중하게 결정했다. '동맹'이 결성되기 전부터 ECAP와 UNAMG는 여러 지역에서 성폭력 피해자 여성들과 수년 동안 일했지만 대부분의 여성은 자신이 당한 성폭력을 가족에게 밝히지 않았고 자신들이 이를 공개적으로 밝히는 것에 대해 두려움을 가졌다. 그러나 결국 여성들은 재판소에서 증언할 사람을 그들 중에서 스스로 선택했다. 1년간의 준비 끝에 양심재판소가 공개적으로 진행되었다. 재판관은 성폭력 생존자이기도 하면서 성폭력 퇴치와 여성 인권을 위해 활동한 4명의 여성들이 맡았다. 재판관들뿐만 아니라 다양한 국제 활동가들의 존재는 행사의 신뢰성과 전문성을 높였고 원주민 여성들의 증언을 공유할 수 있는 안전

---

년 여성 법정)'에 참가한 '변화를 위한 행위자 콘소시엄' 창립자 중 한 사람이 제안했다. '2000년 여성 법정'은 인도에 반한 범죄를 저지른 일본에 대한 판결을 집행할 권한을 가진 것은 아니지만, 과거의 공적인 기록을 확인하고 전시 성범죄에 대한 국제적 관심을 집중시켰으며 생존 여성 피해자들의 배상 청구에 정당성을 주었다고 평가된다. 과테말라의 여성 단체들은 '2000년 여성 법정'과 유사한 형태인 양심재판소를 모델로 삼아 군위원회의 침묵을 공개적으로 깨뜨리기를 희망했다.

한 공적 공간을 만드는 데 기여했다. 재판소의 검사 역할은 두 명의 여성 변호사가 맡았는데 그들은 과테말라 내전 동안 자행된 성폭력 범죄에 대한 국가 책임의 맥락과 법적 근거를 제시했다. 과테말라의 여러 지역에서 온 7명의 여성이 자신이 경험한 학대와 성폭력을 증언함으로써 '오랫동안의 침묵을 깨는' 상징적인 시간을 전체 참가자들과 공유했다. 그들의 증언을 통해 양심재판소에 참가한 모든 사람들은 개인의 경험들에서 신체적, 정서적 고통, 그들이 사회에서 받은 수치심과 차별이 공통적으로 피해자 여성들의 삶을 파괴했다는 것을 알게 되었다. 또한 이러한 범죄에 대한 국가의 책임과 적절한 배상이 존재하지 않았다는 것도 다시 확인되었다. 양심재판소는 스페인어와 6개의 마야 언어 및 영어로 통역이 제공되었다. 양심재판소의 다른 일정에서는 과테말라 내전 중 성폭력 생존자들의 추가 증언이 담긴 두 개의 동영상이 재생되었고 7명의 증인들이 증언한 내용에 대한 전문가들의 추가적인 진술이 이루어졌다. 그리고 국가의 배상 책임에 대한 법적 근거가 제출되었다(UN Women, 2022, 20-22).

양심재판소는 상당한 국내 및 국제적 관심을 끌었으며 여성 성폭력에 대한 대중의 인식을 높였다. 가장 중요하게는 피해자 개인의 침묵뿐만 아니라 주변의 침묵을 깨는 증언이 이루어지고 범죄에 대한 불처벌에 저항해야 할 필요성을 널리 알렸다. 양심재판소는 성폭력 여성 생존자들이 처음으로 집단적, 공식적, 공개적으로 성폭력을 증언하고 이를 범죄화하고 적절한 배상을 할 것을 요구했다는 점에서 중요한 역할을 했다. 나아가 내전 시의 성폭력 범죄에 대해 국가와 가해자에게 법적 책임을 묻는 과정에서 공개 모의재판, 사회적 커뮤니케이션을 위한 캠페인 등 다양한 법적 전략이 필요하다는 것을 보여주었다. 특히, 양심재판소는 모의재판의 형식을 통해 법적 절차의 핵심적인 행위자로서 여성 피해자들이 자신의 역할을 규정할 수 있게 해준 계기였다. 동시에 사법 제도가 어떻게 운영되고 실제 재판이 어떠한 방식으로 진행되는지를 이해할 수 있게 해줌으로써 세푸르 자르코뿐만 아니라 다른 지역의 원주민 여성들에게도 법적 전략과 절차에 대한 모델을 제시해 주었다.


## 5 맺음말: 바뀐 것과 바뀌지 않은 것


과테말라에서 여성에 대한 폭력을 다루기 위한 법적 틀, 특히 성별에 기반한 차별과 폭력을 줄이고 제거하기 위한 법[8]의 제정은 한편으로는 평화 협상의 수렴 과정과 여성운동의 성장을, 다른 한편으로는 일반화된 폭력, 불안, 범죄의 확대를 반영하는 것이다. 그럼에도 불구하고 여성에 대한 폭력을 다루기 위한 법적 틀은 과테말라 여성의 복잡하고 다층적이며 다차원적인 삶의 경험을 충분하게 반영하지 못한다. 따라서 젠더 기반 폭력에 대한 법적 이해의 한계를 드러낼 수밖에 없다. 이러한 법적 한계는 그동안 폭력의 근저에 있는 사회적·정치적·경제적·역사적 요인을 무시하려던 국가에 의해 조장되었다(Godoy-Paiz, 2009, 28).

---

8 '가정 내 폭력을 예방, 제재 및 근절하기 위한 법률(Ley para Prevenir, Sancionar y Erradicar la Violencia Intrafamiliar)', '여성의 존엄성과 통합적 증진에 관한 법률(Ley de Dignificación y Promoción Integral de la Mujer)', '여성 살해 및 기타 형태의 폭력에 관한 법률(Ley Contra el Femicidio y Otras Formas de Violencia Contra la Mujer)'.

과테말라에서 성노예를 포함한 전시 성폭력에 대한 혐의를 제기한 최초의 사례인 세푸르 자르코 투쟁은 이러한 범죄에 대한 침묵을 깨고 평등한 정의를 요구함으로써 성폭력에 대한 담론을 바꿨다. 세푸르 자르코 투쟁 이전에는 과테말라에서 분쟁 관련 성폭력을 중요한 방식으로 다룬 사례가 거의 없었다. 대부분의 분쟁 관련 사건은 강제 실종, 학살 및 대량 학살에 초점을 맞췄지만 이들 범죄와 함께 별도의 혐의로 성폭력이 발생했다는 사실은 상당한 증거가 있음에도 불구하고 인정받지 못했다. 세푸르 자르코 사건을 소송한 청구인으로서 원주민 여성들은 분쟁 시 국가가 성폭력을 군사 전략의 일부로 사용했음을 알리기 위해 자신들에 대한 성폭력을 중심으로 기소함으로써 중요하고 혁신적인 새로운 길을 개척했다. 그들은 법적 투쟁의 전략에 있어 과테말라 국내법이 갖는 문제점을 충분히 인식하여 초점을 흐리지 않는 방향을 선택했다. 즉, 성폭력과 성노예화를 일반적인 국내 범죄로 간주하고 개별적이고 고립된 행위로 기소하는 것이 아니라 과테말라 정부가 따라야 할 국제법[9]상의 '인도적 의무에 반하는 범죄'로 기소하며 다양한 형태의 인도적 의무에 반하는 범죄 유형으로서 성폭력과 성노예화를 특정한 것이다. 모호하고 포괄적이지만 반인도적 범죄에 대해서는 과테말라 형법 378조에 규정되어 있기 때문에 성폭력, 폭력, 성노예 및 가정노예 등의 혐의를 과테말라 법에 따라 혐의의 확대 또는 수정을 요청할 권리를 행사한 것이다. 여성에 대한 세분화된 폭력으로 명시해 각각의 혐

---

9　1952년 과테말라 정부가 비준한 제네바 협약과 기타 국제법상에 포함된 반인도적 범죄 조항을 인용했다.

의를 명시하고 입증한 것이 아니라 국내법과 국제법상 동시에 인용할 수 있는 반인도적 범죄의 특정 유형에 대한 기소로 접근한 것이다. 이러한 전략은 동일한 공격의 일부로 저질러진 다른 중대한 범죄에 대한 혐의를 세분화하지 않고도 성폭력 사건을 중심으로 사건을 처리할 수 있게 했다. 나아가 피해자에 대한 성폭력의 체계성을 강화하여 피해자에 대한 행위가 고립된 것이 아님을 분명히 했다. 일반적으로 전시 성폭력에 대한 증언은 대량 학살이나 기타 전쟁 범죄가 발생했을 때 이를 증명하는 다른 범죄와 함께 사용되는 경우가 대부분이었다. 그러나 세푸르 자르코 사례는 인도적 의무에 반하는 범죄로 세푸르 자르코 사건을 기소하며 반인도적 범죄의 독립적이고 특정한 범죄 유형으로서 성폭력을 중심에 둠으로써 이러한 범죄가 분쟁 중에 저지른 다른 범죄만큼 중대하며 가해자가 책임을 져야 한다는 분명한 메시지를 보여 줄 수 있었다 (UN Women, 2022, 46-49).

세푸르 자르코의 성공 사례는 과테말라에서 여성에 대한 폭력을 다루는 기준과 접근 방식, 처벌과 배상에 많은 변화를 가져왔다. 가장 중요하게는 전시에 자행된 성폭력을 어떻게 다루어야 하는가에 대한 접근을 바꾸었다. 세푸르 자르코 사례 이후 전시 성폭력은 분쟁 중에 저지른 다른 범죄와 동등한 별개의 범죄로 인식되었다. 최종 판결은 젠더 기반 폭력이 원주민에 대한 광범위한 군사적 박해 전략에 내재된 것이라는 점을 가시화했다. 또한 세푸르 자르코의 성공 사례는 재판이 진행되는 과정과 판결 모두 생존자들이 지난 시간 동안 견뎌야 했던 비난과 자책감이 잘못된 것이며 진실과 정의를 말하고 배상을 요구하는 것이 정당하다는 인식을 심어 주었다. 나아가 피해자들이 속해 있는 세푸르 자르코 지역 커뮤니티 내의 인식 변화에도 영향을 미쳤다. 피해자들은 그들의 목소리와 삶이 존중받을 가치가 있음을 확신하게 되었고 이러한 확신은 커뮤니티 내에서도 확산되었다. 이는 지역 커뮤니티에서 그들의 삶을 지속해야 할 피해자들에게 필수적인 과정이었으며 다른 지역 커뮤니티 내의 또 다른 피해자들과 해당 커뮤니티의 변화를 가능하게 했다. 지역 커뮤니티의 변화에서 주목할 부분은 피해자들 개인의 자존감과 명예를 회복하는 데 기여했을 뿐만 아니라 배상과 관련하여 탄압의 근원이 되었던 토지의 현재 소유권을 명확히 해야 한다는 인식과 행동을 고취시켰다는 점이다.

한편, 세푸르 자르코 사례는 피해자에 대한 사회적 지원 및 연대가 갖는 힘을 보여 주었다. 연대는 앞서 언급했듯이 시민 단체뿐만 아니라 다양한 전문가 집단과 검사와 판사, 국제 기구들이 모두 포함된 네트워크이다. 양심재판소의 공개 재판 과정을 거치면서 검사와 판사들도 스스로를 교육하는 동시에 전시 성폭력에 대한 새로운 접근을 수용하게 되었다. 무엇보다도 전문가들의 의견은 사건을 신체적, 심리적 문제에서 정치적, 사회적, 구조적인 것으로 맥락화하고 성폭력을 범죄화하는 데 크게 기여했다. 물론 세푸르 자르코 사례에 대한 판결은 전시 성폭력을 군사 전략으로 규정하고 국제법상의 범죄로 규정하는 근거로서 국제적인 영향을 미쳤다. 이는 여성의 경험을 포함하는 분쟁에 대한 더 폭넓은 이해를 제공함으로써 향후 기소를 위한 토대를 마련한 것이라 볼 수 있다.

다른 한편, 세푸르 자르코 사례는 다른 유사한 사건들에 대해 구체적인 배상 사례를 제시했다는 점에서도 의미가 있다. 원주민의 토지 소유권에 대한 인정의 범위와 피해자 여성들뿐만 아니라 그들의 가족, 나아가 지역 커뮤니티가 입은 피해에 대해 배상, 재활(회복), 만족 및 재발 방지 조치를 포함하는 '품위 있는 배상'(UN Women, 2022, 129) 개념을 중심으로 구체적인 배상 사례를 제시했다는 점 또한 이와 유사한 사례들의 배상 판결에 중요한 변화를 가져왔다. 물론 실제 배상의 이행이 얼마나 제대로 이루어지는가에 대한 문제가 남아 있다는 점은 간과할 수 없다.

그러나 세푸르 자르코의 성공 사례에도 불구하고 현재의 과테말라 여성들에게는 여전히 바뀌지 않은 여성혐오 범죄와 폭력이 지속되고 있다. 앞서 언급했듯이 아직까지 '2008년 법'의 실효성은 높지 않고 여성에 대한 다양한 형태의 폭력은 계속 증가하고 있으며 범죄 유형은 더욱 다양해지고 있다.

유엔여성기구에 따르면, 과테말라는 여성 폭력으로 사망한 비율이 가장 높은 국가 중 하나이다. 2013년 폭력으로 목숨을 잃은 여성은 748명으로 2012년에 비해 10% 증가했으며 하루 평균 2명이 사망했다. '2008년 법'이 발효된 이후로 형사 고발 건수가 증가했다. 2012년 검찰청에 접수된 여성에 대한 폭력 신고 건수는 51,790건이며 범죄 신고 건수는 2013년 56,000건에 달한다. 그러나 2012년 여성에 대한 폭력을 고발한 건수는 2,260건(전체 폭력 고발 건수의 6.4%)에 불과했다. 또한 사법부는 여성에 대한 폭력으로 단지 473건에 대해서만 형을 선고했다. 불처벌 비율은 천천히 감소하고 있지만 여성혐오 범죄는 여전히 지속되고 있다.[10] 그리고 여성에 대한 폭력은 그 수치가 거의 줄어들지 않고 있다.

---

10  UN Women, https://lac.unwomen.org/en/donde-estamos/guatemala(검색일:

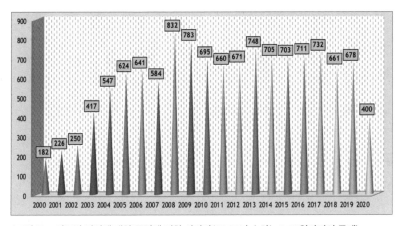

〈그림 2〉・연도별 여성에 대한 폭력에 의한 사망자(2020년 수치는 1-10월까지의 통계).
출처: 과테말라 여성 그룹(GGM), http://ggm.org.gt/wp-content/uploads/2020/10/Datos-estad%C3%ADsticos_-
MVM-ACTUALIZADO-1-de-enero-al-12-de-octubre-2020.pdf

지금으로부터 14년 전 과테말라에서는 여성 살해 및 기타 형태의 여성 폭력 금지법(2008)과 성폭력, 착취 및 인신매매 금지법(2009)과 같은 특정 법률이 제정되었다. 현재 사법 시스템 내에는 전문법원이 있으며 폭력 피해자 여성을 지원하고 치료하기 위한 정부 기관뿐만 아니라 여러 사회 단체들이 있다. 반면 이와 같은 법적 성과에도 불구하고 과테말라는 분쟁 관련 여성 성폭력과 성노예화 같은 역사적인 근원을 갖는 여성 피해자와 현재의 심각한 여성혐오 범죄와 살인, 또 다른 형태의 여성에 대한 폭력 피해자들을 위한 법적 해결과 지원, 배상 정책을 추진해야 할 과제를 짊어지고 있다. 공무부 자료에 따르면, 2022년 1월부터 9월까지 458건의 여성 폭력 사망이 등록되었으며 이는 전년 대비 13% 증가한 수치이다. 전체 여성 폭력 사망 중 20%는 여성혐오 범죄로 인한 것

2023.02.06.)

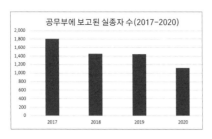
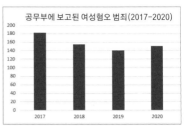

〈그림 3〉· 여성 실종자 수와 여성혐오범죄 건수(2017-2020).

출처: 과테말라 공무부(Ministerio Público), https://ladatacuenta.com/2022/05/23/femicidio-e-impunidad-en-guatemala-una-cronologia-de-la-incertidumbre/

이다. 그러나 여성에 대한 폭력에 불만을 제기하거나 신고하는 경우는 2009년부터 2013년까지의 건수에 비해 상당히 줄어들었는데 이는 실제 여성에 대한 폭력이 줄어든 것이 아니라 수치심 또는 사회적 요인들 때문인 것으로 생각된다. 이들 피해자는 과거 전시 성폭력 생존자들이 겪어야 했던 신체적, 심리적, 그리고 사회문화적 고통과 편견, 비난에 노출되어 있다. 따라서 심리적, 신체적, 경제적 및 성적 폭력에 대한 보고와 신고의 감소는 다양한 제도적, 문화적 또는 사회적 요인을 반영하는 것일 수 있다(López, 2022).

세푸르 자르코 사례가 가져온 긍정적 변화에도 불구하고 현재의 피해자들 또한 여전히 그들이 겪은 고통이 개인적이거나 가족 내의 문제로 간주된다는 점에서 문제를 해결하는 데 어려움을 느끼고 있다. 과테말라 정부 또한 이들의 문제를 묵인하거나 피해자의 문제 또는 가해자의 문제로 개인화함으로써 여성혐오 범죄를 키우는 암묵적 동조자가 되고 있다. 이러한 맥락에서 발생하는 문제들을 해결하기 위해서는 무엇보다도 여성에 대한 폭력의 숨어 있는 피해자들까지 파악하는 정확한 데

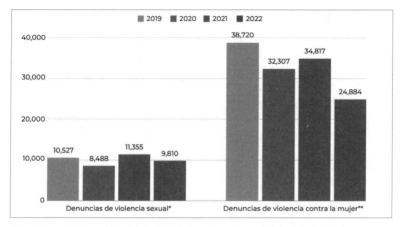

〈그림 4〉· 2019-2022년 1월부터 9월까지 성폭력 및 여성 폭력에 대한 여성의 불만.

출처: López(2022), https://www.dialogos.org.gt/blog/la-violencia-contra-las-mujeres-mas-que-un-problema-individual-es-un-problema-social

이터 수집이 매우 중요하다. 트루히요(Trujillo, 2021)에 따르면 여성에 대한 폭력에 관한 국가정보시스템(National Information System on Violence against Women, SNIVCM)[11]에 마지막으로 기록된 데이터는 2018년이다. 보다 정확하고 단일한 데이터 수집과 분석 시스템이 확립되어야 범죄가 남성과 여성에 미치는 영향의 차이를 알 수 있고 여성에 대한 폭력의 가해자들이 제대로 처벌받을 수 있다. 여성에 대한 폭력이 명확한 법적 근거에 따라 범죄화되고 처벌을 받는다는 확신이 생길 수 있는 시스템이 만들어져야 한다. 무엇보다도 여성에 대한 폭력의 피해자들이 법적수단에 용이하게 접근하고 피해자가 비난받는 것이 아니라 가해자가 처벌받는 것이 당연하게 여겨지는 문화적, 사회적 규범이 확산되어야

---

11    SNIVCM은 적시에 여성에 대한 폭력에 관한 여러 공공 기관의 정보를 수집하고 분석해서 적합한 정책을 개발할 수 있는 기초적인 데이터를 제공하는 것을 목적으로 한다.

한다. 이를 위해서는 세푸르 자르코 사례가 보여 주듯 견고한 사회적 연대 네트워크 형성을 뒷받침하고 엄격하고 실효성 있는 법 적용이 가능하게끔 하는 정부의 적극적인 재정 지원이 선행되어야 할 것이다. 또한 젠더 기반 폭력 사건을 편견 없이 다룰 수 있는 검사와 판사 등 사법 종사자들에 대한 젠더 주류화 교육과 전문법원의 확대, 피해자들을 위한 통합적 지원 프로그램이 지속적으로 개발, 강화되어야 할 것이다.

## 1장 라틴아메리카 페미니즘의 발전

강경희(2008), 「멕시코의 제2기 여성운동: 신(新)페미니즘과 민중적 페미니즘의 공존」, 『평화연구』 제19권 1호, 77-107쪽.

김보명(2016), 「페미니즘 정치학, 역사적 시간, 그리고 인종적 차이: 미국 제2물결 페미니즘의 사례를 중심으로」, 『한국여성학』 제32권 4호, 119-155쪽.

김은주(2019), 「제4물결로서 온라인-페미니즘: 동시대 페미니즘의 정치와 기술」, 『한국여성철학』 제31권, 1-32쪽.

다트리, 안드레아(2013), 「라틴아메리카 페미니즘 투쟁의 10년(2000-2010): 21세기 벽두에 거둔 성과와 과제」, 『2012년 라틴아메리카 정치안정과 경제회복』, 서울대학교 라틴아메리카 연구소, 57-193쪽.

윤지영(2019), 「페미니즘 지각변동: 새로운 사유의 터, 페미니즘 대립각들」, 『문화와 사회』 제27권 1호, 7-75쪽.

이순주(2006), 「남미 민주화 과정과 여성의 역할: 아르헨티나와 칠레의 사례를 중심으로」, 『국제지역연구』 제9권 4호, 189-210호.

_____(2010), 「여성 정치리더 등장을 통해 본 라틴아메리카 여성정체성의 변화」, 『코기토』 제67호, 55-79쪽.

_____(2020), 「제4물결 페미니즘을 넘어: 아르헨티나 페미니즘의 확산」, 『이베로아메리카연구』 제30권 1호, 89-113쪽.

장우영 외(2009), 「디지털 융합시대 온라인 사회운동 양식의 변화와 의미」, 『디지털 컨버전스 기반 미래연구(Ⅰ)』, 정보통신정책연구원.

전복희(2011), 「세계의 여성운동」, 『젠더정치학』, 한울아카데미.

조선정(2014), 「포스트페미니즘과 그 불만: 영미권 페미니즘 담론에 나타난 세대론과 역사쓰기」, 『한국여성학』 제30권 4호, 47-76쪽.


Bruno, Javier Perira(2006), "Third World Critiques of Western Feminist Theory in Post-development Era", The University of Texas at Austin.

D'Atri, Andrea(2007), "Re-politicization of the Women's Movement and Feminism in Argentina: The Experience of Pan y Rosas", in Alpízar Durán, Lydia, Payne, Noël D. & Russo, Anahi.(Eds), *Building Feminist Movements and Organizations: Global Perspectives*, London/New York: Zed Books.

Drucker, Sally Ann(2018), "Betty Friedan: The Three Waves of Feminism", http://www.ohiohumanities.org/betty-friedan-the-three-waves-of-feminism/

Duong, Kevin(2019), "Flora Tristan: Radical Socialist, Feminist, and First Internationalist", https://ageofrevolutions.com/2019/06/17/flora-tristan-radical-socialist-feminist-and-first-internationalist/

Flaquet, Jules(2003), "La ONU ¿Aliada de las mujeres? Un análisis feminista del sistema de las organizaciones internacionales", *en Multitudes* 1, Paris.

García Nice, Beatriz and Hale, Lucy(2020), "El Voto Femenino", https://www.wilsoncenter.org/article/el-voto-femenino

Gargallo, Francesca(2004), *Las ideas feministas latinoamericanas*, Mexico City: Universidad de la Ciudad de México.

_____(2007), "Feminismo Latinoamericano", *Revista Venezolana de Estudios de la Mujer* 28, Caracas, pp. 17-34, http://ve.scielo.org/scielo.php?script=sci_arttext&pid=S1316-37012007000100003

Kauppert, Philipp and Kerner, Ina(2016), "Un feminismo político para un futuro mejor", *Nueva Sociedad* 265, pp. 77-88.

Kirkwood, Julieta(1986), *Ser política en chile: Las feministas y los partidos*, Santiago de Chile: FLASCO.

Natalucci, Ana & Rey, Julieta(2018), "¿Una nueva oleada feminista? Agendas de género, repertorios de acción y colectivos de mujeres (Argentina, 2015-2018)", *Revista de Estudios Politicos y Estratégicos* 6(2), pp. 14-34.

Nijensohn, Malena(2017), "Por un feminismo radical y plural: Repensando las coordenadas teóricas y políticas de un nuevo feminismo desde una lectura cruzada de Judith Butler, Ernesto Laclau y Chantal Mouffe", *Cadernos pagu* 54, e185411.

Rogan, Frances and Budgeon, Shelley(2018), "The Personal is Political: Assessing Feminist Fundamentals in the Digital Age", *Social Science* 7(8), 132, https://doi.org/10.3390/socsci7080132

Rottenberg, Catherine(2014), "The Rise of Neoliberal Feminism", *Cultural Studies* 283, pp. 418-437.

Snyder, R. Claire(2008), "What Is Third-Wave Feminism? A New Directions Essay", *Signs* 34(1), pp. 175-196.

Sorj, Bernardo and Fausto, Sergio(2016), *Activismo político en tiempos de internet*, São Paulo: Edições Plataforma Democrática.

Valdivieso, Magdalena and García, Carmen Teresa(2005), "Una aproximación al Movimiento de Mujeres en América Latina. De los grupos de autoconciencia a las redes nacionales y trasnacionales", *OSAL*, Observatorio Social de América Latina (año VI no. 18 sep-dic 2005), Buenos Aires: CLACSO.

Waisberg, Pablo(2002), "ARGENTINA: Workers Take Factories into Their Own Hands", https://corpwatch.org/article/argentina-workers-take-factories-their-own-hands

## 2장 라틴아메리카의 성소수자와 권리

Abelove, Samantha(2015), "Coming Out of the Margins: LGBTI Activists in Costa Rica and Nicaragua", *Scripps Senior Theses*, Paper 524, http://

scholarship.claremont.edu/scripps_theses/52

Belmont, Flávia and Álvares Ferreira, Amanda(2020), "Global South Perspectives on Stonewall after 50 Years, Part II—Brazilian Stonewalls: Radical Politics and Lesbian Activism", *Contexto Internacional* 42(3).

Carlson, Robert(2022), "LGBTQ Rights in Latin America and the Caribbean: No Longer a Left-Right Issue", https://theglobalamericans.org/2022/01/lgbtq-rights-left-right/

Corrales, Javier(2015), "LGBT Rights and Representation in Latin America and the Caribbean: The Influence of Structure, Movements, Institutions, and Culture", 2015 for the LGBT Representation and Rights Initiative at the University of North Carolina at Chapel Hill.

Corrales, Javier and Pecheny, Mario(2020), "Six Reasons Why Argentina Legalized Gay Marriage First", https://www.americasquarterly.org/article/six-reasons-why-argentina-legalized-gay-marriage-first/

Julian, Alyssa(2021), "Redefining LGBTQ and Abortion Rights in Latin America: A Transnational Toolkit", *Vanderbilt Journal of Transnational Law* 53, pp. 275-328.

Secretaría de Derechos Humanos(2014), "Ley Nº 26.743 : Identidad de Género", *Secretaría de Derechos Humanos*, Buenos Aires.

United Nations Human Rights Committee(2017), "Human Rights Situation of LGBTI Persons in Uruguay".

Wilson, Bruce M. & Gianella-Malca, Camila(2019), "Overcoming the Limits of Legal Opportunity Structures: LGBT Rights' Divergent Paths in Costa Rica and Colombia", *Latin American Politics and Society*, Volume 61 Special Issue 2: State Transformation and Participatory Politics in Latin America, May 2019, First survey on homosexual and bisexual people in Brazil released, https://agenciabrasil.ebc.com.br/en/direitos-humanos/noticia/2022-05/ibge-publishes-survey-homosexuals-and-bisexuals-brazil

Zúñiga, Alejandro(2021), "One year ago today, Costa Rica legalized same-sex marriage", *The Tico Times*, https://ticotimes.net/2021/05/26/one-yearago-today-costa-rica-legalized-same-sex-marriage-2

"ORGULHO: 10 Direitos Conquistados Pela Comunidade LGBT+", https://marello.legal/novidades/direitos-lgbt-lesbica-gay-homossexual-casamento-heranca-pensao-homofobia-genero

"Uruguay: A Global Leader for LGBTI Rights", https://www.worldbank.org/en/news/feature/2016/07/21/uruguay-global-leader-lgbti-rights

## 3장 콜롬비아의 무력분쟁과 젠더박해

유엔난민기구(2014), 「난민 지위의 인정 기준 및 절차 편람과 지침」,

_____(2018), 「2018 연례보고서」.

_____(2019), 「2019 연례보고서」.

_____(2020), 「2020 연례보고서」

_____(2021), 「2021 연례보고서」

차경미(2020), 「강제 실향민의 불평등 개선을 위한 라틴아메리카지역 국가의 공동대응: 카르타헤나 선언에서부터 브라질 행동강령까지」, 『비교문화연구』 제59집, 경희대학교 비교문화연구소.

UNHCR(1999), 『국제연합 난민고등판무관 사무소난민 관련 국제조약집』.

ACNUR(2022), "Desplazados Internos Refugiados y Solicitantes de Asaltos".

Cañizares, Wilfredo(2022), "La Expansion Silencioda de las Autodefensas Gaitanistas de Colombia o Glan de Golfo en Area Metropolitana de Cucuta".

CEPAL(2021), "Al menos 4,091 mujeres fueron víctimas de feminicidio en 2020 en América Latina y el Caribe, pese a la mayor visibilidad y condena social", 24 De Noviembre De 2021, https://www.cepal.org/es/comunicados/cepal-al-menos-4091-mujeres-fueron-victimas-feminicidio-2020-america-latina-caribe-pese

CODHES(2021), "Consultoría para los Derechos Humanos y el Desplazamiento, 30 Años", 12 de diciembre.

_____(2005), "Documento: Situación de Conflicto y Desplazamiento en las Fronteras: El Cerco se Cierra".

Diaz Bohórquez, Argrelia(2018), "La tensión entre Reforma Rural Intrgral y La Ley ZIDRES 1776", *Revista Colombiana de la Ciencias Socialess* Vol 11.

Figuero, Carlol Ann(2022), "Manifesta. Machismo Armado", *LA PÍLDORA*, 2022, 71.

Forero, Edgar(2003), "El Desplazamiento Interno Forzado en Colombia", Institute for International Studies at the University of Notre Dame.

Giordano, Eduardo(2022), "El Desgobierno de IIva Duque en Colombia", *El Salto*, AMÉRICA LATINA, 2022, 11 marzo.

Indepaz(2021), "Líderes Sociales, Defensores de DD.HH y Firmantes de Acuerdo Asesinados en 2021", 14 de noviembre, https://indepaz.org. co/lideres-sociales-y-defensores-de-derechos-humanos-asesinados- en-2021/

Instituto Nacional de Estadística y Geografía(2012), "Niños y adolescentes migrantes en México 1990-2010", https://ddsudg.files.wordpress. com/2014/06/ninos_adolescentes_migrantes_inegi_1990_2010.pdf

Meertens, Donny(2019), "Género. desplazamiento, derechos", *Aprende en línea. Plataforma Académica Universidad de Antioquia* Disponible en: http://aprendeenlinea.udea.edu.co/lms/moodle/mod/page/view. php?id=26627

OMS(2022), "Prevalencia de la Violencia".

Pareja Amador, Antonio José et al.(2014), "Violencia Contra la Mujer y Desplazamiento Forzado. Análisis de las estrategias de Vida de Jefas de Hogar en Medellín", *Acta Sociológica*, No. 65, Septiembre-Diciembre.

Rangel, Alfredo(2006), "Criminalidad y Victimización Urbana en Colombia", *Informe Especial* no.15, p. 28.

_____(2007), "El Rearma Paramilitar: Evolución Reciente del Conflicto Armado", *Informe Especial*, enero-marzo.

Rivas, Jaime(mayo 2015), Ponencia "Desplazamiento Forzado y Migración Irregular", Foro "El pensamiento de Monseñor Romero y la movilidad humana", Universidad Centroamericana "José Simeón Cañas"(UCA), San Salvador.

Rodriques Sánchez, Raúl Darío(2017), "Ley 1776 de 2016: Explotación Económica de la ZIDRES Mediante Proyectos Productivos no Agropecuarios", Universidad Católica de Colombia.

Rojas, Ana Gabriela(2019), "Los desplazados de Guerrero que acampaban en el Zócalo por la violencia en México llegan a un acuerdo con el gobierno", Corresponsal de BBC News Mundo en México, 29 marzo 2019.

Rubiano, Norma and Gganados, Eduardo(2010), "Migraciones Internas y Violencia en Colombia: El Precio de los Equilibrios Regionales", in Cubides, Fernando and Domínguez, Camilo, Centro de Estudios Sociales Facultad de Ciencias Humanas Universidad Nacional de Colombia.

Sanmiguel Moreno, Emperatriz(2017), "Ley Zidre Reforma Agtaria o Vía Libre a la Adjudicación Irregular de Baldíos?", Bogotá: Eutopia Univerdiadad Católica de Colombia.

Tinjacá, Diana(2022), "Las mujeres, víctimas de la violencia de la guerra en Latinoamérica", 29 agosto 2022, https://efeminista.com/mujeres-guerra-latinoamerica-victimas/

UNHCR(2003), "Violencia Sexual y por Motiovo de Genero en contra de Personas Refugiadas, Retornads y Desplazadas Internas: Guía para la prevención y respuesta", Mayo De 2003.

Zambrano, Sonia Patricia Cortés ed.(2020), *Condtrucción del Proceso de Paz en Colombia: Valoracióm de las Dimámicas Nacionales y Territoriales*, Ediciones USTA.

## 4장 브라질 흑인 여성 쓰레기 수집노동자와 새로운 시민성 논의의 가능성

김영철(2020), 「다인종 사회, 브라질의 인종 인식」, 『인종과 불평등』, 고양: 알렙.

나딩스, 넬(2016), 『21세기 교육과 민주주의』, 심성보 옮김, 살림터.

닉슨, 롭(2020), 『느린 폭력과 빈자의 환경주의』, 김홍옥 옮김, 서울: 에코리브르.

르페브르, 앙리 외(1994), 『일상생활의 사회학』, 박재환·일상성 일상생활연구회 엮음, 서울: 한울 아카데미.

안희경(2020), 『오늘부터의 세계』, 서울: 메디치.

KBS(2021), 「옷을 위한 지구는 없다」, KBS 환경스페셜.


Almeida, Érica T. Vieira de(2015), "De Catadores de lixo a Catadores de material reciclável – o que muda com a Política de Resíduos Sólidos?: Um diagnóstico da trajetória de trabalho dos catadores de material reciclável e do seu protagonismo a partir do fechamento do lixão da CODIN em Camos dos Goytacazes;RJ", Relatório Final de Pesquisa. Edital Prioridade Rio – FAPERJ(2012). Rio de Janeiro: FAPERJ, 2015.

_____(2021), "Trabalho, subalternidade e protagonismo feminino na periferia urbana de Campos dos Goytacazes/RJ", *X Jornada Internacional Políticas Públicas*, 16 & 19 Nov/2021.

Bastos, Natacha Pereira Alves & Lima, Rogerio Mendes de(2020), "Decolonialidade e diferença em Quarto de despejo: a descrição do cotidiano como forma de resistência", *e-Mosaicos* v. 9 n. 22, Setembro-Dezembro de 2020, Instituto de Aplicação Fernando Rodrigues da Silveira, UERJ, pp. 76-86.

Blog Famosos que partiram, "Estamira Gomes de Souza", http://www.famososquepartiram.com/2013/04/estamira.html

Bortoli, Mari Aparecida(2009), "Catadores de materiais recicláveis: a construção de novos sujeitos políticos", *Revista Katálysis* v. 12 n. 1, jan./jun. 2009, Universidade Federal de Santa Catarina, pp. 105-114.

Brasil(2010), "Ministério do Trabalho e Emprego", *Classificação Brasileira de Ocupações*: CBO-2010. 3. ed. v. 1, Brasília: MTE.

Chauí, Marilena(1980), "A não-violência do brasileiro: um mito interessantíssimo", *Almanaque: Cadernos de Literatura e Ensaio* n. 11, Brasiliense.

Dagnino, Ricardo de Sampaio and Johansen, Igor Cavallini(2017), "Os catadores no Brasil: Características demográficas e socioeconômicas dos coletores de material reciclável, classificadores de resíduos e varredores a partir do Censo Demográfico de 2010", *Mercado de Trabalho: conjuntura e análise*, Ano 23 Abril 2017, Instituto de Pesquisa Econômica Aplicada(IPEA); Ministério do Trabalho.

De Oliveira, Rosane Cristina & Cavalcanti, Eliane Cristina Tenório(2017), "Violência de gênero: reflexão a partir do documentário 'Estamira'", *Revista Valore*, v. 2 n. 2, pp. 236-247.

Dias, Sonia Maria & Samson, Melanie(2016), "Informal economy monitoring study sector report: Waste pickers", *WIEGO*, Cambridge, MA., http://www.wiego.org/sites/default/files/publications/files/Dias-Samson-IEMS-Waste-Picker-Sector-Report.pdf

ESTAMIRA(2005), *Direção: Marcos Prado, Produção: José Padilha, Documentário*, Rio de Janeiro: Rio Filme, 115m.

Farias, Tom(2019), "Carolina Maria de Jesus, an author for the present: Revisiting the life and work of the groundbreaking writer", *Journal Periferias*(Online) v. 3, Alternative experiences, July 2019, https://revistaperiferias.org/en/materia/maria-carolina-de-jesus-an-author-for-the-present/(검색일: 2022.08.15.)

Félix, Idemburgo Pereira Frazão and Aquino, Laurides Lescano Antunes de(2013), "Vidas desperdiçadas: um estudo comparativo dos perfis de Carolina Maria de Jesus e Estamira Gomes de Souza", *Cadernos do CNLF* v. 17 n. 5, Rio de Janeiro: CiFEFiL, pp. 222-234.

Gadotti, Moacir(2001), "Pedagogia da terra: Ecopedagogia e educação sustentável", *Paulo Freire y la agenda de la educacion latino-americana en el siglo XXI*, Buenos Aires: CLASCO, pp. 81-122.

G1, "Morre Estamira, personagem-título de premiado documentário brasileiro", *Notícia, Pop & Arte*, 2011.7.28, https://g1.globo.com/pop-arte/noticia/2011/07/morre-estamira-personagem-titulo-de-premiado-documentario-brasileiro.html

Hoefel, M. G. et al.(2013), "Acidentes de trabalho e condicões de vida de catadores de resíduos sólidos recicláveis no lixão do Distrito Federal", *Revista Brasileira de Epidemiologia* v. 16 n. 3, pp. 774-785.

ILO and COOP(2019), "Waste pickers cooperatives and social solidarity economy organizations", *Cooperatives and the world of work* No 12, August 2019.

ILO and WIEGO(2017), "Cooperation among workers in the informal economy: A focus on home-based workers and waste pickers", A Joint ILO and WIEGO Initiative.

IPEA(2012), "Diagnóstico sobre Catadores de Resídulos Sólidos(Relatório de Pesquisa)", Brasília: IPEA.

_____(2019), "Índice de violência doméstica é maior para mulheres economicamente ativas", Brasília: IPEA.

Jesus, Carolina Maria de(1992), *Quarto de Despejo*, São Paulo: Editora Ática.

Lisboa, Carla(2013), "Os que sobrevivem do lixo", Desafios do desenvolvimento, 2013. Ano 10. *Edição* 77, 2013. 10. 07, IPEA, https://www.ipea.gov.br/desafios/index.php?option=com_content&view=article&id=2941:catid=28&Itemid=23(검색일: 2022. 08. 14.)

Lozano, Pilar(1992), "Mendigos colombianos eran asesinados para vender sus cadáveres a una Facultad de Medicina", *El País*, 1992. 03. 04, https://elpais.com/diario/1992/03/04/sociedad/699663606_850215.html(검색일: 2022.08.12.)

Loures, Marisa(2019), "Tom Farias: "Carolina ainda continua assombrando a sociedade brasileira", 2019. 06. 25, *Tribuna de Minas*, https://tribunademinas.com.br/colunas/sala-de-leitura/25-06-2019/tom-farias-carolina-ainda-continua-assombrando-a-sociedade-brasileira.html(검색일: 2022.08.14.)

Medeiros, Luiza Ferreira Rezende de and Macedô, Kátia Barbosa(2006), "Catador de material reciclável: uma profissão para além da sobrevivência?", *Pscicologia & Sociedade* v. 18 n. 2, https://www.scielo.br/j/psoc/a/gWdXk8YT3TyLyGyNgrdLj7N/?lang=pt, https://doi.org/10.1590/

S0102-71822006000200009

Mendes, Rita de C. Lopes(2009), "Os catadores e seletores de material reciclável: o social e o ambiental na lógica do capitalismo, Tese de Doutorado em Serviço Social", Universidade Estadual Paulista.

OCB/MT(2020), "Coops são alternativas para viabilizar Política de Resíduos Sólidos", https://www.ocbmt.coop.br/noticias/coops-sao-alternativas-para-viabilizar-politica-de-residuos-solidos/6916

OIT(2021), "Dia Mundial dos Catadores de Materiais Recicláveis chama atenção para a necessidade de promoção do trabalho decente para a categoria profissional no Brasil", https://www.ilo.org/brasilia/noticias/WCMS_774321/lang—pt/index.htm(검색일: 2022. 08. 04.)

ONU Brasil(2021), "Inspiradas por Carolina Maria de Jesus, catadoras lançam livro", 23 de novembro 2021, https://brasil.un.org/pt-br/159879-inspiradas-por-carolina-maria-de-jesus-catadoras-lancam-livro(검색일: 2022.08.04.)

Pereira, Suellen Silva(2013), "O cotidiano das catadoras de materiais recicláveis da cidade de Campina Grande-PB: violência, exclusão social e vulnerabilidade", *Ateliê Geográfico* v. 7 n. 1, Abril/2013, Goiânia-GO, pp. 143-173.

Pires, Yolanda and Oliveira, Nelson(2021), "Aumento da produção de lixo no Brasil requer ação coordenada entre governos e cooperativas de catadores", 2021. 06. 07, https://www12.senado.leg.br/noticias/infomaterias/2021/06/aumento-da-producao-de-lixo-no-brasil-requer-acao-coordenada-entre-governos-e-cooperativas-de-catadores

Rosa, Bárbara Oliveria(2014), "Mulheres invisíveis: a identidade das catadoras de materiais recicláveis", *Gênero* v. 14 n. 2, sem. 2014, Niterói, pp. 91-104.

Santos, Josenaide Engracia dos et al.(2021), "Violência doméstica e sofrimento psíquico: narrativas de mulher catadoras de resíduos sólidos", *UNINGÁ Review* v. 36, eURJ4053, pp. 1-12.

UFRGS(2010), "Estudo do perfil sócio educacional da população de catadores de materiais recicláveis organizados em cooperativas, associações e grupos de trabalho", Porto Alegre: UFRGS; MEC; FNDE, jun. 2010.

UN Habitat(2010), "Solid waste management in the world's cities: Water and sanitation in world's cities 2010", United Nations Human Settlements Programme, London, http://mirror.unhabitat.org/pmss/listItemDetails. aspx?publicationID=2918

Valladares, Licia(2008), "Social science representation of favelas in Rio de Janeiro: a historical perspective", Lanic Etext Collection-LLIAS Visiting Resource Professor Papers, pp. 1-31, https://citeseerx.ist.psu.edu/ viewdoc/similar?doi=10.1.1.729.502&type=sc

Vieira, Marcus André(2012), "Estamira e o secretário", *CliniCAPS* N. 18, Setembro a Dezembro, 2012, https://menclinicaps.com/clinicaps_ revista_18_art_01.html(검색일: 2022.08.16.)

WIEGO(2013), "Waste pickers: The right to be recognized as worker", Cambridge, MA, http://www.wiego.org/sites/default/files/resources/ files/WIEGO-Waste-Pickers-Position-Paper.pdf

웹사이트

IPEA(Instituto de Pesquisa Econômica e Aplicada): https://www.mncr.org.br/ noticias/noticias-regionais/mulheres-sao-maioria-entre-catadores- organizados-em-cooperativas

MICHAELIS: https://michaelis.uol.com.br/

MNCR(Movimento Nacional dos Catadores de Materiais Recicláveis): https://www. mncr.org.br/

Oxfam: https://www.oxfam.org.br/blog/mulheres-negras-e-pandemia/

WIEGO(Women in Informal Employment: Globalizing and Organizing): https:// www.wiego.org/waste-pickers

김민정(2020), 「스웨덴의 페미니스트 외교정책」, 『젠더리뷰』 제58호, 한국개발연구원, 62-72쪽.

설규상(2022), 「캐나다의 국제개발 협력: 페미니스트 국제원조정책과 개발 효과성을 중심으로」, 『한국보훈논총』 제21권 1호, 한국보훈학회, 65-91쪽.

왓킨스, 수잔(2019), 「어느 페미니즘인가? ①」, 『사회진보연대』 제168호, 김진영 옮김, 256-297쪽.

윤지소(2021), 「페미니스트 외교정책과 국제개발협력」, 『젠더리뷰』 제61호, 한국개발연구원, 56-61쪽.

이하린·장혜영(2022), 「페미니스트 대외정책(Feminist Foreign Policy) 분석: 스웨덴과 캐나다 사례」, 『사회과학연구』 제61권 1호, 165-191쪽.

장은하·김경희·김영택·윤지소·조혜승·홍지현·김정수·박윤정·조영숙(2019), 『글로벌 여성의제 국내이행 점검』, 서울: 한국여성정책연구원.

허민숙(2013), 「제3장 국제 여성인권운동과 여성인권의 지역적 실천」, 『세계정치』 제19권, 서울대학교 국제문제연구소, 97-134쪽.

황영주(2013), 「페미니즘 안보연구의 기원, 주장 그리고 분석」, 『세계정치』 제19권, 서울대학교 국제문제연구소, 21-53쪽.

Aguirrezabal Quijera, Irune(2021), "¿Qué significa una política exterior 'feminista'?", 8 de Febrero, https://www.politicaexterior.com/que-significa-una-politica-exterior-feminista/

Ambassade De France Au Qatar(2022), "Feminist Diplomacy", February 3, https://qa.ambafrance.org/Feminist-Diplomacy

Arizpe, Lourdes(2002), "El feminismo: del grito de los setenta a las estrategias del siglo XX", in Griselda Gutiérrez Castañeda(coorda.), *Feminismo en México: Revisión histórico-crítica del siglo que termina*, México: UNAM, PUEG.

ASEM(Asociación del Servicio Exterior Mexicano), 2013.12.26, https://www.facebook.com/MxASEM/posts/pfbid02V3UpzJ8XL759cApHPgC7h2SmjYRoHZinkz8GMpTcnEnYpx4afE7GrP5HjeowpBgel

Axotla Flores, L. Paulina(2021), "Mujeres: la nueva política exterior mexicana", 20 de Mayo, https://revistafal.com/mujeres-la-nueva-politica-exterior-mexicana/

Bárcena, Alicia(2020), "Evento La Política Exterior Feminista de México: trabajando globalmente por la igualdad de género", 28 de Enero, https://www.cepal.org/es/discursos/evento-la-politica-exterior-feminista-mexico-trabajando-globalmente-la-igualdad-genero

Bartra, Eli, Anna M. Fernández Poncela and Ana Lau(2002), *Feminismo en México, ayer y hoy-Prólogo de Ángeles Mastretta*, Núm. 130 (Colección Molinos de Viento), Serie Mayor/Ensayo, pp. 13-41.

Cardaci, Dora(2002), "Visibilidad y protagonismo de las redes y ONG en el campo de la salud", in Griselda Gutiérrez Castañeda(coorda.), *Feminismo en México: Revisión histórico-crítica del siglo que termina*, México: UNAM, PUEG.

Cervantes, Erika(2003), "Paula Alegría Garza, primera diplomática de carrera en México", 18 de Marzo, https://cimacnoticias.com.mx/noticia/paula-alegria-garza-primera-diplomatica-de-carrera-en-mexico/

Delgado, Martha(2020), "La política exterior feminista de México", 30 de Enero, http://martha.org.mx/una-politica-con-causa/la-politica-exterior-feminista-de-mexico/

EFE(2022), "Alicia Bárcena dirigirá la academia diplomática de México tras dejar la Cepal", 17 de Enero, https://www.efe.com/efe/america/mexico/alicia-barcena-dirigira-la-academia-diplomatica-de-mexico-tras-dejar-cepal/50000545-4719501

EFENueva York(2019), "México adoptará una 'política exterior feminista' en 2020, dice la vicecanciller", 29 de Septiembre, https://www.efe.com/efe/america/mexico/mexico-adoptara-una-politica-exterior-feminista-en-2020-dice-la-vicecanciller/50000545-4074988

España Global(2021), "Una política exterior feminista en Canadá, México y Suecia", 23 de Marzo, https://cdn.esglobal.org/wp-content/uploads/2021/03/EstudioComparativo-2_compre2ssed.pdf

Espinosa, Gisela Espinosa(1998), "Participación social y acción ciudadana de las mujeres del Movimiento Urbano Popular en el Valle de México", in Mónica Verea & Graciela Hierro(coords.), *Las mujeres en América del Norte al fin del milenio*, México: PUEG, UNAM, CISAN.

FLACSO(2008), "Mujeres Latinoamericana en Cifra: Organizaciones Sociales de Mujeres", http://www.eurosur.org/FLACSO/mujeres

García, Itzel Toledo(2019), "Mujeres y el Ámbito Diplomático", 12 de Marzo, https://misionpolitica.com/2019/03/12/mujeres-y-el-ambito-diplomatico/

Gill-Atkinson, Liz and Joanna Pradela(2021), "Germany Has Declared a Feminist Foreign Policy... So What Happens Next?", December 9, https://www.internationalaffairs.org.au/australianoutlook/germany-has-declared-a-feminist-foreign-policy-so-what-happens-next/

Gill, Preet Kaur(2019), "Labour's feminist foreign policy would take on gender-based violence in all its forms", January 15, https://www.politicshome.com/thehouse/article/labours-feminist-foreign-policy-would-take-on-genderbased-violence-in-all-its-forms

González Delgadillo, Viviana C.(2020), "La política exterior (feminista) mexicana", Seminario Permanente de Estudios Internacionales. El Colegio de México, https://sepei.colmex.mx/index.php/blog/pol-ext-fem

González, Roxana(2020), "Hacen falta mujeres diplomáticas: Martha Delgado", 10 de octobre, https://www.elsoldemexico.com.mx/mexico/politica/hacen-falta-mujeres-diplomaticas-martha-delgado-5902595.html

INE(Intituto Nacional Electoral), "Movimiento de paridad en México: 1910-2019", https://igualdad.ine.mx/paridad/cronologia-del-movimiento-en-pro-de-la-paridad-de-genero/

IWDA(International Women's Development Agency)(2020), "Feminist Foreign Policy in Practice: Comparative Analysis of Country Frameworks", *Policy Brief*, March, https://iwda.org.au/assets/files/Comparative-analysis-offeminist-foreign-policies.pdf

_____(2021), "Trajectories Towards Feminist Foreign Policy", https://iwda.org.au/assets/files/IWDA_FFPTrajectoriesReport_Web.pdf

Lagunes Huerta, Lucia(2020), "Política Exterior Feminista, a la mexicana", 6 de Marzo, https://mx.boell.org/es/2020/03/06/politica-exterior-feminista-la-mexicana

Lamas, Marta(2000), "De la Identidad a la Ciudadanía: Transformaciones en el imaginario político feminista", *Cinta de Moebio*(Revista Electrónica de Epitemología de Ciencias Sociales) No. 7, Marzo.

_____(2001), "De la autoexclusión al radicalismo participativo. Escenas de un proceso feminista", *Debate Feminista* Vol. 23, Abril, http://www.politicas.unam.mx/razoncinica/site-papime-tendenciascp/sitio/Marta_Lamas/texto.pdf

Lamas, Marta(2002), "Fragmentos de una autocrítica", in Griselda Gutiérrez Castañeda(coorda.), *Feminismo en México: Revisión histórico-crítica del siglo que termina*, México: UNAM, PUEG.

López-Valerio, Ivanosca(2017), "¿Quién le teme a una política exterior feminista?", 2 de Marzo, https://blog.realinstitutoelcano.org/quien-le-teme-una-politica-exterior-feminista/

Meléndez, Cassandra(2021), "¿Qué ha sido de la 'Política Exterior Feminista'?", 22 de Enero, https://www.animalpolitico.com/la-dignidad-en-nuestras-manos/que-ha-sido-de-la-politica-exterior-feminista/

Millán Moncayo, Márgara(2011), "Feminismos, postcolonialidad, descolonización: ¿del centro a los árgenes?", *Andamios* Vol. 8 No. 17, Septiembre-diciembre, http://ciid.politicas.unam.mx/modernidadesalternativas/docs/docs_seminario/feminismo_postcolonialidad_descolonizacin_mmillan.pdf

Ministry of Foreign Affairs(2021), "Women's rights and gender equality", March 5, https://www.regjeringen.no/en/topics/foreign-affairs/the-un/innsikt/womens_rights/id439433/

Naves, Marie-Cécile(2020), "'Feminist foreign policy' explained", *iD4D Sustainable Development News*, October, https://ideas4development.org/en/feminist-foreign-policy-explained/

Nehme R., Virginia(2021), "Generación de igualdad: el nuevo enfoque de la política exterior feminista", 10 de Marzo, https://fundacioncibei.org/generacion-de-igualdad-el-nuevo-enfoque-de-la-politica-exterior-feminista/

Olamendi, Patricia(2021), "¿Política exterior feminista?: el informe de México a la CEDAW", 10 de Marzo, https://www.eleconomista.com.mx/opinion/Politica-exterior-feminista-el-informe-de-Mexico-a-la-CEDAW-20210310-0135.html

ONU Mujeres México(2019), "Iniciativa Spotlight", 29 de Diciembre, https://mexico.unwomen.org/es/noticias-y-eventos/articulos/2019/12/spotlight-0

Ortiz Flores, Patricia(1993), "Amalia González Caballero de Castillo Ledón", 9 de Octubre, http://www.elem.mx/autor/datos/120147

Quispe Ojeda, Andrea Geraldine(2020), "Política Exterior Feminista Sueca: Análisis de su surgimiento y propuesta para fortalecer la labor del Ministerio de Relaciones Exteriores del Perú en materia de igualdad de género", Tesis para obtener el grado académico de maestra en diplomacia y relaciones internacionales, http://repositorio.adp.edu.pe/bitstream/handle/ADP/140/2020%20Tesis%20Quispe%20Ojeda%2c%20Andrea%20Geraldine%20.pdf?sequence=1&isAllowed=y

Reyes Domínguez, Rocío Alejandra(2021), "Conoce los 5 pilares de la Política Exterior Feminista en México", 10 de Marzo, https://merida.anahuac.mx/noticias/conoce-los-5-pilares-de-la-politica-exterior-feminista-en-mexico

Sánchez Rebolledo, Aurora(1993), "Enciclopedia de la Literatura de México", 9 de Octubre, http://www.elem.mx/autor/datos/129410

Sánchez Olvera, Alma Rosa(2006), "El feminismo en la construcción de la ciudadanía de las mujeres en México", *Itinerario de la Miradas* No.

63, Abril, http://www.ife.org.mx/docs/IFE-v2/DECEYEC/DECEYEC-
IFEMujeres/Mujeres-SitiosTemasInteres/Mujeres-Sitios-estaticos/
Perspectiva_genero/feminismoyconstrucciondeciudadania.pdf, p.28.

Silva Esparza, Paola Carolina(2021), "Feminismo en la Política Exterior
Mexicana(2020-2024)", *MUUCH' XÍIMBAL CAMINEMOS JUNTOS*, pp.
51-75, https://doi.org/10.26457/mxcj.v0i12.2916

SRE(Secretaría de Relaciones Exteriores)(2020), "La Política Exterior Feminista
del Gobierno de México", Septiembre, p. 4, https://www.gob.mx/cms/
uploads/attachment/file/576095/Presentacio_n_PEF_baja.pdf

Telles Calderón, Tatiana(2020), " ¿Una política exterior feminista mexicana?",
*Foreign Affairs latinoamérica*, 2 de Marzo, https://revistafal.com/una-
politica-exterior-feminista-mexicana/

Thompson, Lyric and Clement, Rachel(2019), "Defining Feminist Foreign
Policy", International Center for Research on Women(ICRW),
https://www.icrw.org/wp-content/uploads/2019/04/ICRW_
DefiningFeministForeignPolicy_Brief_Revised_v5_WebReady.pdf

Thompson, Lyric, Ahmed, Spogmay and Khokhar, Tanya(2021), "Defining
Feminist Foreign Policy: A 2021 Update", Washington, DC: International
Center for Research on Women.

Tokatlian, Juan Gabriel(2018), "Por una política exterior feminista, Abril", Este
artículo fue previamente en el diario Clarín, Abril, https://nuso.org/
articulo/por-una-politica-exterior-feminista/

Torres Falcón, Marta W.(2019), "El movimiento feminista mexicano y los
estudios de género en la academia", *La Aljaba*, Segunda época Vol.
XXIII, pp. 203-219.

United Nations(2022), "An era for Feminist Diplomacy", March 28, https://
unric.org/en/an-era-for-feminist-diplomacy/28/03/2022

UN Women(2020), "HeForShe", September 9, https://unwomenusa.org/
advocacy-3

Verea, Mónica(1998), "Panorama general de las mujeres en América del Norte",
in Mónica Verea and Graciela Hierro(coords.), *Las mujeres en América del*

*Norte al fin del milenio*, México: PUEG, UNAM, CISAN, pp. 15-55.

Vuorisalo-Tiitinen, Sarri(2011), "¿Feminismo indígena? Un análisis crítico del discurso sobre los textos de la mujer en el movimiento zapatista 1994-2009", Academis dissertation in the Faculty of Arts at the University of Helsinki, https://helda.helsinki.fi/bitstream/handle/10138/24504/feminism.pdf?sequence=1

Wikipedia, "Amalia González Caballero de Castillo Ledón", https://es.wikipedia.org/wiki/Amalia_Gonz%C3%A1lez_Caballero_de_Castillo_Led%C3%B3n

World Economic Forum(2017), "Global Gender Gap Report 2017", https://www3.weforum.org/docs/WEF_GGGR_2017.pdf

_____(2018), "Global Gender Gap Report 2018", https://www3.weforum.org/docs/WEF_GGGR_2018.pdf

_____(2020), "Global Gender Gap Report 2020", https://www3.weforum.org/docs/WEF_GGGR_2020.pdf

_____(2021), "Global Gender Gap Report 2021", https://www3.weforum.org/docs/WEF_GGGR_2021.pdf

## 6장 과테말라 원주민 여성운동의 젠더화

노용석(2018), 「20만명 숨진 과테말라 내전, 과거사 청산의 기록들」, 『오마이뉴스』, 2018년 3월 23일자, http://www.ohmynews.com/NWS_Web/View/at_pg.aspx?CNTN_CD=A0002416995(검색일: 2022.05.03.)

심아정(2020), 「서로의 고통을 물려받은 지구 반대편 여성들의 이야기」, 『결』, 2020년 12월 7일자, 일본군'위안부'문제연구소, https://kyeol.kr/ko/node/250(검색일: 2022.05.24.)

정승희(2013), 「과테말라 내전과 마야족 집단학살」『글로컬포인트』, 창간준비호, http://blog.jinbo.net/glocalpoint/4(검색일: 2022.05.03)

정희진(2003), 「인권의 관점에서 바라본 여성에 대한 폭력」, 『기억과 전망』, 3호, 162-178쪽.

Aceña, María del Carmen(2022), "No más violencia contra la mujer", *CIEN*, 2022년 3월 7일자, https://cien.org.gt/index.php/no-mas-violencia-contra-la-mujer/(검색일: 2023.01.20)

Burt, Jo-Marie(2019), "Gender Justice in Post-Conflict Guatemala: The Sepur Zarco Sexual Violence and Sexual Slavery Trial", *Critical Studies* 4, pp. 63-96.

Carey Jr, D. and M. Gabriela Torres(2010), "Precursors to Femicide: Guatemalan Women in a Vortex of Violence", *Latin American Research Review* 45(3), pp. 142-164.

Commission for Historical Clarification(1999), *Guatemala: Memory of Silence*, Washington: American Association for the Advancement of Science/ Science and Human Rights Program, https://www.aaas.org/programs/ scientific-responsibility-human-rights-law/publications

Crosby, Alison and Lykes, M. Brinton(2011), "Mayan Women Survivors Speak: The Gendered Relations of Truth Telling in Postwar Guatemala", *The International Journal of Transitional Justice* 5(3), pp. 456 – 476.

_____(2019), *Beyond Repair?: Mayan Women's Protagonism in the Aftermath of Genocidal Harm*, New Brunswick: Rutgers Univ Press.

Destrooper, Tine(2015), "Reconciling Discourses on Women's Rights: Learning from Guatemalan Indigenous Women's Groups", *Journal of Human Rights Practice* 7(2), pp. 223-245.

Fulchiron, Amandine, Alicia Paz, Olga and López, Angéica(2009), *Tejidos que lleva el alma: Memoria de las mujeres mayas sobrevivientes de violación sexual durante el conflicto armado*(Guatemala City: Community Studies and Psychosocial Action Team, National Union of Guatemalan Women and F&G Editores, 2009). chrome-extension://efaidnbmnnnibpcajpcglclefindmka j/https://idl-bnc-idrc.dspacedirect.org/bitstream/handle/10625/50974/ IDL-50974.pdf?sequence=1(검색일: 2022.12.06.)

Garrard-Burnett, Virginia(2000), "Aftermath: Women and Gender Issues in Postconflict Guatemala", *Working Paper* 311, Sep. 2000, Washington: U.S. Agency fr International Development.

Godoy-Paiz, Paula(2009), "Women in Guatemala's Metropolitan Area: Violence, Law, and Social Justice", *Studies in Social Justice* 2(1), pp. 21-41.

López, Karla(2022), "La violencia contra las mujeres: más que un problema Individual, es un problema social", *Diálogos*, 2022년 11월 24일자, "https//www.dialogos.org.gt/blog/la-violencia-contra-las-mujeres-mas-que-un-problema-individual-es-un-problema-social(검색일: 2023.01.20)

Menjívar, Cecilia and Shannon Drysdale Walsh(2016), "Subverting Justice: Socio-Legal Determinants of Impunity for Violence against Women in Guatemala", *Laws* 31(5), pp. 1-20.

Musalo, Karen and Blaine Bookey(2013), "Crimes Without Punishment: An Update on Violence Against Women and Impunity in Guatemala", *Hastings Race & Poverty Law Journal* 10, pp. 265-292.

Philips, Vivian A.(2020), "Indigenous Women Defying All Odds: An Analysis of the Use of Gender Violence During the Civil War of Guatemala, 1960-1996", in BSU Honors Program Theses and Projects, Item 445, pp. 1-53, https://vc.bridgew.edu/honors_proj/445(검색일: 2022.05.03.)

Ruiz, Héctor(2018), "No Justice for Guatemalan Women: An Update 20 Years After Guatemala's First Violence Against Women Law", *Hastings Women's Law Journal* 29, pp. 101-124.

Trujillo, Silvia(2021), "Violencia contra las mujeres: cambian las cifras, persiste el problema", *Diálogos*, 2021년 3월 8일자, "https//www.dialogos.org.gt/blog/violencia-contra-las-mujeres-cambian-las-cifras-persiste-el-problema(검색일: 2023.01.20.)

UN Women(2022), *Documenting Good Practice on Accountability for Conflict-related Sexual Violence: The Sepur Zarco Case*, Academic Paper, New York: UN Women.

Walsh, Shannon Drysdale and Cecilia Menjívar(2016), "What Guarantees Do We Have?: Legal Tolls and Persistent Impunity for Feminicide in Guatemala", *Latin American Politics and Society* 58(4), pp. 31-55.

웹사이트

과테말라 공무부(Ministerio Público), https://ladatacuenta.com/2022/05/23/
femicidio-e-impunidad-en-guatemala-una-cronologia-de-la-
incertidumbre/

OAS, http://www.oas.org/dil/esp/Ley_contra_el_Femicidio_y_otras_Formas_
de_Violencia_Contra_la_Mujer_Guatemala.pdf

UN Women, https://lac.unwomen.org/en/donde-estamos/guatemala

## 김영철

한국외국어대학교 국제관계학 박사. 현재 부산외국어대학교 중남미지역원 교수로 재직 중이다. 저서로는 『브라질의 역사』(단독), 『인종과 불평등』, 『라틴아메리카, 세계화를 다시 묻다』(이상 공저) 등이 있고, 다수의 번역서를 출간했다. 「브라질 원주민 토지의 법적 권리와 분쟁」, 「브라질 동아시아계 이민문화지형연구」, 「2022년 브라질 대통령 선거와 경제투표」 등의 논문을 저술했다.

## 차경미

콜롬비아국립대학교(UniversidadNacional de Colombia) 석사, 한국외국어대학교 국제관계학과 국제관계학 박사. 현재 부산외국어대학교 중남미지역원 HK 연구교수로 재직 중이다. 저서로는 『한국전쟁 그리고 콜롬비아』, 『라틴아메리카 흑인 만들기』(이상 단독), 『인종과 불평등』(공저) 등이 있고, 「콜롬비아의 농촌개발 특구조성에 관한 토지개혁법 ZIDRES의 부정적 효과」, 「강제실향민의 불평등 개선을 위한 라틴아메리카 지역 국가의 공동대응」, 「콜롬비아 우리베(Álvaro Uribe)정권의 국가안보정책의 한계」 등 다수의 논문을 저술했다.

## 강경희

멕시코국립자치대학교(UNAM) 중남미지역학 박사. 제주대학교 정치외교학과 교수이며 현재 제주대학교 평화연구소 소장으로 재직 중이다. 『라틴아메리카 공공외교의 자산』, 『젠더정치학』(이상 공저), 「1990년대 '평시 특별시기' 이후 쿠바 여성정책의 변화와 지속성」, 「멕시코의 민중적 페미니즘과 사파티스타(EZLN) 여성혁명법」, 「멕시코의 페미니스트운동과 낙태정책: 2007년 멕시코시티 낙태합법화의 의미」 등 다수의 저서와 논문을 저술했다.

**김유경**

한국외국어대학교 중남미 지역학 석사, 정치학 박사. 현재 한국외국어대학교 국제지역대학원 중남미학과 초빙교수로 재직 중이며 덕성여대, 서울교육대학원에 출강 중이다. 『규범의 국제정치』(공저), 「미국-콜롬비아 반(反) 마약정책의 이중적 성격: '플랜 콜롬비아'에서 나타난 마약-테러리즘의 안보화를 중심으로」, 「세계화와 페루 신자유주의적 국가의 공고화: 비판이론적 관점에서」, 「페루 대통령 탄핵의 양가성: 대통령 탄핵 국면의 조건과 정치적 영향을 중심으로」 등의 저서와 논문을 저술했다.


**양은미**

브라질 상파울루대학교(USP) 교육학 박사(Doctor inEducation). 주한브라질문화원 부원장을 지냈고, 현재 한국외국어대학교 중남미연구소의 HK 연구교수로 재직 중이다. 『파울루 프레이리, 삶을 바꿔야 진짜 교육이야』(단독), 『아마존의 길』, 『라틴아메리카의 미래: 소통과 연대(하)』(이상 공저), 『브라질: 변화하는 사회와 새로운 과제들』(엮음), *História de Dokdo: Uma Leitura Ecologista*(공역)(원서: 『생태로 읽는 독도 이야기』, 국립생태원, 2018) 등의 저서와 역서를 출간했다.


**이순주**

한국외국어대학교 정치학 박사(중남미지역전공). 현재 울산대학교 스페인 · 중남미학과 교수로 재직 중이다. 라틴아메리카 페미니즘, 성평등, 젠더 정책, 여성 정치 리더십 등을 연구해 왔다. 주요 저서로는 『라틴아메리카의 여성운동과 여성정책』(단독)이 있으며, 『세계가 주목하는 여성정치인의 리더십』, 『이주와 불평등』, 『라틴아메리카의 어제와 오늘』(이상 공저) 등 다수의 저서와 논문을 저술했다.

# 젠더와 불평등

1판 1쇄 발행  2023년 2월 25일

지은이 | 김영철, 차경미, 강경희, 김유경, 양은미, 이순주
펴낸이 | 조영남
펴낸곳 | 알렙

출판등록 | 2009년 11월 19일 제313-2010-132호
주소 | 경기도 고양시 일산서구 중앙로1455 대우시티프라자715호

전자우편 | alephbook@naver.com

전화 | 031-913-2018, 팩스 | 02-913-2019

ISBN 979-11-89333-58-4 (93950)

* 이 저서는 2018년 대한민국 교육부와 한국연구재단의 지원을 받아 수행된 연구임.
  (NRF-2018S1A6A3A02081030)